跟我学做一流汽修技师丛书

U0367409

超实用汽车电工维修经验与技巧集锦

主　编　刘福华　帅宝珍

副主编　宫　涛　康　超　孙　伟　吴文琳

参　编　刘　良　赵　凤　陈　丹　王　畅

　　　　李金玉　聂　永　韩　密　孙莎莎

　　　　张晓臣　方亚东　昝　强　林瑞玉

主　审　吴荣辉　毛建军　秦志刚

机械工业出版社

本书贴合汽车电工实际工作需要，重点介绍了汽车电器和电子设备维护与维修的规则、方法、技巧。全书分成7章，主要内容包括汽车电工维修常用工具、仪器使用方法与技巧，汽车电气故障的排查思路与要点，汽车电源系统与起动系统、电控发动机、底盘、车身辅助系统以及车载网络系统与电动汽车的故障排查方法和技巧。

本书由新能源汽车维修领域领军人物、省级技能大师和"成都工匠"等一线专家技师编写，内容丰富，可操作性极强，适合广大汽车维修人员及职校师生学习，也可作为汽车电工培训用书。

图书在版编目（CIP）数据

超实用汽车电工维修经验与技巧集锦 / 刘福华，帅宝珍主编. —北京：机械工业出版社，2024.2

（跟我学做一流汽修技师丛书）

ISBN 978-7-111-75328-5

Ⅰ. ①超… Ⅱ. ①刘… ②帅… Ⅲ. ①汽车－电工－维修 Ⅳ. ①U463.6

中国国家版本馆CIP数据核字（2024）第054595号

机械工业出版社（北京市百万庄大街22号 邮政编码100037）
策划编辑：齐福江 　　　　责任编辑：齐福江 丁 锋
责任校对：李可意 李小宝 　封面设计：鞠 杨
责任印制：邓 博
北京盛通数码印刷有限公司印刷
2024年5月第1版第1次印刷
184mm×260mm·17.25印张·402千字
标准书号：ISBN 978-7-111-75328-5
定价：79.90元

电话服务 　　　　　　网络服务
客服电话：010-88361066 　机 工 官 网：www.cmpbook.com
　　　　　010-88379833 　机 工 官 博：weibo.com/cmp1952
　　　　　010-68326294 　金 书 网：www.golden-book.com
封底无防伪标均为盗版 　机工教育服务网：www.cmpedu.com

前言
PREFACE

　　随着汽车逐步迈入电动化、网联化、智能化、共享化的"新四化"时代，很多新结构、新技术、新工艺、新方法广泛运用于汽车上，导致汽车的电气元件、电控原理、使用和维修等方面发生了较大的变化，也对汽车电工的技术要求越来越高。为了满足广大汽车电工的工作需要，尽快提高维修汽车电气设备和电控系统的操作技能，我们编写了《超实用汽车电工维修经验与技巧集锦》一书。编者及时把新车型和新技术添加进本书，同时穿插相关图片，使其更具有实用性和科学性。

　　本书分7章，主要内容包括汽车电工维修常用工具、仪器使用方法与技巧，汽车电气故障排查思路与要点，汽车电源系统与起动系统、电控发动机、底盘、车身辅助系统、车载网络系统与电动汽车故障排查方法和技巧。

　　本书内容丰富，可操作性极强，是广大汽车电工的良师益友，也是一本汽车维修必备的工具书，也可作为汽车电工培训用书。

　　本书由刘福华和帅宝珍任主编，官涛、康超、孙伟和吴文琳任副主编，参编人员有刘良、赵凤、陈丹、王畅、李金玉、聂永、韩密、孙莎莎、张晓臣、方亚东、昝强和林瑞玉，吴荣辉、毛建军和秦志刚任主审。本书编写过程中得到了四川申蓉雅泰汽车销售服务有限公司毛建军等企业专家的支持和指正，也参考了一些文献资料，特在此向有关专家及文献资料的作者表示衷心的感谢！

　　由于编者水平有限，书中难免有不当之处，敬请广大读者批评指正。

编　者

目 录
CONTENTS

**第四章
电控发动机
故障的排查方法
与技巧**

**第五章
底盘故障的排查
方法与技巧**

第六章 汽车车身辅助系统故障排查方法与技巧

第七章 车载网络系统与电动汽车的故障排查方法

第一章

汽车电工维修常用工具、仪器使用方法与技巧

一、数字式万用表在汽车维修中的运用

1. 汽车万用表的功能

汽车万用表是指高阻抗数字型万用表，它是在数字型万用表原有功能的基础上，添加了模拟转换模块（简称转换模块），具备了传感器信号模拟和驱动执行器的功能。

> **小贴士** 汽车万用表除了经常用来检测直流电流强度、直流电压、交流电压及导线的电阻等参数外，还可用来检测转速、闭合角、占空比（频宽比）、频率、压力、时间、电容、电感、半导体元件及温度等。

汽车万用表的型号较多，表面的设计和布置也各不相同。它主要由数字及模拟量显示屏、功能按钮、检测项目选择开关、温度测量插孔、公用插孔（用于测量电压、电阻、频率、闭合角、频宽比和转速等）、搭铁插孔、电流测量插孔等构成，如图 1-1 所示，这类万用表可以实现汽车故障最基本的检测功能。

为了方便实现某些专用功能（例如温度、转速等）的检测，有些汽车数字式万用表除了可以实现普通数字式万用表最基本的功能外，还附带了一些专用配套件，如热电偶适配器、热电偶探头、真空/压力转换器、感应式电流测试夹、背光显示功能等。

数字式万用表面板上的符号及含义见表 1-1。数字式万用表上的外文字母含义见表 1-2。

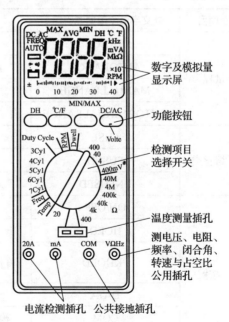

图 1-1 典型的汽车数字式万用表面板上各功能开关、插孔说明

表 1-1 数字式万用表面板上的符号及含义

序号	图形符号	名称及含义	序号	图形符号	名称及含义
1	‐‐‐‐‐‐	直流	8	CYL	发动机气缸数
2	∼	交流	9	⏚	接地
3	⋋	闭合角	10	⚠	高压危险
4	↻	转速	11	⊞ + −	电量不足
5	▷|	二极管	12	(((●	蜂鸣通断
6	∼	直流或交流	13	⚠!	警告提示
7	DUTY	占空比	14	▫	双重绝缘

表 1-2 数字式万用表上的外文字母含义

项目	外文字母（单词或语句）	中文含义	备注
量程类	RANGE	量程转换	
	AUTORANGE	自动量程转换	
	MANUALRANGE	手动量程转换	
	AUTO/MANUALRANGE	自动 / 手动量程转换	
熔丝类	FUSE	熔丝	
	FUSED	设熔丝保护	
	UNFUSED	未设熔丝保护	
按键	ON/OFF	开 / 关	
	HOLD	数据保持	按动此键，可使测量数据保持
	PKHOLD	峰值（数据）保持	按动此键，能自动记录测量过程中的最大数据
	DATA	数据储存	
	COM	模拟地公共插孔	
	MAX	最大、最大值	

（续）

项目	外文字母（单词或语句）	中文含义	备注
按键	MIN	最小、最小值	
	DOWN	由大到小	
	UP	由小到大	
	TEMP	温度（测量）	
	AUTOCAL	自动校准	
	SEC	秒	
	EACH	每次、各自	
	AUTOPOWEROFF	自动关机	
	FUSEPROVIDED	电路熔丝保护	

2. 汽车万用表在故障检修中的应用

汽车万用表在故障检修中的应用主要有下列几个方面。

1）温度检测。测试该项目时应将功能选择开关置于温度（TEMP）档，按下功能按钮（℃／℉），将黑线搭铁，探针线插头端插入汽车万用表温度测量插孔，探针线插头端接触被测物体，显示屏即显示被测物体的温度。

2）信号频率检测。首先将测试项目选择开关置于频率（Freq）档，黑线（自汽车万用表搭铁插孔引出）搭铁，红线（自汽车万用表公用插孔引出）接被测信号线，显示屏即显示被测信号的频率。

专家指南

汽车上产生可变频率的传感器主要有数字式空气流量计、数字式进气压力传感器、光敏式车速传感器（VSS）、光敏式曲轴位置传感器（CKP）、光敏式凸轮轴位置传感器（CMP）、霍尔式车速传感器（VSS）、霍尔式曲轴位置传感器（CKP）和霍尔式凸轮轴位置传感器。频宽比检测时，应将测试项目选择开关置于频宽比（Duty Cycle）档，红线接电路信号，黑线搭铁，发动机运转，显示屏即显示脉冲信号的频宽比。

3）点火线圈初级电路闭合角测量。将测试项目选择开关置于闭合角（Dwell）档，黑线搭铁，红线接点火线圈负接线柱，发动机运转，显示屏即显示点火线圈初步电路的闭合角。

4）起动机起动电流测量。首先将测试项目选择开关置于"400mV"档（即用测量电流传感器电压的方法来测量起动机的起动电流），把霍尔式电流传感夹夹到蓄电池线上，其引线插头插入电流测量插孔，按下最小／最大功能按钮，然后拆下点火高压线，用起动机转动曲轴2~3s，显示屏即显示起动机的起动电流值。

5）发动机转速检测。将测试项目选择开关置于转速（RPM）档，转速测量专用插头插入搭铁插孔与公用插孔中，感应式转速传感器（汽车万用表附件）夹在某一缸高压点火线上，在发动机工作时，显示屏即显示发动机的转速。

6）检测电控系统故障。首先检查熔丝、易熔线和接线端子的状况，在排除这些地方的故障后再用汽车万用表进行检查。

注意：除在测试过程中特殊指明者外，不能用指针式万用表测试电控单元（ECU）和传感器，而应使用高阻抗数字式万用表，万用表内阻应不低于 10kΩ。

7）线路断路或短路故障检测。在检查线路断路故障时，应先脱开 ECU 和相应传感器的插接器，然后测量插接器相应端子间的电阻，以确定是否有断路或接触不良故障。检查线路搭铁短路故障时，应拆开线路两端的插接器，然后测量插接器被测端子与车身（搭铁）之间的电阻值。电阻值大于 1MΩ 为正常。

8）集成电路的检测。用万用表检测晶体管 – 晶体管逻辑（TTL）集成电路的好坏方法如下：

①电阻测量判断法。首先要熟悉集成电路的内部结构原理，然后采用由后向前逐级检查的方法，分析其故障产生的原因。用 500 型万用表 $R×1k$ 档检查 TTL 集成电路的数据见表 1-3，这是用万用表判别 TTL 集成电路好坏的一种实用方法。

表 1-3　万用表测 TTL 的数据

测量项目	万用表接法	正常值 /kΩ	不正常值 /kΩ	备注
输入输出各端对电源地端	黑表笔搭铁端，红表笔接其他各端	5	< 1 或 > 12	用 500 型万用表 $R×1k$ 档。用其他万用表会略有出入
正电源端对电源地端		3	0 或 ∞	
输入输出各端对电源地端	红表笔搭铁端，黑表笔接其他各端	>40	< 1	
正电源端对电源地端		3	0 或 ∞	

②电压测量判断法。对可疑的集成电路测量其引脚电压，将测量的结果与已知或经验数据进行比较，进而判断出故障范围。

③信号检查法。利用示波器及信号源检查电路各级的输入和输出信号。对于数字集成电路，主要是通过信号来查清它们的逻辑关系。对集成运算放大器来说，需要弄清其放大特性。可疑级一般是发生在正常与不正常信号电压的两测试点之间的那一级。

专家指南　集成电路的替换原则

当确认一个集成电路损坏后，首先一定要查明电路损坏的原因，是电路本身老化，还是由外部原因引起的，否则替换器件有可能再度造成损坏。另外，所使用的替换器件最好能与元器件规格、型号、生产厂家完全一致。其替换原则如下：

①外形规格及引脚排列顺序应相同。

②电路的结构及工艺类型应相同，如 TTL 替换 TTL、CMOS（互补金属氧化物半导体）替换 CMOS、ECL（发射极耦合逻辑）替换 ECL 等。

③电路的功能特性应相同。

④电路的一些主要参数应相同或相近，如电源电压、工作频率等。

9）在线检测集成电路的直流电阻。用万用表测量各引脚的内部等效直流电阻来判断其好坏，若各引脚的内部等效直流电阻与标准值相符，则说明这块集成电路是正常的；反之，若与标准值相差过大，则说明集成电路内部损坏。

因为集成电路内部有晶体管与二极管等非线路性元件，所以在测量时必须互换表笔检测，以获得正、反向两个阻值。只有当内部等效直流电阻正、反向阻值都符合标准时，才能断定该集成电路完好。在电路中测得的集成电路某引脚与搭铁脚之间的直流电阻（在线电阻），实际是内部电阻与外部电阻并联后的总等效直流电阻。

专家指南

有时在线电压和在线电阻偏离标准值，并不一定是集成电路损坏。如由于外围元件损坏，致使外部电阻不正常，从而造成在线电压和在线电阻的异常，这时可以通过测量集成电路等效直流电阻来判定集成电路是否损坏。在线检测集成电路内部等效直流电阻时，集成电路不必从电路上焊下来，只需将电压或在线电阻异常的引脚与电路断开，再测量该引脚与搭铁脚之间的内部等效直流电阻正、反向电阻值，便可判断其好坏。

注意：测量直流电阻前要先断开电源，以免测试时损坏万用表。

10）在线检测集成电路的电压。在线测量电压是用万用表检测集成电路各引脚对地交、直流电压。

检测直流电压：在通电情况下，检测集成电路各引脚对地直流电压值，并与正常值相比较，若电压与标准值不符，可断开引脚连线测接线端电压，以判断电压变化是外围元件引起，还是集成电路内部引起。也可以用万用表欧姆档，直接在电路板上测量集成电路各引脚和外围元件的正、反向直流电阻，并与正常数据相比较，来发现和确定故障。

检测交流电压：对于一些工作频率比较低的集成电路，为了掌握其交流信号的变化情况，可用带有"dB"插孔的万用表对集成电路的交流工作电压进行近似测量。检测时，万用表置于交流电压档，红表笔插入"dB"插孔。若无"dB"插孔，可在红表笔上串接一个0.1~0.5μF隔直电容器。

注意：用数字式万用表检测交流电压时，要把万用表档位拨到交流档，然后检测引脚对电路（对地）的交流电压。如果电压异常，则可断开引脚连线测接线端电压，以判断电压变化是由外围元件引起，还是由集成电路内部引起。

小贴士　　汽车万用表的常见故障及维护

①电池亏电或电能耗尽。碱性电池的使用寿命一般为500h，出现亏电显示即应更换电池，一般分9V和3V（2×15V）两种。

②熔丝烧坏。在选择档位或超量程测试的情况下，熔丝往往会烧坏，可自己动手更换。

③液晶显示屏残缺不完整或字迹模糊。如"8"变成了"3"，一般是因为环境温度过低，使得液晶显示屏显示的字迹混乱。只要将万用表放到暖和的地方即会自动恢

复正常。

④集成电路板烧坏。在误操作、不规范操作或短路情况下，万用表集成电路板往往会烧坏，这时应换集成电路板。

3. 使用数字式万用表的注意事项与技巧

1）数字式万用表适宜在温度（23±5）℃、湿度 RH<80% 的环境中工作，实际使用环境应该控制在 0~40℃、RH<85% 的范围内。禁止在高温、高湿、严寒、多尘以及阳光直射的环境下使用数字式万用表，以防液晶显示器损坏和集成电路及印制电路板漏电。

2）使用数字式万用表之前，应当熟悉控制面板上的符号及其含义，然后检查线路的熔丝和接线端子的状况，判断是否断路或者接触不良。在排除这些故障之后，再用数字式万用表正式进行测量。

测量时，可以在垂直方向和水平方向轻轻摇动导线，保证插头与插座、表笔与被测点之间接触良好，以提高测量准确性。如果线路接触不良，将产生额外电阻，这部分电阻就要消耗电压，产生电压降。另外，测量时手不得触碰表笔的金属端或者被测物体，以免因人体电阻影响测量结果。

3）要保持表笔、导线的完好和清洁。凡是导线绝缘部分破损、表笔锈蚀或者弯曲，都要予以更换；表笔从蓄电池的接线柱上粘到了脏的氧化物，必须予以清除。检查数字式万用表导线是否完好的简便方法是选择"电阻"档，然后将两根表笔短接，此时表上的电阻读数应该为 0，如果读数大于 0，说明存在额外的电阻。如果不进行调整，该阻值会加到所测得的读数上，因而会影响测试的准确性。

4）量程应该选择最接近的那一档。万用表测量电压、电流和电阻都有不同的量程范围可供选择，所选择的量程越接近实际，测量出来的数值越精确。

专家指南

如果不知道被测数值的范围，无法估计量程档次，有一个办法可以解决——旋转（或者按压）量程开关，一直到表上出现"OL"或"1"字样（意思是超出范围或者过载），然后再向上选高一档量程。如果测试时仅在高位显示数字"1"，说明万用表过载，应该调整到较高的量程。

5）如果被测线路太长，或者线路深藏在汽车的某个装置之下，可以采用"对半开"的办法，在中间适当的位置找一个高阻抗的插头作为分界点，把长线路一分为二，再用数字式万用表对这两段分别进行测量。

6）测量电阻时应当断开电源（包括可疑电路的电源），严禁在被测线路带电的情况下测量电阻，以免烧坏万用表，这样也可以防止出现错误读数。不允许用电阻档测量蓄电池内阻，因为这样相当于电阻测量电路外加了一个电压，测量结果完全失去意义，而且还有可能损坏万用表。

为了避免动态测量线路电阻时造成数字式万用表损坏，可以通过测量线路的"电压降"，

然后运用公式 $R=U/I$ 计算，间接得到搭铁测量线路的电阻。

7）测量电压应注意的事项。

①根据电压的性质，选择"交流电"档或者"直流电"档。

②估计电源电压的高低，选择合适的电压量程档位。

③红表笔接触被测的电子器件，黑表笔搭铁（即必须并联），然后观察万用表上的显示值，并与正常值对比，以确定电压是否正常。

④测量电控系统的电压时，点火开关应该接通（ON 位），蓄电池电压不低于11V。

8）绝不可使用万用表测量安全气囊系统（SRS）的传爆管，因为万用表带有电源，即使微弱的外加电流也可能点燃传爆管而造成重大伤害。

9）电路中的二极管和固态部件可能导致数字式万用表显示出虚假读数。为了判断部件是否对测量结果有影响，可以先获得一个读数，然后将万用表的两根表笔调换，再获得第二个读数。如果这两个读数不相同，说明固态部件影响了万用表的测量结果。

10）数字式万用表使用完毕，应该将量程开关转至最高交流电压档，然后关闭电源，防止下次误操作而损坏数字式万用表。

11）表内的电池（9V）最好每半年更换一次，因为数字式万用表的检测精度会随着电池电量的消耗而下降。

二、常见汽车检测工具及使用方法

汽车电工使用的基本工具除了旋具（螺丝刀或起子）、扳手（开口扳手、套筒扳手、梅花扳手、扭力扳手、活动扳手、内六角扳手、管子扳手等）、钳子（钢丝钳、尖嘴钳、鳄鱼钳和活塞环拆装钳）、锤子（圆头锤、钉锤、橡胶锤、软面塑料锤）外，还要有一些检测工具、焊接工具、专用测电笔和跨接线等。

1. 汽车专用测电笔

汽车专用测电笔典型外形示意图如图 1-2 所示，主要由量杆探头、发光二极管指示灯、带导线的鳄鱼夹等构成。

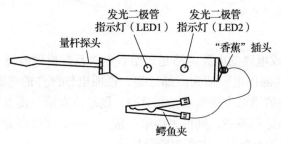

图 1-2　汽车专用测电笔

2. 跨接线

汽车用跨接线（SST）俗称为"跳线""短接线"，就是一段长短不一的多股导线，两端分别接有鳄鱼夹或者不同形式的各种插头，以满足在不同的场合下使用。跨接线长的可达

2m，它具有以下功能：

1）替代被怀疑断路的导线，起鉴别通断的作用。

2）若怀疑某部件性能失常，可以用跨接线将其隔离开来，检查该部件的工作状态。

3）使用线径在 $16mm^2$ 以上的鳄鱼夹式跨接线，可以借助其他汽车上的蓄电池起动故障车的发动机。

4）跨接电控汽车诊断座上的 +B 端子和 FP 端子，可以接通电动燃油泵的电路；跨接诊断座上的 FP 端子和 E_1 端子，可以触发 ECU，从而读取发动机的故障码。

小贴士

使用跨接线的注意事项

①用跨接线将电源电压加至试验部件之前，必须确认被跨接的两个电器的工作电压是否相同，例如，有的喷油器电源电压为 4V，如加上 12V 电压就可能使喷油器损坏。

②绝对禁止将电源正极线与搭铁线跨接，即跨接线不能接在试验部件的 "+" 接头与搭铁之间，因为这样会造成电源短路。

---

3. 汽车专用测试灯

汽车专用测试灯主要用于对车辆线路故障进行检测，根据测试灯的亮、灭及不同的明暗程度来判断线路是否存在短路、断路或搭铁故障。

测试灯分为无源测试灯和有源测试灯两种。测试灯的功用及检测方法如下：

（1）无源测试灯的使用方法

无源测试灯自身不带电源，主要由检测探头、测试灯泡、带鳄鱼夹的导线构成，如图 1-3 所示，主要用于检测低阻抗电源电路、搭铁电路和线路的导通性。

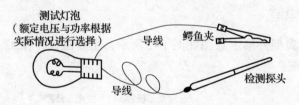

图 1-3　无源测试灯

1）检查控制系统或电路的电源电路是否给各电气系统提供电源。使用时，将测试灯一端搭铁，另一端接电气部件电源插头。如灯亮，说明电气部件的电源电路无故障；如灯不亮，再接去向电源方向的第二个接线点。如灯亮，则故障在第一接点与第二接点之间，电路出现的是断路故障；如灯仍不亮，则再去接第三接点……直到灯亮为止。故障在最后被测接头与上一个被测接点间的电路上，大多为断路故障。

2）检测高压线是否漏电。操作方法是起动发动机，将测试灯的负极搭铁，正极在高压线之间晃动（需要保持一定的距离），如果测试灯连续闪烁，说明距离其最近的高压线漏电。

3）具有跨接线和指示灯的双重作用。操作方法是将测试灯跨接在汽车专用诊断座的相应端子上，触发 ECU 的自诊断功能，通过测试灯的闪烁频率，可以读取发动机的故障码，以便进行诊断。

（2）有源测试灯的使用方法

有源测试灯自身带有电源，其构成元件与无源测试灯基本相同，仅是这类测试灯自身的检测手柄内部加装了 2 节 1.5V 的干电池，如图 1-4 所示。

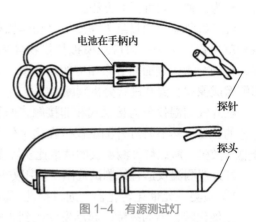

图 1-4　有源测试灯

1）断路检查。首先断开与电气部件相连接的电源电路，将测试灯一端搭铁，另一端接电路各接点（从电路首端开始）。如果灯不亮，则断路出现在被测点与搭铁之间；如灯亮，断路则出现在此被测点与上一个被测点之间。

2）短路检查。首先断开电气部件电路的电源线和搭铁线，测试灯一端搭铁，另一端与余下电气部件电路相连接。如灯亮，表示有短路故障（搭铁）存在，然后逐步将电路中插接器脱开，开关打开，拆除部件等，直到灯灭为止，则短路出现在最后开路部件与上一个开路部件之间。

注意：不可用测试灯检查与电子控制模块端子连接的线路（除非维修手册中有特别的说明），因为自带电源测试灯的电池或者无源测试灯的电阻都可能造成固态电子电路的损坏。这一点与上面的叙述并不矛盾，一方面是测量电源电路时提倡采用测试灯，另一方面是测量与电子控制模块端子连接的线路时禁止使用测试灯。

（3）防范"虚电"——采用测试灯进行动态测试

所谓"虚电"，通常是指电路某处因针脚氧化或者连接螺钉松动等原因引起接触不良，在这种情况下可以通过小电流，所以用万用表测量电压显示是正常的，但是大电流过不去，这样要么造成起动机不能运转，要么造成接触处发热。测试灯对于判别"虚电"特别有效。

为此，最好用测试灯进行负荷测试，如果线路的接触电阻很大，测试灯的亮度会下降。也可以在线路中串联电流表检测工作电流，如果线路接触不良造成接触电阻过大，在电压不变的情况下，显示的电流值会很小。

> **小贴士**　如果对于哪些情况可以使用测试灯不清楚，或者对测试灯的功率应多大没有把握，可以不使用测试灯，改为在不断开车上用电器插头的情况下测量供电电压，这种不断开负载的测量方法有助于准确判断故障原因。

4. 红外线测温仪

红外线测温仪采用红外技术，可快速、方便、准确地测量物体的表面温度，不需要机械地接触被测物体，只需瞄准，按动触发器，在 LCD 显示屏上便可读出温度数据。红外测温仪重量轻、体积小、使用方便，并能可靠地测量热的、危险的或难以接触的物体，不会影响被测物体和烫伤测量人员，每秒可测若干个读数，可以直观、连续地测试，观察物体表面的温度变化。利用红外测温仪对发动机特殊部位进行检测，并通过其数值对发动机的故障进行分析，成为一种有效可行的方法。

红外线测温仪通过红外探测器将物体辐射的功率信号转换成电信号后，成像装置的输出信号就可以完全一一对应地模拟扫描物体表面温度的空间分布，经电子系统处理传至显示屏，得到与物体表面热分布相应的热像图。运用这一方法，便能实现对目标进行远距离热状态图像成像和测温并进行分析判断。

红外线测温仪分为接触式和非接触式两种。采用接触式测量时，应当在零件上找一个最合适的位置，然后将红外测温仪抵在这个位置进行测量。由于发动机机体（铸件）会造成部分热量散失，所以红外测温仪的读数比实际温度低 5~8℃。

红外线测温仪适宜的测试范围及使用方法如下：

1）检测三元催化转化器。通过检测三元催化转化器前后两端的温度差值可以方便判断出三元催化转化器的故障。起动发动机到正常运转温度，然后将三元催化转化器的进口温度和出口温度进行比较。

①如果三元催化转化器的出口温度等于或低于进口温度，说明三元催化转化器已经失效；如果怠速时三元催化转化器的出口温度比进口温度高约 10%，而在正常工作温度下进口温度与出口温度没有差别，也说明三元催化转化器失效。

②如果三元催化转化器的出口温度高于进口温度 20~100℃，说明三元催化转化器工作正常。

③如果三元催化转化器的出口温度大大高于进口温度（超过 120℃），说明进入三元催化转化器的废气中含有异常多的 CO 和 HC，产生这一现象的原因往往是发动机的燃烧过程不良，或是电控系统出了问题，需要对发动机做进一步检测，查明真实的故障原因。

2）检测冷却系统。利用红外测温仪可以检测发动机冷却系统大小循环的过程，准确判断节温器和散热器的故障。

①节温器。检查节温器是否失效，可以用红外测温仪瞄准节温器壳体，测试节温器的温度变化，判断节温器是否打开。当汽车发动机正常运转，节温器打开时，散热器上部软管冷却液温度应迅速上升。若没有此现象，则可能有以下原因：节温器堵塞或节温器常开。

②散热器。要检查散热器是否阻塞或存在故障，需要起动发动机并运行至正常温度且温度稳定。用红外测温仪扫描散热器表面，沿着冷却液流动的方向检测散热器表面的温度。若检测到有温度突变的地方，表明此处管路有阻塞现象。如果散热器有阻塞的地方，则该散热器需要清洗或更换。

3）检测排气再循环（EGR）系统的状态。让发动机中速运转，然后检测 EGR 阀与进气歧管连接处的温度，应当高于进气歧管其他部位的温度，否则说明 EGR 阀或其真空管路、控制电路有故障。

4）"缺缸"检查。用红外测温仪测量各缸火花塞的温度，工作不良的火花塞温度会比其他缸火花塞的温度低一些。也可以用测温仪测量各缸排气歧管的温度，若某一缸排气歧管的温度明显偏低，说明该缸工作失常，应当检查这个气缸是否积炭严重或者不喷油等。

5）检测自动变速器。首先测量自动变速器油（ATF）的温度，若 ATF 温度过高，再测量 ATF 散热器进油管与出油管的温度差，以判断自动变速器油散热器是否堵塞。在正常情况下，变速器油散热器进油口的温度应比出油口的温度高约 30℃。若温差小于 30℃，说明散热器内的冷水道堵塞；若温差大于30℃，说明散热器内的ATF油道堵塞，其原因大多数是摩擦片烧蚀或脱落。

6）检测点火线圈和点火模块是否发生短路和断路。用红外线测温仪检测发动机工作或起动时点火线圈和点火模块的温度。

①检测点火线圈和点火模块是否发生断路。点火线圈和点火模块在反复几次起动（起动不着）后表面温度和环境温度一样，说明内部线圈断路，必须更换。

②检测点火线圈和点火模块是否发生短路。冷车行驶完全正常，热车行驶中突然熄火，在熄火的第一时间，用红外线测温仪检测。

a.若点火线圈表面温度超过95℃，说明内部线圈短路，必须更换。

b.若点火模块热点超过100℃，说明模块内部短路，必须更换。

7）检测空调系统。通过对空调系统高低压侧的温度检测以及对进出风口的温度检测可以比较快捷地发现故障点的位置。制冷剂通过装在蒸发器出口上的外平衡管，将蒸发器出口端的压力作用于膨胀阀膜片下部。外平衡式膨胀阀膜片下腔和蒸发器出口相通，由于从蒸发器的入口流到出口存在流动阻力，因而引起压力下降，导致蒸发器进、出口温差大于2~8℃。这种温差很重要，只要数值合适，就不会有液体制冷剂离开蒸发器。

8）检测发动机气缸的工作状况。通过对排气歧管的温度检测可以准确发现发动机各气缸的工作状况，找出工作不良的气缸，以缩小维修人员的检测范围。

①如果测试中某一气缸的温度明显高于其他气缸，则需检查此气缸的工作状况，很有可能是由于真空泄漏或喷油器过脏导致的。

②如果某一气缸显示值与其他气缸相比稍有不同，但并不是高出许多或低出许多，这可能是该气缸工作性能不佳的迹象。检查时可能涉及其他机械问题，应检查以下各项：火花塞或高压线，该气缸的燃油供应，缸压是否过低，积炭是否过多。

③如果某气缸的排气温度低出许多，则说明该气缸不工作。应该重点检查该气缸的点火系统和喷油系统。

9）制动系统检测对于前后分开式制动系统的车辆，正常工作时前轮制动盘通常比后轮制动盘的温度高，前、后正常温度差为30℃左右。

5. 新能源汽车常用维修工具及检测设备

除了传统的维修工具和检测设备外，新能源汽车因为存在高压电路，对高压系统部件进行维修时必须使用绝缘工具和检测设备，且绝缘工具必须装有耐压1000V以上的绝缘柄。常用的新能源汽车维修工具及检测设备见表1-4。

表1-4 新能源汽车常用的维修工具及检测设备

序号	类型	工具设备名称	规格要求	单位	备注
1	拆装工具	绝缘工具套装	高压电维修绝缘工具，耐电压1000V	套	
2	检测仪表	数字式万用表	符合CAT Ⅲ要求	个	如FLUKE系列万用表
3		钳型电流表	符合CAT Ⅲ要求	台	如FLUKE317
4		绝缘测试仪	符合CAT Ⅲ要求	台	如FLUKE1587FC/CN

（续）

序号	类型	工具设备名称	规格要求	单位	备注
5	故障诊断仪器	专用车型故障诊断仪	对应车型	套	如北汽 BDS，比亚迪 ED400、ED1000

1）新能源汽车维修所用的基本工具设备见表 1-5。

表 1-5　新能源汽车维修用基本工具设备

工具设备名称	规格要求 / 技术标准
测电笔	1. 非接触式，声光提示 2. 可测试电压范围：90~1000V 交流电压
数字钳形表	电压测量：1000V AC/DC
兆欧表（绝缘电阻测试仪）	1. 输出电压：250V/500V/1000V 2. 测试电流：250V（R=250kΩ）1mA；500V（R=500kΩ）1mA；1000V（R=1MΩ）1mA 3. 绝缘电阻：250V，0.1~20MΩ；500V，0.1~50MΩ；1000V，0.1~100MΩ 4. 测试电压：AC750V
三相交流电相序计	1. 相序检测电压使用范围：200~480V 2. 相序检测频率使用范围：20~400Hz 3. 用于三相正弦交流电源相序的顺、逆及断相检查 4. LCD 和蜂鸣器指示正相、反相和缺相

2）安全防护用具。新能源汽车维修用的安全防护用具见表 1-6。

表 1-6　新能源汽车维修用安全防护用具

名称	单位	数量	设备规格及要求
安全警告牌	件	2	规格：30cm×60cm、高强度 ABS 塑料；内容："危险请勿靠近"与高压标识
绝缘手套	双	3	耐直流电压 1000V 以上
防酸碱手套	双	3	耐酸碱性
绝缘鞋	双	3	耐直流电压 1000V 以上
绝缘胶垫	张	4	单张 1m^2，耐直流电压 1000V 以上
防护眼镜	个	3	耐酸碱性

专家指南　**绝缘手套的检查方法**

　　高压操作前，维修人员必须穿戴好劳保用品，戴好绝缘手套，穿好高压绝缘鞋。在戴绝缘手套前，必须要检查绝缘手套是否有破损的地方，确保手套无绝缘失效。

　　使用绝缘手套前，务必执行以下程序以检查它们是否有破裂、磨损或其他形式的损坏，如图 1-5 所示。确认密封良好后，佩戴绝缘手套。

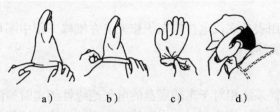

图 1-5　检查绝缘手套

绝缘手套的检查流程：

a. 侧位放置手套。

b. 卷起手套边缘，然后松开 2~3 次。

c. 折叠一半开口去封住手套。

d. 确认无空气泄漏。

3）绝缘工具的特点与类型。绝缘工具是采用绝缘材料进行加工并适用于电气系统拆装等操作的工具，使用绝缘工具可以有效防止意外触电事故的发生。新能源汽车涉及高电压的部分零部件拆装必须使用绝缘拆装工具，绝缘拆装工具必须装有耐电压 1000V 以上的绝缘柄。绝缘拆装工具包括常用的套筒、开口扳手、螺钉旋具、钳子、电工刀等，如图 1-6 所示。

我国的绝缘工具分为 3 种类型：

图 1-6　绝缘工具

① I 类工具是指采用普通基本绝缘的工具。在防触电保护方面不仅依靠基本绝缘，而且还应附加一个安全预防措施，即对正常情况下不带电，而在其基本绝缘损坏时变为带电体的外露可导电部分作保护接零。为了可靠，保护接零应不少于两处，并且还要附加漏电保护，同时要求操作者使用绝缘防护用品。

② II 类工具是指采用双重绝缘或加强绝缘的工具。在防触电保护方面不仅依靠其基本绝缘，而且有将其正常情况下的带电部分与可触及的不带电的可导电部分作双重绝缘或加强绝缘隔离措施，相当于将操作者个人绝缘防护用品以可靠有效的方式设计制作在工具上。

③ III 类工具是指采用安全特低电压供电的工具。在防触电保护方面，依靠安全隔离变压器供电。

在高电压新能源汽车维修时，要求配备 II 类以上的工具。

4）绝缘工具的使用。绝缘工具的使用方法与普通工具相同，但是有以下注意事项：

①应有专门的工具室存放，室内应通风良好，清洁、干燥。

②如发现绝缘工具损伤或受潮，应及时进行检修和干燥处理，试验合格后方可使用。

③绝缘工具必须按规定定期进行绝缘性能的试验，不符合试验要求的，禁止使用。

6. 新能源汽车检测仪表

新能源汽车在维修中使用的检测仪表有数字式万用表、绝缘电阻测试仪（如兆欧表、高压绝缘测试仪）和钳形电流表等类型。

（1）数字式万用表

汽车专用数字式万用表是现代电控汽车维修人员在维修工作中不可或缺的检测仪器，前文已作介绍，此处不再赘述。

（2）绝缘测试仪

新能源汽车高压电气系统相对于车辆底盘的电气绝缘性能实时检测是电动汽车电气安全技术的核心内容。电气绝缘性能检测时，需要使用专用的绝缘测试仪器，测量高压电缆及零部件对车身绝缘电阻是否位于规定值范围内。

目前常采用的是数字式绝缘电阻测试仪，也具有测量电器、电气电路绝缘性能的功能。

数字式兆欧表有 FLUKE 1508、FLUKE 1587 和 FLUKE 1577 绝缘万用表等。FLUKE 1508 型仪表（图 1-7）是一种由电池供电的绝缘测试仪。

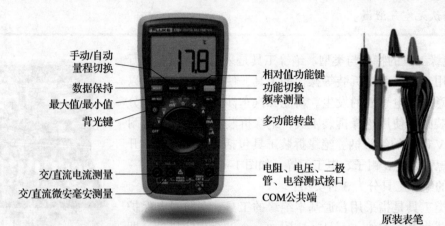

手动/自动量程切换
数据保持
最大值/最小值
背光键
交/直流电流测量
交/直流微安毫安测量

相对值功能键
功能切换
频率测量
多功能转盘
电阻、电压、二极管、电容测试接口
COM公共端

原装表笔

*温度、频率、相对值功能键为17B+独有

图 1-7　美国福禄克 FLUKE 1508 绝缘测试仪

绝缘测试仪的使用方法：

电动汽车的绝缘测试只能在不通电的电路上进行。为避免触电导致的人身伤害，或损坏测试仪，测试前应断开电路电源并将所有高压电容器放电。

FLUKE 1508 具有自动带电检测和检测接收后自动放电功能，其具体操作步骤如下：

1）按图 1-8 所示方法设定测试仪并将测试探头插入 V 和 COM（公共）输入端子。

2）将旋转开关转至所需要的测试电压。

3）将探头与待测电路连接。测试仪会自动检测电路是否通电。

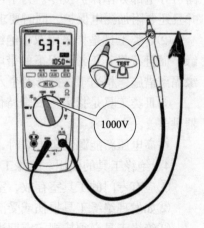

1000V

图 1-8　绝缘检测

①主显示位置显示——按"测试"按钮时，将获得一个有效的绝缘电阻读数。

②如果电路中的电压超过 30V（交流或直流），则在主显示位置显示电压超过 30V 以上警告的同时，还会显示高压符号。在这种情况下，测试被禁止。在继续操作之前，先断开测

试仪的连接并关闭电源。

4）按住"测试"按钮开始测试。辅显示位置上显示被测电路上所施加的测试电压。主显示位置上显示高压符号（⚠）并以 MΩ 或 GΩ 为单位显示电阻。显示屏的下端出现测试图标，直到释放"测试"按钮。

5）电阻超过最大显示量程时，测试仪显示">"符号及当前量程的最大电阻。

6）继续将探头留在测试点上，然后释放"测试"按钮。被测电路开始通过测试仪放电。主显示位置显示电阻读数，直到开始新测试或选择了不同功能或量程，或检测到 30V 以上电压。

小贴士

FLUKE 1508 的储存功能

FLUKE 1508 具备测量记录储存的功能，适用于现场条件恶劣、记录数据不方便，或者只有一个测量人员，无法在测量过程中进行数据记录的情况。

FLUKE 1508 最多可以在测试仪上保存 19 个绝缘电阻或接地耦合电阻测量值，测量值以"后存先出"的方式保存。如果保存了 19 个以上的测量值，则最先保存的将被删除，以给最新测量值留出空间。

（3）钳形电流表

在新能源汽车诊断与维修时，经常会需要测量导线中的电流。由于驱动系统的导线（如逆变器与电动机之间）存在较大的交变电流，必须使用钳形电流表（也称数字电流钳）进行间接测量。

FLUKE 317 型钳形电流表如图 1-9 所示。注意不可同时钳住两根导线。

交流、直流电流检测

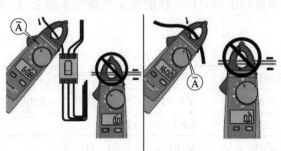

图 1-9　FLUKE 317 型钳形电流表

测量时应注意身体与带电体保持安全距离。当测量高压电缆各相电流时，电缆头线间距离应在 300mm 以上，且绝缘良好。观测读数时，要特别注意保持头部与带电部分的安全距离，人体任何部分与带电体的距离不得小于钳形电流表的整个长度。

注意：

1）测量时电流钳应该保持钳口闭合，否则将测量出不正确的电流。

2）钳形电流表要接触被测线路，所以钳形电流表不能测量裸导体的电流。用高压钳形表测量时，应由两人操作，测量时应戴绝缘手套，站在绝缘垫上，不得触及其他设备，以防止短路或搭铁。

三、汽车电控装置故障检修常用仪表仪器及使用

1. 汽车故障诊断仪（解码器）及使用

（1）解码器的基本功能

解码器的基本功能主要有下列几种：

1）可直接读取故障码，不需要通过发动机故障警告灯闪烁读取。

2）可直接清除故障码，使发动机故障警告灯熄灭。

3）能与汽车 ECU 直接进行通信，显示电控发动机数据流，使电控系统工作状况一目了然，为诊断故障提供依据。

4）能在静态或动态下，向电控系统各执行器发出检修作业需要的动作指令，以便检查执行器的工作状况。

5）行车时可监测并记录数据流。

6）有的具有示波器功能、万用表功能或打印功能。

7）有的能显示系统控制电路图和维修指导，供诊断时参考。

8）可与个人计算机（PC）相连，进行资料的更新与升级。

9）功能强大的专用解码器，还能对车上 ECU 进行某些数据的重新输入和更改。

（2）汽车故障诊断仪

汽车故障诊断仪又称汽车专用解码器，有原汽车厂家的专用型与通用型两大类。

1）汽车原厂专用型解码器。汽车原厂专用型解码器是由汽车制造集团公司（厂）针对本厂生产的汽车系列而设计的仪器，只适用于单一车型，但其测试功能很强，特别适合于集汽车销售服务站、配件销售和维护三位一体的汽车维修服务站选用。汽车专用故障诊断仪一览表见表 1-7。

表 1-7　汽车专用故障诊断仪一览表

汽车品牌	车系代号	手持式诊断仪或 PC 型故障诊断仪
大众 / 奥迪（德）	VW/AUDI	V.A.G1551、V.A.G1552、V.A.S5051、V.A.S5052、V.A.S5053
奔驰（德）	BENZ	HHT、STAR2000
宝马（德）	BMW	MODIC-Ⅲ、CT-1、GT-ONE
法国车系		PROXIA
沃尔沃（瑞典）	VOLVO	SCANTOOL、VTC200、VADIS
通用（美）	GM	TECH-1、TECH-2
福特（美）	FORD	WDS、IDS、STAR-Ⅱ、NGS 自测试自动读出器
克莱斯勒（美）	CHRYSLER	DRB-Ⅱ、DRB-Ⅲ
丰田（日）	TOYOTA	INTELVIGENT、IT-Ⅱ、TESTER-Ⅰ、TESTER-Ⅱ
本田（日）	HONDA	HDS、PGM
日产（日）	NISSAN	CONSULT-Ⅱ

（续）

汽车品牌	车系代号	手持式诊断仪或 PC 型故障诊断仪
三菱（日）	MITSUBISHI	MUT-Ⅱ、MUT-Ⅲ
现代（韩）	HYUNDAI	MVT、HI-DSSCANNER

2）通用型解码器。通用型解码器主要有进口解码器和国产解码器两大类。

通用型解码器是检测设备厂家为适应检测诊断多种车型而设计制造的解码器。它存储有几十种甚至几百种不同厂家、不同车型汽车电控系统的检测程序、检测数据和故障码等资料，并配备有各种车型的检测接头，可以检测诊断多种车型，适合于综合型维修企业使用。部分汽车通用型解码器型号及生产厂家见表 1-8。

表 1-8　部分汽车通用型解码器型号及生产厂家

生产厂家	解码器型号
美国 Snap-on 公司	MT2500 解码器（红盒子）
美国欧瓦顿勒工具公司	OTC 系列解码器
德国博世公司	KTS300/500 解码器
国产	电眼睛（431ME）、X-413
国产	车灵通、易网通、车博士
国产	修车王、仪表王、金奔腾彩圣

2. 汽车示波器及使用

汽车示波器是用来检测汽车电子电路故障的专用示波器，在汽车维修工作中，对检测点火系统、尾气排放分析和零件质量等大有用处。

通过分析示波器的波形，能够观察各种信号幅度随时间变化的曲线；可以检测各种参数，如电压、电流、速度、频率、相位差、调幅度、持续时间和占空比等；能对有价值数据进行动态测量；能判断器件与 ECU 之间的通信情况等。因此，示波器在电控汽车的检测中应用越来越广泛，尤其在排除电磁干扰故障时具有独特的优越性。

现代汽车专用示波器的主要功能有电源电压波形测试、点火电压波形测试、各种传感器波形测试、电控系统各种执行器电压波形测试和其他功能，其他功能主要是示波器可对测试波形存储回放功能，具有万用表功能，可检测电压、电阻、闭合角、转速的功能，以及具有诊断数据库和解码器功能，使得故障诊断更加快捷、准确和方便。

此外，各种发动机综合性能测试仪以及某些解码器也具有示波器功能。

 四、汽车电气维修安全常识

1. 电工安全操作规范

1）安全防护用具、工具、仪器等使用前必须认真检查，符合规定，方可使用。
2）工作中要穿好防护用具，做到安全生产。

3）对本单位电器设备定期检查，发现问题及时处理。

4）进行交流电作业时，必须切断电源，严禁带电作业。

5）正确使用、调试仪器仪表，用电设备必须可靠接地，零线、地线不得混用。

6）工程车发、配电时，必须严格遵守工程车使用规定。

专家指南 **高压、低压和安全电压的区分**

在一般情况下，36V以下电压不会造成人体伤亡，称为安全电压，工程上规定有交流36V、12V两种，直流48V、24V、12V、6V四种。为了减少触电事故，要求所有工作人员经常接触的电气设备全部使用安全电压，而且环境越潮湿，使用安全电压的等级越低。例如，机床上的照明灯一般使用36V电压供电；汽车一般使用24V、12V电源供电。

在汽车维修中，钣金常用辅助电气工具一般均为低电压设备，其电压为220V，工作常用高压电为380V。

机床照明和特殊工种的手提照明电压一般采用安全电压，即电压为36V以下。

2. 预防触电的安全措施及急救方法

（1）预防触电的安全措施

1）必须使用带有接地线的电器械，并保证电源插座的良好接地。接地插销具有3个插头，其中2个对称放置的是电路插头，第三个圆头是接地线插头。当电器械发生漏电时，接地线会把电流引入地，避免人体受到触电伤害。

2）不要在湿地面上使用电器械。

3）使用的电器械的电缆线必须绝缘层良好，不破损、不漏电。

4）使用手持式照明灯时，如灯泡破碎，要立即处理，注意勿使其内部灯丝两极触及人体或他物。

5）勿将照明灯放在易受到水或其他液体溅落的处所，因灯泡受到溅落会破裂，其灯丝电极上的电压可能通过液体传导电流到附近的人。

知识链接

触电事故是电流通过人体造成的，触电的伤亡程度主要决定于通过人体的电流大小、途径和时间。如果对电气设备使用不当、安装不合理、设备维护不及时和违反操作规程，都可能造成人身伤亡的触电事故。

试验证明，0.6~1.5mA的电流通过人体则有感觉，手指麻刺发料；50~80mA电流通过人体，则使人呼吸困难、心室开始颤抖。电流通过人体的途径以两手间通过的情况最危险。通电时间越长、人体电阻越小，危险越大。

目前，我国采用三相三线制和三相四线制供电方式，因此触电有两相触电和单相触电（有三相四线制触电和三相三线制触电两种）。

（2）用电的安全措施

1）检修电气设备或更换熔丝时，应首先切断电源，并在电源开关处挂上"严禁合闸"的警告牌；在没有采取足够的安全措施的情况下，严禁带电工作。

2）使用各种电气设备，应采取相应的安全措施。如使用手提式电钻时，必须戴上橡胶手套或站在绝缘垫上。

3）热设备应远离易燃物，用毕即断开电源。

4）判断电线或用电设备是否带电，必须用验电器、测电笔（一般在 250V 以下使用）等检查判断，不允许用手去摸试。

5）电灯开关应接在火线上，用螺旋灯头时不可把火线接在跟螺旋套相连的接线柱上，以免调换灯泡时触电。

6）电线或电气设备失火时，应迅速切断电源。在带电状态下，不能用水和泡沫灭火器灭火，否则会使人触电，这种情况可用黄沙、二氧化碳灭火器和 1211 灭火器进行灭火。

7）发现有人触电时，首先应使触电者脱离电源，然后进行现场抢救。

小贴士　一些电器虽然有保护接地和保护接零措施，但一旦遇到设备、电器工具漏电，或遇触电情况时，仍应首先切断电源，之后才能用手去抢救。

（3）触电时的急救方法

触电在临床医学上被称为电击伤，影响电击伤损伤程度的因素较多，比如电压高低、电流强度、电阻、触电途径、接触时间以及电流种类等。电击伤的急救可分为如下几个部分。

1）脱离电源。这步操作需要争分夺秒，根据现场环境和条件采用最快、最安全的方式切断电源，或者使患者脱离电源，如关闭电闸、切断电线、挑开电线、拉开触电者等。在上述过程中必须严格保持与触电者绝缘，不能直接接触触电者，选用的器材也必须绝对绝缘，比如使用干燥的木棍。必要时在脚下放置干燥的木板、厚塑料等绝缘物品，使自己与地面绝缘。

2）紧急处理。电击后的患者可能存在假死状态，让周围人拨打 120，同时心肺复苏必须坚持不懈地进行，不能轻言放弃。心肺复苏的操作流程，需要施救者双手交叉按压触电者胸骨中下 1/3 处，按压速度 100~120 次 /min，按压深度 5~6cm，按压和人工呼吸的比例是30：2，连续进行 5 个循环，判断患者呼吸、心跳恢复情况。同时注意保持患者呼吸道通畅，防止舌根后坠堵塞气道，直到 120 救护人员赶到。

3）支持治疗。支持治疗主要是维持呼吸、血压稳定，积极防治脑水肿，防治急性肾功能衰竭等并发症。早期使用降温疗法，纠正水、电解质和酸碱平衡失调，预防感染，必要时可以镇静、镇痛。触电伤员应该常规注射破伤风抗毒素，电烧伤的创面周围皮肤用碘伏消毒处理后，加盖干净敷料包扎，减少污染。电击后身体缺氧的患者比较多见，可考虑应用高压氧治疗，提高体内含氧量，有效纠正缺氧。根据情况可考虑早期进行心理干预。电击伤的治疗是综合治疗，涉及学科较多，应根据伤员情况具体掌握。

按压位置必须准确，手掌不能离开伤者胸壁，以保证动作的连贯性和弹性。按压的力量大小应依伤者的身体、胸廓情况而定，身强体壮胸肌发达者，按压力量可适当增大。对于呼吸和心跳停止的儿童，用双指按压的力度即可。老年人骨质较脆，一旦用力过大容易导致骨折，所以按压时要倍加小心，每次向下按压时间应短一些，只占一个按压周期的1/3，放松时间应占2/3。按压有效时，必须坚持不懈，绝不能半途而废，坚持挤压心脏恢复自动跳动。

（4）外伤的处理

对于触电者电伤和摔跌造成的局部外伤，在现场救护中也应作适当处理，可防止细菌侵入感染及摔跌骨折刺破皮肤、周围组织、神经和血管，避免引起损伤扩大，同时可减轻触电者的痛苦和便于转送医院。

3. 电动汽车高压安全与防护

（1）作业前准备工作

目前面世的新能源电动汽车都向高电压系统发展，一般采取超过300V的高电压和几百安的大电流，未来电动汽车高压系统的电压将会更高。其高压电部分连接线束呈橙色。高压部件上都有警示标志，如图1-10所示。如果不遵守作业要求，将导致严重性伤害，甚至有生命危险。

图1-10　电动汽车高压电警示标志

工作人员一定要穿好绝缘鞋，身上不要携带金属物品，如口袋里不要装硬币等。使用1kV耐久性的绝缘手套，并在使用前确认是否破损，在未佩戴手套的情况下不要直接接触高压电部分。

进行场地检查，在比较明显的位置使用三角警示牌提醒其他人员"高电压作业中触摸危险"。将维修车辆停放在维修工作区域时，先确认地面和发动机舱内没水，不允许在潮湿的环境下作业。确认工作区域内配有二氧化碳灭火器。

准备所需维修工具，确认维修工具经过绝缘处理。

切忌手上沾有水时进行高压作业或在高压部件沾有水的状态下作业。在地面或周围湿度过高时，须停止作业。

切实高压系统电源，首先切断手动维修开关。

（2）安全操作规范

为切实加强电动汽车维修作业管理，确保维修服务人员人身安全，结合电动汽车产品特点，要遵守以下操作规范。

1）服务人员进行高压系统检修时，必须佩戴相应的防护用品：高压绝缘防护手套、护目镜，并使用高压绝缘工具。

2）在维修作业前请采用安全隔离措施（使用警戒栏隔离），并树立高压警示牌，以警示相关人员，避免发生安全事故。

3）在维修高压部件前，请将车身用搭铁线连接到混合动力及纯电动车型专用维修工位的接地线上。

4）电控单元及高压系统部件的高压线束不可带电断开回路或插拔端子，防止造成电控单元及高压系统部件损坏或影响人身安全。

5）拆卸维修高压部件时，首先断开蓄电池低压负极，等待 5min 后，使用专用万用表进行电压测量，如所测量值大于 0V，应使用专用放电工装对该部件进行放电，当电压完全消失后方可进行下一步。

6）高压系统的检测应使用专用的诊断和检测仪器设备、万用表，应两人配合使用单手，万用表检测时应注意量程，原则上，不得使用电流档检测回路电流（使用钳流表）。

7）动力电池、控制器、高压盒开盖检修时应注意防止工具、螺栓、螺母掉入水等液体中造成电路短路，引发事故。

8）在检修有电解液泄漏的高压电池包时，需佩戴防护眼镜，以防止电解液溅入眼中。

9）在车辆上电前，注意确认是否还有人员在进行高压维修操作，避免发生意外。

10）检修高压线束时，对拆下的任何高压配线应立刻用绝缘胶带包扎绝缘。

11）车辆完成维修后，应对高压、低压电器部件、系统及接插件进行检查，确认无误后，方可上电。

12）不能用手指触摸高压线束接插件里的带电部位以免触电，另外应防止有细小的金属工具或铁条等接触到接插件中的带电部位。

13）发生异常事故和火灾时，操作人员应立即切断高压回路，其他人员立即使用灭火器扑救（使用干粉灭火器，严禁用水基灭火器）。

14）作业中注意用于高压部件及区域提示的颜色或标示。

①高压警示颜色。电动汽车上高压系统的所有高电压线缆、高电压线缆的插头以及高压安全插头都使用橙色，并用橙色波纹管对线缆进行防护，以区分低压系统的黑色线束，如图 1-11 所示（图中蓝色部分表示橙色实物）。

②整车动力电池包连至电源管理器的红色电压采样线束。

图 1-11　高压线束颜色

> **专家指南**
>
> 整车共分为 5 段高压线束：
> a. 动力电池高压电缆：连接动力电池到高压盒之间的线缆。
> b. 电机控制器电缆：连接高压盒到电机控制器之间的线缆。
> c. 快充线束：连接快充口到高压盒之间的线束。
> d. 慢充线束：连接慢充口到车载充电机之间的线束。
> e. 高压附件线束（高压线束总成）：连接高压盒到 DC/DC 变换器、车载充电机、空调压缩机、空调正温度系数（PTC）加热器之间的线束。

③高压零部件包括高压电池包、高压配电箱、车载充电机、驱动电机控制器、电动力总成、电动压缩机总成、PTC电加热芯体、漏电传感器等。

高压电路连接原理图如图1-12所示。

高压电气实物图如图1-13所示。

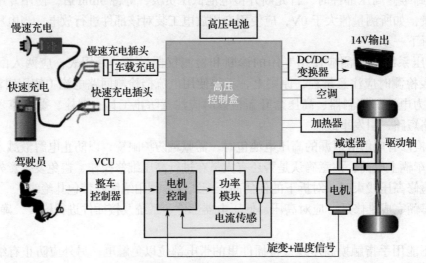

图1-12　高压电路连接原理图

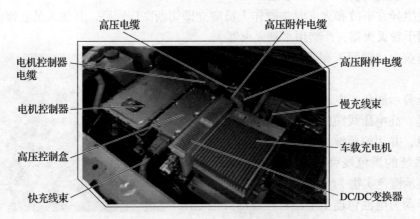

图1-13　高压电气实物图

（3）新能源汽车高压系统维修安全操作步骤

1）切断车辆电源（将启动按钮置于OFF档），等待5min。

2）戴好绝缘手套。

3）拔下维修开关并存放在规定的地方。

4）在断开紧急维修开关5min后，检修高压系统前应使用万用表测量整车高压回路，确保无电。

（4）手动维修开关（MSD）

维修开关（图1-14）位于高压电池包总成上方的左上角，连接了高压电池的一个正极和一个负极，它的主要作用是在车辆维修时直接断开高压回路，从而保证操作人员的安全。维修开关正常状态时，手柄处于水平位置；需要拔出时，应先将手柄旋转至竖起状态，再向上拔出；需要插上时，应先沿竖直方向用力向下插入，再将手柄旋转至水平状态。

手动维修开关内部安装有高压电路的主熔丝和互锁的舌簧开关。

拉起手动维修开关上的卡子锁止器可断开互锁，从而切断高压电池正负极继电器。但为确保安全，务必将启动开关置于"OFF"档，断开蓄电池负极接线柱，等待 10min 后再拆下手动维修开关。在执行任何检查或维护前，应先拆下手动维修开关，使高压电路在高压电池的中间位置切断，以确保维护期间的安全。

图 1-14 维修开关

现以江淮新能源车型为例，手动维修开关的取出步骤如下：

1）钥匙置于"LOCK"档。

2）断开 12V 蓄电池负极。

3）断开维修开关。

4）打开维修开关上方的地毯盖板。

5）拆下维修盖板 4 颗安装螺栓，拆除维修开关盖板。

6）打开维修开关二次锁扣。

7）按住卡扣，按规定方向转动维修开关把手，然后向上用力至把手垂直，拿出维修开关。拔下维修开关后，需等待 10min，确保高压残余电量耗尽。

（5）高压事故急救

1）电击事故急救措施。援救电气事故中受伤人员时，绝对不可触碰仍然与电有接触的人员。如果可能，马上将电气系统断电（关闭点火开关或者马上拔出维修开关）。用不导电的物体（木条、竹竿等）把事故受害者或者导电体与放电体分离。

电击事故后实施急救时，如果事故受害者没有反应，应采取如下急救措施：首先确定受害者是否还有生命迹象，比如脉搏和呼吸；马上呼叫急救医生，或者马上让旁边人去呼叫；进行人工呼吸以及心肺按压直到医生到达；如果呼吸停止，使用非专业的去纤颤器（如果有的话）进行抢救。

如果事故受害者能回应问询，应采取如下急救措施：对烧伤处进行降温处理，并用消过毒的无绒布进行包扎；即使事故受害者拒绝，也要要求其接受治疗（避免出现长期的后遗症）。

2）高压电池事故急救措施。电动汽车或高压电池起火时，请根据实际情况，进行下列操作：

①将车辆退电至 OFF 档，并在条件允许情况下断开 12V 蓄电池。

②断开维修开关。

③就近寻找灭火器（请勿使用水基灭火器）。

④如果车辆起火，火势较小较慢，请使用干粉灭火器灭火，并立即拨打求救电话。

⑤如果火势较大，发展较快，请立即远离车辆，拨打火警电话等待救援。

如果高压电池发生泄漏（有明显液体流出），请按照以下方法对车辆进行操作：

①请将车辆退电至 OFF 档，并在条件允许的情况下断开前舱 12V 蓄电池。

②断开维修开关。

③发生少量泄漏时，请远离火源，使用吸水布吸附后置于密闭容器中，或采用焚烧方式处理，操作前请佩戴防酸碱手套。

④发生大量泄漏时，请统一收集，按照危险化学品处理，可加入葡萄糖酸钙溶液来处理产生的气体 HF。

⑤当人体不慎接触泄漏液体时，应立即用大量清水冲洗 10~15min，如果有疼痛感可用 25% 的葡萄糖酸钙软膏涂敷，或用 2%~25% 的葡萄糖酸钙溶液浸泡止痛，若无改善或出现不适症状，请立即就医。

第二章

汽车电气故障的排查思路与要点

 一、汽车电气故障的基本分析方法

1.汽车电气系统的组成

汽车电气系统由电源系统、用电设备和配电装置三部分组成。

（1）电源系统

电源系统包括蓄电池、发电机及调节器。发电机与蓄电池并联工作，发动机不工作时由蓄电池供电，发动机起动后，转由发电机供电。发电机在给用电设备供电的同时，也给蓄电池充电。发电机配有调节器，其主要作用是在发电机转速变化时，自动保持发电机输出电压的稳定。

（2）用电设备

汽车用电设备分为起动系统，点火系统，照明与信号系统，仪表、警告与电子显示系统，辅助电气系统及电子控制系统等。

1）起动系统。起动系统主要包括起动机及其控制电路，用来起动发动机。

2）点火系统。点火系统现在普遍采用计算机控制点火系统。点火系统元件主要包括点火开关、点火线圈、发动机电控单元（ECU）、点火控制器、火花塞、高压导线等，任务是产生足够的点火电压和跳火持续时间的电火花，按发动机的工作顺序点燃气缸内的可燃混合气，并在不同负荷和转速下提供最佳点火提前角和控制汽油发动机不发生爆震。

3）照明与信号系统。照明系统包括车内外各种照明灯及其控制装置。信号系统包括声响信号和灯光信号装置、制动信号灯、转向信号灯、倒车信号灯等，提供安全行车所必需的信号。

4）仪表、警告与电子显示系统。仪表、警告与电子显示系统包括电压（电流）表、机油压力表、冷却液温度表、燃油表、车速里程表、发动机转速表、气压及各种警告灯等，以便驾驶人随时了解各系统的工作情况，保证汽车安全而可靠地行驶。

5）辅助电气系统。辅助电气系统包括电动刮水器、空调系统、车窗玻璃电动升降器、电动座椅、电控后视镜系统、中央门锁与防盗系统、娱乐系统、车载监控系统等。目前辅助电气设备主要向舒适、娱乐、保障安全等方面发展，车辆的豪华程度越高，辅助电气设备相对就越多。

6）汽车电子控制系统。汽车电子控制系统包括电控燃油喷射（EFI）系统、计算机控制点火系统（ESA）、电控自动变速器（AT）、防抱制动系统（ABS）、制动力分配（EBD）系统、牵引力控制系统（TCS）、电控悬架系统（EMS）、自动空调等。

（3）配电装置

配电装置包括中央接线盒、熔断器、继电器、线束及插接器、电路开关等。

2. 汽车电气系统的故障类型

汽车电气系统的故障主要有电器设备故障和线路故障两种。

（1）电器设备故障

电器设备故障是指电器设备自身丧失其原有机能，包括电器设备机械损坏、烧毁，电子元件击穿、老化、内部连接故障等。很多时候，电气设备运行故障是由与电气系统相关的线路故障引起的。这些故障在正常情况下是可以修复的，但对于一些不能拆卸的设备，只有在出现问题后才能采取更换方式修复。

例如，当汽车发动机怠速开关信号电路存在故障，就会对汽车发动机控制中心的判断结果造成影响，影响判断准确性，给出的工作指令也就容易出现错误，致使发动机运转出现异常，例如异常抖动等。

> **小贴士**
>
> **电子元器件失效**
>
> ①元件击穿。元件击穿主要是过电压击穿、过电流击穿和热击穿。击穿现象有时表现为短路形式、有时表现为断路形式。晶体管的击穿也是一种主要的故障现象。有的晶体管由于自身热稳定性差而导致类似于击穿的故障，称为"热击穿"或"热短路"。因电路故障引起的过电压击穿和过电流击穿一般是不可恢复的。
>
> ②元件老化。元件老化是指性能老化，它包含许多现象，如晶体管的漏电增加、电阻值变化、可变电阻不能连续变化、继电器触点烧蚀等。
>
> ③元器件内部连接故障。连接故障主要指电子器件的内部松脱、接触不良、潮湿、腐蚀等引起的短路和断路现象。此类故障一般与元件无关。

（2）线路故障

线路故障包括断路、短路、接线松脱、接触不良或绝缘不良等，如图2-1所示。这一类故障有时容易出现一些假现象，给故障诊断带来困难。例如，由于接地不良导致电器设备开关故障，很容易导致电器设备运行混乱，但一些接地线由多个电器设备共用。故障发生后，多台电器设备无法正常工作，给故障诊断带来一定困难。

1）断路是指由于导线折断、连接点松动或接触不良而引起的断路故障。

2）短路是指导线绝缘损坏而导致导线间相互接触造成短路，或开关、接线盒、灯座等外接线的螺钉松脱而造成导线的线头相碰，或导线头部与搭铁相碰等。

3）漏电与搭铁是指由于电器绝缘不良、绝缘层老化、破损或导线受潮而导致导线的相线与金属机体相碰。

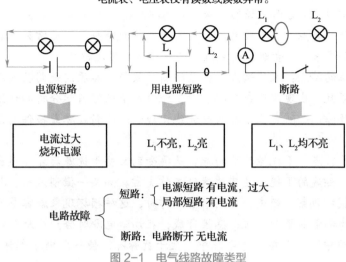

图 2-1 电气线路故障类型

配电系统搭铁引起的疑难故障

配电系统搭铁疑难故障主要有断路故障和搭铁端短路两种。

①断路故障。一般有导线断开、连线端子锈蚀、搭铁导线没有与车身搭铁等几种情况。通常情况下通过目视检查发现故障，也可以进行电阻的测量查找。

②搭铁端短路。当用电器不能断开时，首先断开用电器的搭铁线路，然后对照电路图沿着线路查找每一个连接点，直到找出故障为止。

疑难故障（又称软性故障）的特征

汽车电器在使用过程中发生故障，用故障自诊断系统或使用专用的检测诊断设备诊断时，无故障码显示，或者是有故障码，但不是故障的真正原因。此时若更换故障码所指示的相应部件，故障仍然存在，排除不了，这种故障就称之为疑难故障，亦称软性故障。

疑难故障的诊断往往是非常困难的，它要求维修人员要有相当坚实的理论基础和分析问题的能力。排除疑难故障往往要耗费相当长的时间，只有这样才能找出故障的真正原因。

根据实际工作中发生的各种故障现象，疑难故障大致有以下六种情况：一是间歇性故障；二是虚假性故障；三是交叉性故障；四是潜伏性故障；五是人为性故障；六是干扰性故障。

①间歇性故障特点：故障时有时无，不是持续性发生。征兆表现不稳定。其原因大多是某些插头或导线接触不良。

②虚假性故障特点：故障现象以非电控形式出现，故障真正原因难以查明，而导致发生故障的真实原因不是机械部分，而是电控部分。如某些传感器失灵，误导 ECU 发出错误指令，进而使故障恶性循环，造成机件的严重损坏。

③交叉性故障的特点：电控与非电控部分同时出现综合性故障，非电控故障掩盖了电控故障，此时只重视机械方面故障的排除，而忽视和掩盖了电控系统方面的故障。

④潜伏性故障的特点：有故障存在，没有明显的故障征兆，通常为隐蔽状态，而只有在特定条件下（如受振动、受热、受潮湿）其症状才会显现出来。

⑤人为性故障的特点：人为造成电控系统新的故障。其原因是驾驶人反映情况有误或车载自诊断系统紊乱（出现假码或乱码）时，维修人员未经科学分析和详细检测而使电控部分产生了新的故障。如随意拔下插头或连线出现的一些新故障或换件安装失误而出现新故障。

⑥干扰性故障特点：干扰性故障的症状是要受到某些干扰源后才显现出来，如电控系统经常受到车内电磁波的干扰，使某些器件工作失常。如某一微型汽车，其发电机调节器经常出现被击穿损坏现象，经查，当刮水器工作时，这种损坏现象就容易发生。造成这种现象的主要原因为刮水器驱动电机是感性负载，在切断电源时会产生反向电流并通过电源线传输到供电系统中，从而在电源系统中产生干扰脉冲，使一些电子部件不能正常工作，甚至损坏。

3. 汽车故障排查的基本方法

汽车故障排查的基本方法主要有以下几种：

（1）直观诊断法

直观诊断法是检修汽车电控系统的第一步，也是最简单的一步，它不用任何仪器、仪表，凭检修者的直接感觉来检查和排除故障。直观诊断汽车故障时应先搞清楚故障的症状，有何特征及伴随情况，最后由简到繁，由表及里，逐步深入，进行推理分析，最后做出判断。这种诊断法可简单归纳为"询问、眼看、手摸、耳听、鼻闻、路试"。

1）问，主要是询问驾驶人使用情况，车辆行驶公里数，维护情况，故障发生时有何征兆，故障发生后采取过何种修复手段，更换过什么零部件。通过询问调查初步掌握所修汽车基本情况，初步排查故障原因，找出故障点可能发生的部位。不问清情况便去盲目诊断，势必会影响诊断的速度和质量。

2）看，就是通过目视查看电气元件或连接导线有无烧焦变色、变形、螺钉松动、导线连接不良或接头断路，电器外壳有无破损、变形，容器液体有无泄漏等，查看熔丝有无烧断，电子元件或印制电器板焊点是否松脱，元件连接线和印制电路是否锈蚀严重，在夜间查看导线接头有无跳火现象。这样可以较快地发现故障部位或有故障的元器件。

3）摸，即用手摸被怀疑有故障的器件的温度、振动情况等。如点火线圈正常温度不应发热烫手，若发热烫手，说明点火线圈内部有短路故障；用手拨动连接导线接头是否松动等；轴承是否过紧，汽油管路、柴油管路有无供油脉动等。通过手摸可以很快找到故障部位。

4）听，即凭听觉来判别汽车的声响，从车辆的异常响声来判断故障所在。如听发电机有剐碰异响声即为故障。如检查某个继电器好坏，通电后能否听到"咔嗒"响声（有"咔嗒"响声说明工作正常，否则有故障）。

5）闻，即凭汽车行驶中散发出的某些特殊气味来判断故障之所在。通过气味的大小和方向来判断故障的性质、损坏程度和哪个器件损坏。如闻到焦煳味，就可判断是导线有过电流烧坏外绝缘层而产生气味；若闻到硫酸味，说明是蓄电池过充电或外壳有渗漏故障等。这种方法对于诊断电气线路、摩擦衬片等处的常见故障特别有效。

（2）替换法

替换法就是用相同规格的器件替换被认为有故障的器件。这种方法尤其适用于速查现代汽车某些故障，这是因为现代汽车电器采用插接件的比重增加，如怀疑某个继电器有故障，可用好的替换；怀疑某个传感器有故障，也可以将原有的拆下，用好的代换。但是采用此方法，要求准备一些正常的器件。

如汽车上冷却液温度指示异常，怀疑是水温传感器的问题时，我们就可用此方法，若换上新的传感器后，温度显示异常的现象消失，说明原传感器损坏。

（3）断路或短路试验法

汽车电路设备发生搭铁（短路）故障时，可用断路法判断，即将怀疑有搭铁故障的电路段断路后，根据电气设备中搭铁故障是否还存在，判断电路搭铁的部位和原因。

例如，汽车行驶时，听到电喇叭长鸣，则可以将继电器"按钮"接线柱上的导线拆开，此时如果喇叭停鸣，则说明喇叭按钮至继电器这段电路中有搭铁现象。

汽车电路中出现断路故障，还可以用短路法判断，即用跨接线将被怀疑有断路故障的电路短接，观察仪表变化或电气设备的工作状况，从而判断出该电路中是否存在断路故障。

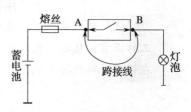

图2-2　用短路法检查断路故障

例如，怀疑汽车电路中的各种开关有故障，可用导线将开关短接来判断开关是好是坏。如图2-2中的开关故障，用导线将开关A、B两端短接，若此时灯泡亮起，即可断定开关断路。

（4）试灯法

试灯法是利用试灯对线路故障进行诊断，判断电路是否存在短路或断路故障。

1）用试灯法查找短路位置。如果熔丝熔断，说明电路存在短路故障，这时可用测试灯进行检查。如图2-3所示，首先将车灯开关打开、拆下熔断的熔丝，并将测试灯跨接在熔丝端子上，观察测试灯是否点亮。如果测试灯亮，说明熔丝与车灯开关之间出现短路，应修理熔丝与车灯开关之间的线束。

如果测试灯不亮，再将开关闭合，并断开汽车灯泡插接器，观察测试灯是否亮，如果灯不亮，说明开关与插接器之间出现短路，应修理开关与插接器之间的线束；如果测试灯不亮，说明插接器与汽车灯泡之间出现短路，应修理汽车灯泡与插接器之间的线束。

2）用试灯法查找断路位置。当线路出现断路时，用试灯法可检查汽车电器或电路有无故障。

将测试灯的一根引线搭铁，另一根引线连接到开关插接器电源侧端子上，即图2-4的A点位置，测试灯应点亮；然后将测试灯连接到汽车灯泡插接器上，即图中的B点位置，将车灯开关打开，测试灯不应点亮；将车灯开关闭合，测试灯应点亮，否则汽车车灯开关及开关到汽车灯泡插接器之间的线路断路。试灯法是利用试灯对线路故障进行诊断的一种方法，其优点是可迅速地判断出电路中的短路、断路故障。试灯法又分为短路检测法和断路检测法两种。短路法主要用于检测线路中的断路故障，而断路法则主要用于检测线路中的短路故障。

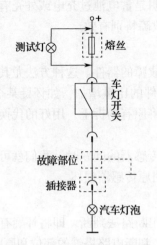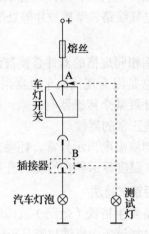

图2-3　用试灯法查找短路位置　　图2-4　用试灯法查找断路位置

小贴士

用试灯诊断法测试交流发电机是否发电

试灯的一端接交流发电机的电枢，另一端搭铁，如果试灯不亮，说明交流发电机工作正常；反之，则认为发电机不发电。另外，在检查汽车电气系统是否断路时，可在怀疑断路处接上试灯，如试灯不亮，则说明电路有断路；反之，则认为电路正常。

（5）仪表测试法

仪表测试法是利用电子仪表（如万用表等）对故障器件和电路直接进行测量，读取有关数据（电阻、电流和电压等）后，再判断电路及器件是否存在故障的一种检测方法。

1）用万用表测量电阻。当怀疑某个元器件损坏时，可以用万用表测量其电阻，如怀疑熔丝断路，用万用表电阻档测熔丝的电阻。

2）用万用表查找断路位置。当电路某处出现断路时，可以用万用表测量电压的方法，来查找断路位置，如图2-5所示。

（6）仪器检测法

使用现代检测仪器（万用表、示波器、绝缘电阻测试仪等）进行检查，具有高效、准确的优点。例如，检测点火、喷油系统时使用波形示波器，检测发动机电控系统时使用专用诊断仪。

（7）振动法

大多数汽车在行走振动时才会出现毛病，这时，可采用振动法来进行试验。受振动的地方主要有插接器、配线、传感器、执行器等。对于插接器，可在其垂直和水平方向轻轻振动；对于配线，可在其垂直或水平方向轻轻摆动，

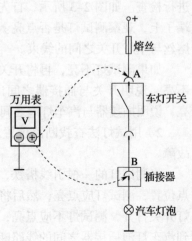

图2-5　用万用表查找断路位置

插接器的插头、支架和穿过开口的插接器体等部位都应仔细检查；对于传感器，可用手轻拍，但千万不可用力拍打；对于执行器，有的执行器可能会因内部问题而不工作，有时受外力的振动后会恢复正常工作。

（8）专用仪器检测法

目前，国内外各汽车厂商针对各自生产的汽车系列而开发研制出多样的专用或多用的汽车检测仪，仪器的使用方法是，当需要进行故障诊断时，将专用汽车检测仪的插头和汽车上的故障诊断插座相连接，然后打开点火开关，进行一些操作后（参阅仪器使用手册），就可以很方便地从检测仪的显示屏上读取所有储存在计算机中的故障码。

除了能读取故障码外，多数汽车专用检测仪还具有其他功能。一般都能不同程度地对汽车电子控制系统的传感器、执行器及 ECU 本身，做更进一步的检查。先进的检测仪功能较多，检测的项目多、范围广，主要有以下方面：

1）进行数据传送、直接测取各部分电路中的有关参数。专用检测仪通过与发动机 ECU 之间的串行通信输入方式，可以访问发动机电子控制系统的数据流，如各种传感器的信号、ECU 的计算结果与控制模式、各执行器的控制信号等信息数据，可在检测仪的屏幕上一一显示出来，使检修人员对整个电子控制系统的工作情况一目了然。检修人员根据这些信息数据的变化情况，进行细心研究、对比判断后，可以进一步确定故障类型和部位。

2）通过检测仪向汽车电子控制系统发出工作指令。在发动机熄火状态及运行中，可以通过检测仪向各执行器有关控制电路发出工作指令，代替 ECU 驱动执行器或有关控制电路工作，对电子控制系统进行动态测试，以检测各执行器及有关控制电路工作状况。例如，在发动机熄火状态下，让电动汽油泵运行，让某个气缸的喷油器喷油，让某个电磁阀或继电器（如 A/D 离合继电器、散热风扇离合器）工作等；在发动机运转过程中，停止某气缸喷油器喷油、驱动急速步进电动机调整急速转速、模拟加速等。检修人员在进行动态测试过程中，一般都可以根据部件工作的特点，听到、看到或感觉到部件功能是否正常，如部件动作的声音、发动机转速的变化、喷油器是否喷油等，从而帮助判定各执行器及有关控制电路的正确性。

3）通过检测仪发出指令，消除 ECU 内存储的故障码。

专家指南　可能造成故障码出现错误信息的情况

①汽车运行时故障明显，传感器有故障而自诊断系统没有检测到，故无故障码输出。

②由于发动机不同状况产生的故障相似，ECU 监测失误，自诊断系统可能显示错误的故障码。

③电控汽车使用维修不当，也可能引发错误的故障码。

（9）数据流与波形分析法

数据流和波形分析法检查故障是排除电控汽车发动机故障的基本方法之一。由于这种方法需要一定的理论基础知识和一些必要的技术数据，故在排除一般电控发动机故障时使用较少，而大多用在排除电控发动机的疑难故障方面。

1）数据流法。把汽车电控系统的一些主要传感器和执行器正常工作时的技术参数值（如转速、蓄电池电压、空气流量、喷油脉宽、节气门开度、点火提前角、冷却液温度等）

提供给维修工作者，然后按不同的要求进行组合，形成数据组，称为数据流。这些数据资料可通过专用故障检测仪，把各种传感器和执行器输入输出信号的瞬时值以数据方式在显示屏上显示出来，这样可以将电控汽车工作过程中各种数据的变化（有故障时的数据）与正常行驶时数据或标准数据流对比，即可速查出电控系统故障的原因。

2）波形分析法。电控发动机发生的故障，有时属于间歇性、时有时无的故障，很难用数据流分析和判断，而且在电控系统中很多传感器和执行器的信号采用电压、频率或其他数字形式表示。在发动机实际运行过程中，由于信号变化很快，很难从这些不断变化的数字中发现问题所在。但用示波器显示的波形却能捕捉到故障中微小的、间断的变化。其原理是利用电控发动机正常工作时各种传感器信号（包括曲轴位置传感器、凸轮轴位置传感器、氧传感器信号及某些型号的空气流量计信号、喷油器信号、怠速电动机控制信号等）所描述的波形图与有故障时的波形图相比较，若有异常之处，则表明该信号的控制元件或线路本身出现了故障。

（10）数字式万用表测量法

由于现代电控汽车上采用了较多的电子元器件，仅靠直观检查还不能准确地知道元器件的好与坏，使用高阻抗万用表测量电路和元器件的好坏是常用的方法。数字式万用表测量法主要是测量电路的通或断以及测量电压、电阻和电流的大小，此方法既快速又准确。

（11）检测压力高低排查法

电控汽车发动机发生的故障，其中一部分是因为燃油喷油回路中的压力失准而引发的，这种故障往往不会有故障码输出，因此检查判断较困难。若利用测量回路中各段喷油压力参数的变化情况，便可速查出故障的原因所在。

如果是由于燃油泵磨损造成供油压力下降，滤清器或油泵滤网堵塞使供油压力不足；压力调节器损坏，使系统压力不稳；喷油器堵塞造成各气缸供油不均匀等原因引发的故障，都可采用此法排除。这部分故障主要包括发动机无法起动、起动困难、怠速不稳、加速不畅或没有高速等。

专家指南

电喷发动机的ECU不适宜采用换新件的方法来鉴别其好坏。因为将新ECU或别的车上拆下的ECU装在故障车上试验，有可能导致新换上的ECU损坏。这是因为ECU产生的故障大多数是由外部原因或电气线路损坏造成的，因此在没有排除外部故障的情况下，一定不能把新ECU装在故障车上试验，确系需要，只能采用将故障车上的ECU换到同类型非故障车上来作对比、判别和鉴定。

（12）元器件模拟方法

元器件模拟式测量是通过信号模拟器来代替传感器向控制计算机输送模拟的传感器信号，并对控制计算机的响应参数进行分析比较的测量方式。信号模拟器有两种：一种是单路信号模拟器；另一种是同步信号模拟器。

1）单路信号模拟器。单路信号模拟器是单一通道信号发生器，它只能输出一路信号，模拟一个传感器的动态变化信号。主要的模拟信号：可变电压信号0~15V；可变交流、直流频率信号0~10kHz；可变电阻信号0~200kΩ。单路信号模拟器有两个功用：一是用对比方式判断被模拟的传感器好坏；二是用可变模拟信号去动态分析计算机控制系统的响应，进而分析控制计算机及系统的工作情况。

2）同步信号模拟器。同步信号模拟器是两通道以上的信号发生器，它主要用于产生有相关逻辑关系的信号，如曲轴转角和凸轮轴转角传感器同步信号，用于模拟发动机的运转工况，完成在发动机未转动的情况下对控制计算机进行动态响应数据分析的试验。同步信号模拟器的功用也有两个：一是用对比方式比较传感器的好坏；二是分析计算机控制系统的响应数据参数。

（13）加温或淋水检查法

1）加温排查法。有的故障只在热车时才会出现，可能是有关零部件或传感器受热引起的。这时可用电吹风或类似的加热工具对可能引起故障的零部件或传感器进行加热试验检查是否会出现故障。

加热温度对有些传感器不可超过60℃，更不可直接加热计算机中的零件。

2）淋水试验排查法。有的故障只是在雨天或低温环境下才发生，这时可用淋水法检查，即用水喷淋在车辆上以检查故障所在。

不可将水直接喷淋在发动机电控零部件上，可喷淋在散热器前面，间接改变温度和湿度；也不可将水直接喷淋在电子器件上。

专家指南

在对汽车电气系统进行故障检修时，应注意以下事项：

①拆卸和安装电气元件时，应切断电源。

②更换熔断器时，一定要与原规格相同，切勿用导线代替。

③在换灯泡时，应采用原制造厂指定的型号或与之功率相近的灯泡，以避免线路和发电机过载。

④在没有启动时，蓄电池电压测量应不低于11V，对亏电的蓄电池须及时充电，以恢复其供电能力。

⑤正确拆卸导线插接器（插头与插座）。为了防止插接器在汽车行驶中脱开，所有的插接器均采用了闭锁装置。要拆开插接器，首先要解除闭锁，然后把插接器拉开。不允许在未解除闭锁的情况下用力拉导线，这样会损坏闭锁或连接导线。

⑥在排除故障（如灯泡发红）时，应多检查灯具的搭铁线以及各接点的连接情况、蓄电池及发电机的输出线，并且仔细清理每一个发黑的锈蚀点、黏结和烧蚀的触点。

⑦在装有电子设备的汽车上，不允许使用"试火"的方法来判断故障，否则会给某些电路和电子元件造成损害。

⑧不允许使用万用表的$R \times 100$以下低阻欧姆档检测小功率晶体管，以免电流过载损坏晶体管。

⑨遇到故障时，切莫随意判断任何传感器和执行器的好坏，更不要随意将其更换，这种维修方法会给车主带来反感和不满。很多维修人员一开始便读取故障码，但有时因为一个小的细节ECU也会误判，甚至无故障码输出。总而言之，当遇到任何一种故障时，不妨用这些最简单的方法先去试一下，万不得已的时候，再采取其他方法。

4. 汽车故障的分析思路

汽车故障诊断指的是当汽车存在故障隐患，技术状况变差，或是已经部分或完全丧失工作能力，在不解体（或仅卸下个别小件）条件下，为确定汽车技术状况或查明故障部位、原因进行的检测，以及分析与判断。在进行汽车故障诊断时，常用一些诊断参数表征汽车、总成及机构的技术状况，如汽车的工作过程参数和伴随工作过程的状态参数。这些参数有物理量（如振动、噪声、温度、真空度、功率、气缸压缩压力等）和化学量（如尾气成分、润滑油杂质成分等）。

汽车故障诊断的思路根据不同的故障有所不同。对于机械方面的故障，基本思路是先询问，再试车，然后进行机械直观检查，异响类应由经验丰富的技师试车初步判断，再深入检查机械问题所在。

对于电控系统的故障诊断，其基本思路是从问诊入手，了解症状，经过试车验证症状，通过分析搞清原理，再推理假设出可能的原因，最后通过测试验证故障点是否成立。当验证的环节证明假设的故障点不成立时，应该返回到前一个环节，提出新的设想，然后再去验证。当提不出新的假设时，就仔细对再向前的一个环节进行重新分析，如果重新分析，还得不到更新的假设，就要再向前一个环节，应该更加仔细地试车，以发现新的特征，必要时还可以进一步重复问诊过程，以了解更多的信息，重新提出新的假设，并加以验证，直至发现真正的故障点为止。

电控系统有没有故障码成为诊断故障时必须要考虑的问题。如果有故障码，可以按照询问、读取故障码、直观检查故障码所指示的相关部件、阅读数据流、检测、逻辑推理、维修或更换零部件、验证的思路来进行，试车步骤有时可以省去；如果没有故障码，可以按照询问、读取故障码、无故障码继续阅读数据流、直观检查、检测、逻辑推理、维修或更换零部件、验证的思路进行，试车这一步视具体情况而定。

二、电控系统故障的分析技巧

1. 汽车电控系统故障维修操作方法与技巧

（1）点火开关处于"ON"（接通档）时不能拆除蓄电池连接线

在对电控汽车维修时，当点火开关处于"ON"（接通档）时，无论发动机是否正在运转，此时绝不可拆下蓄电池的连接线或熔断器，否则会使电控单元（ECU）、相关的传感器等微电子元器件严重受损。

除蓄电池的连接线外，其他凡是与蓄电池电压相同的电气装置的导线，只要点火开关处于ON位置，也都不能随意拆除。否则，也会使相关的传感器、电控单元（ECU）烧坏。这些电气装置包括点火系统、急速控制步进电动机、电控单元（ECU）的可编程只读存储器（PROM）、喷油器、空调及其他电磁离合器、电控单元（ECU）的某些连接线等。

（2）利用高压电火花检查故障方法

在检查电控汽车发动机的电子点火系统有无高压电火花时，千万不可沿用检查传统式点火系统的"划火法"（或刮火法），否则，在划火过程中，过电压或过电流容易损坏电子点火系统中的电子元器件，甚至损坏电控单元（ECU）。

正确的检查方法是将高压导线插入一备用火花塞，再将火花塞外壳搭铁，从火花塞电极间隙观察跳火情况。

（3）排查故障程序先常规检查后仪器（ECU）原则

一般来讲，对电控汽车进行故障维修与排查时，应首先对外围故障进行排查，再进入电子控制系统检测，可在实际操作中有不少人只相信电控单元（ECU）的检测，而忽视了一般常规的检查程序，往往使维修走了不少弯路。

常规检查主要是针对机械系统、真空系统、排气系统和液压系统，其检测项目包括压缩比、真空密封、火花塞积炭、排气系统是否堵塞以及线束、插接器的连接是否可靠等。因为 ECU 故障诊断仪对于检测上述机械系统的故障是无能为力的，其软件对这部分故障也不设置故障码，所以需要采用传统的方法，遵循"先易后难、由表及里"的原则进行检查。

专家指南

线束、插接器、搭铁线等断路、短路及接触不良之类的"故障"占有相当大的比重。ECU 出现故障的概率很小。因此在多数情况下，排查电子控制系统的故障主要是检测传感器、执行器、插接器和线束，只有在确认这些元器件正常之后，再考虑 ECU 是否存在故障。

（4）仪器检测与人工调整并重原则

有些维修工认为，维修电控汽车只要仪器检测找到故障点，然后更换故障码所提示的损坏部件就可以了，不需要进行什么调整。其实不能一概而论，有的车型若干部位还是需要调整的，例如福特和马自达车系的一些自动变速器的档位开关与其他车型不同，其内部是滑变电阻式，如果出现接触不良，电控单元就会接收到错误的档位信号或者不能判别档位。安装这类档位开关时，需要调整其位置，一般方法是将变速杆置于"N"位，转动档位开关，使信号两端的电阻值为 750Ω，然后拧紧档位开关的固定螺栓。

（5）重视现代仪器诊断设备的作用

现代仪器设备诊断是在人工经验诊断的基础上发展起来的一种诊断方法。该方法可基于机械、电子、流体、振动、声学、光学等技术，在汽车不解体的情况下，采用专用仪器设备对汽车、总成或机构进行测试，通过分析判断诊断参数、变化特征曲线和波形的测试值，可定量确定汽车的技术状态。计算机控制的专用仪器设备可自动分析、判断和打印诊断结果。这种方法检测速度快，准确性高，特别是对故障隐患的诊断有明显优势，是汽车故障检测和诊断技术发展的必然趋势，但这种方法设备投资大，对诊断人员技术水平要求高。

专家指南

在许多情况下，使用专用测试仪器更加有效。目前市面上已经出现了多种专用不解体检测诊断设备，如喷油器快速探测器、氧传感器分析仪、蓄电池测试仪、遥控器测试仪、熔丝电流测试仪等。这些专用仪器为不解体检测电控汽车提供了极大的方便，维修人员要善于加以利用。

（6）重视发动机信号也不忘记底盘信号

有的汽修人员只注重进气量、节气门位置和冷却液温度这几个发动机信号，或检测故障码提示的那个传感器的信号，而没有对底盘部分的信号给予足够的关注，其实不少底盘信号参数为多个电控单元（ECU）所采用，而且相互关联，因此在故障分析时千万不可忽视底盘相关信号的影响。

例如，在汽车的变速器上，有一个空档开关，只有在变速器空档的情况下，起动机才能够通电起动；如果变速器挂入某个档位，起动机就无法通电起动了。其他的还有离合器踏板开关和制动踏板开关，它们的原理和空档开关是一样的，空档开关、离合器踏板开关和制动踏板开关都是发出电信号给电控单元，电控单元确认无误后才会发出控制信号给起动电路，允许发动机起动。如果其中任何一个信号中断，发动机都无法起动。

2. 汽车电控系统维修注意事项

由于汽车电控系统装备有计算机、各种传感器及执行部件，所以它对于高压、高温、潮湿、强电磁干扰等环境都很敏感。因此在维修中应注意如下事项：

1）检修电控汽车燃油系统之前要卸压，特别是在拆卸燃油管道进行检修或更换燃油滤清器、电动燃油泵、喷油器等部件时，应该先释放掉燃油管道内的残余油压，避免松开燃油管道接头时大量燃油高速喷出，造成人身伤害或引发火灾。

即便是检测油路压力，在接入油压表之前也应卸压，然后再接油压表进行测量。

2）检修电控汽车燃油系统故障之前要拆卸蓄电池连接线或燃油泵熔断器或燃油泵继电器，以防高压燃油从拆开的燃油管路中以高压、高速突然喷出，造成人身伤害或引发火灾。

> 小贴士　在对电控汽车发动机燃油系统进行任何故障作业检修之前，都应拆下蓄电池连接线或熔断器。

3）在电控汽车上实施电焊必须切断电控单元（ECU）电源或拆下电控单元，否则，就会因电焊时的大电流而烧坏车上的电子元器件或电控单元。

4）蓄电池连接线拆卸时机。在维修电控汽车之前应按要求先读取电控单元记录的故障码，然后才能进行其他的维修作业或拆除蓄电池连接线。否则产生的故障码和其他信息（如防盗音响信息等）将自动清除。同时不能随便拆除蓄电池连接线来清除故障码。

5）不可使用阻抗过小的检测工具仪器。除在测试程序中特殊标明者外，不能用指针式万用表测试电控单元的传感器，而应使用高阻抗的数字式万用表检测（一般用 10MΩ 以上的即可）。也不可用 LED 试灯去测试与电控单元相连的任何电器装置，以防止电控单元和传感器受损，标明者除外。

6）点火开关"ON"位置下不可随意插拔接线端子。当车辆有故障时，或故障指示灯闪亮，在点火开关处于"ON"位置，甚至在发动机运转过程中，随意将一些电子元器件的连接线端子插头拔下又插上，每操作一次，电控单元便会记录一个故障码。这些故障码通常称为人为故障码。由于人为故障码与真实故障码混在一起，给维修造成一定的难度，所以要注意区分，防止误导。

同时，断开某些电器装置时，由于在断电瞬间线圈的自感作用，线路上将会产生瞬时的高电压，有时可能超过 7000V，这会使 ECU 及传感器严重受损。不能随意断开的电器装置有蓄电池任一电极、混合气控制电磁阀、怠速控制装置（步进电动机）、电磁喷油器、二次空气喷射电磁阀（气泵电磁阀）、点火装置的导线、电控单元的 PROM（可编程只读存储器）、任何电控单元的导线、鼓风机导线及空调离合器导线等。

7）在确信与故障现象有关的电路、元器件无问题之前，不要轻易地去处置电控单元，汽车电控单元是精密器件，更不能随便打开电控单元盖子。

8）安装蓄电池时，务必辨清其正负极性，极性不可接反（负极搭铁），蓄电池极性与线夹连接要牢固，搭铁要可靠。切忌用快速充电机进行辅助起动，以免电子元器件过电压而受损。

9）检查线路不良之处，不能用刮火的办法来检查线路是否通断，这样极容易造成电路中电感线圈的自感电动势击穿电子元器件。

10）因作业需要必须断开蓄电池连接线时，应注意下列事项：

①首先检查自诊断故障码是否存在，若有故障码，应记下故障码后再断开蓄电池。蓄电池断开后，电控单元（ECU）中的非固化信息将全部消失；如果 ECU 已存储了故障码而未取出，将失去 ECU 故障自诊断系统对故障诊断和排除提供的极有益的帮助，给发动机的维修带来困难。

②断开蓄电池前，应牢记带防盗密码的音响设备的编码，否则，在下次使用中，音响设备自锁，接收困难，影响使用。

专家指南

在拆卸电控汽油喷射系统各电线插头时，首先应关掉点火开关，然后拆下蓄电池的负极搭铁线，断开蓄电池。如果只检查电控系统，则关掉点火开关即可，不必断开蓄电池，否则存储于控制单元内的所有故障码将会全部消失，给发动机的故障排除带来困难。因此，如有必要，应在断开蓄电池之前，读取故障码。

11）在取下或装复 PROM 时，操作人员应先使自己搭铁，否则，身体上的感应静电会损坏电控单元的电路。在对电控单元进行检修操作时，要注意人体静电对电控单元芯片的影响。比如，在拆装 PROM 或用万用表测试内部电路参数时，应当用一金属带，将人体所带的静电屏蔽掉，以免造成不良后果。当测试探针插入插头时，注意不要损坏插头或针脚。测试方法是从插头后侧即连接线一端插入探针，切勿从针脚孔一侧插入探针，避免不慎跨接针脚而烧损。

12）对装有安全气囊的汽车，应在断开蓄电池20s或更长一段时间之后，才可进行维修，否则安全气囊可能会充气膨胀。如不按正确的顺序进行操作，安全气囊也有可能意外张开，造成事故。因此，当没有正确、全面的维修资料时，不可进行维修。

13）电控汽车不应装大功率的扬声器，同时音响的扬声器不能装在靠近电控单元的近旁，因为扬声器的磁铁会影响电控单元的电路和元器件。

14）在对电气系统线路结构不了解的情况下，不要乱拆、乱接，在拆卸、更换电控系统部件时，要特别小心，安装时应做到完全复位，防止人为添加故障。

15）维修环境要防火、防潮、防静电、防电子干扰。检修作业时应严禁吸烟，要远离易燃易爆物，以防发生意外事故。维修现场应配备干式化学灭火器。

3. 汽车故障码与故障的关系

汽车维修时有时会出现反常情况：有故障码不一定就有故障，或没有故障码不一定就没有故障。因此，要善于处理故障码与故障的关系。主要有以下几种关系：

（1）汽车电控系统有故障码，确有故障

有故障码，确有故障且故障症状明显，例如冷却液温度传感器和位置传感器；有故障码，确有故障但故障症状不太明显，例如进气温度传感器。

汽车维修人员通过调取故障码，大多数都能判明故障所在。在电控单元自诊断系统正常的情况下，若发动机有故障症状而仪表板上发动机故障指示灯未亮（即无故障码输出），则对于这些故障的查排与判断，切记不要盲目地检查电控系统的电控单元、传感器、执行器和电路，否则不仅不能排除故障，反而稍有不慎还会损坏与ECU相关的某些元器件。分析电喷发动机时，先按传统发动机检修机械部分，只有故障码显示的情况下才优先检修电控系统部分。

专家指南

在一般的检修中不可随意拆检其元器件或无意识地拆除其插接器导线，尤其是ECU的有关部分。只有在确认发动机及点火系统完全无机械类故障后，才可根据故障车型资料，按规定的检测程序和要求仔细排查。

（2）电喷发动机各系统相互有影响作用

因为发动机供电系统、供气系统及电控系统中有些部件的工作特性是相互影响和制约的。例如，燃油泵损坏或喷油器堵塞，进气系统漏气，都会出现混合气过稀，而此时氧传感器电压将始终处于低电平状态，ECU故障自诊断系统都会判定为氧传感器故障，从而显示相应的故障码。又如，正时带过松跳齿，配气相位严重失准，使发动机压缩行程中进气门开启，导致进气歧管内压力升高，造成进气压力传感器失效，却显示空气流量计信号不可靠。上述表明，故障码与故障部位间并不能保证其一一对应的关系，也就是说，ECU故障自诊断系统会显示一些虚假的故障码，给出错误的故障信息，实际上是发动机各系统相互影响和作

用的结果。

　　在根据故障码检修汽车各种故障时，不要仅限于电路，必要时还应考虑机械系统、液压系统的工作是否正常。

（3）有故障码，不一定就有故障

　　有故障码显示（输出）而故障码所指系统不一定就有故障，例如一些软件故障，还有一种情况，即历史故障码尚未消除。ECU中存储的故障码有两种：当前故障码和历史故障码，应加以区别。区别方法如下：

　　1）读出故障码，但起动后"CHECK"灯熄灭，表明ECU未检测到当前发动机故障读出的故障码是历史故障码，清除即可。

　　2）读出几个故障码，但起动后，"CHECK"灯常亮，表明ECU已检测到当前发动机故障，先记下这几个故障码，然后再清除，再起动运行发动机。

　　ECU故障自诊断系统有可能输出虚假的故障码，这种情况复杂，多数是由于工况信号失误而引起的。

　　当故障码出现后，应对发动机的实际故障特征进行对比和分析，以得到合理的判断结果，不应把故障码奉为唯一的判断依据，也就是说，故障码所指示的信号系统不一定就是真正的故障点。

（4）故障码不一定反映具体的故障部位

　　车辆电控系统中的故障码反映了系统存在故障，但实际上并非为相应电路的故障。故障码的含义并不在某个具体元件，只依靠故障码，轻易采取换件维修的方法，是不能真正地排除电控系统故障点的。当读取故障码后，一定要再深入分析、检查和判断，确定故障点的具体部位及零部件，再采取相应的维修措施，才能排除故障。

　　例如，当冷却液温度传感器信号电压过低时有4种可能：冷却液温度高、冷却液温度传感器故障、ECU故障、信号电路对搭铁短路。此时，故障码仅仅表明发动机存在故障而不能准确反映故障的具体部位。

（5）ECU故障自诊断系统提供的故障码与机械故障无关

　　ECU故障自诊断系统所提供的故障码，仅与所提示的系统故障部位相对应的内、外线路有关，它与其他线路和该部位的机械（如导线脱落或断芯等）故障是无关的。而造成电控系统故障的原因是多方面的，故障码仅仅是ECU故障自诊断系统认可的一个是或否的界定结论，不一定是电控系统真正零部件的故障部位，也不可能指出故障的具体原因。因此，当运用故障自诊断的故障码去排查故障时，必须有清醒、明确的认识去分析故障特征和故障码的内涵实质，必须克服片面、孤立地依赖和迷信故障码。只有在弄清楚电控系统的工作原理以及各元器件、传感器和执行器的特性与设计技术参数的基础上，根据故障码的提示，区分故障的性质与特征，进行综合分析和判断，才可检查出故障部位，给予快捷排除。

专家指南

　　如果车辆的故障指示灯已经点亮，但采用解码器却读不出故障码，对此，应重点检查故障灯及其相关电路是否有故障。从大量的维修实例来看，车辆自诊断系统出现的故障，通常多为电控单元（ECU）内部电路搭铁方面的问题，或诊断插座与ECU之间接触不良，或解码器与诊断插座之间连接不良等。

　　（6）无故障码，但确有故障，控制系统不一定正常

　　OBD-Ⅱ（自诊断系统）有时并不能读取所有的故障码。例如冷却液温度传感器20℃时标准阻值为2~3kΩ，80℃时标准阻值为200~400Ω，但实际情况在80℃时阻值为几千欧，此时，ECU误认为是冷车，于是增加喷油量，结果造成混合气过浓，热车难以发动且油耗高（实际上，此时ECU将80℃时阻值几千欧误认为是冷车，由于几千欧的阻值，对于冷车属于正常范围内，所以无故障码）。

专家指南

　　当无故障码而传感器或开关信号不一定正常的情况下，应该采用故障诊断仪读取发动机的数据与标准数据比较的方法来检查传感器或开关信号是否正常。

　　ECU在对传感器信号进行检测时，只能接收其内设范围以外的（传感器）超常信号，从而判断传感器有无故障。一般在解读故障码后，只要对相应的传感器、导线插接器以及导线进行检查，找到并排除断路、短路的故障点，故障便可排除。但是，若因某种原因使传感器的灵敏度下降（虽在ECU设定的范围之内，但反应迟钝、输出特性偏移等），则自诊断系统就检测不出来了。尽管发动机确有故障表现，但自诊断系统却输出了表示无故障的正常故障码。这时就应该根据发动机的故障症状进行分析和判断，继而对传感器单体进行针对性的检测，以找到并排除传感器故障。当发动机怠速不稳并伴有行驶中发动机运转失调，系统又无故障码输出时，首先值得考虑（怀疑）的便是空气流量计或者是进气歧管（真空）压力传感器出了故障。因为这两个传感器性能的好坏直接影响到基本燃油喷射量，即使此时没有显示相应的故障码，也应该对它们进行检查。

　　（7）OBD-Ⅱ（自诊断系统）有时可能显示错误的故障码

　　这通常是由于发动机工况信号失误而引起的。要善于区分虚假故障码，当读取故障码后，有时会发现故障码所指示的故障与汽车的实际故障完全无关，此时可以认为故障码显示有错误，不必太在意。造成这种情况的原因有两个：一是上次维修时原故障码未能有效地清除；二是发动机在运行中，维修人员有意或无意地拔掉了有关传感器的导线插接器，出现人为性故障。

专家指南

　　在使用解码器对车辆进行故障诊断时，可以检测到故障码，但检查电路没有发现问题，出现这种情况的原因可能有以下几个方面：

　　①历史性故障码没有及时清除。历史性故障码是指车辆的故障已经排除，但没有及时清除掉存储的故障码，原故障码仍然存储在电控单元（ECU）中的随机存储器（RAM）中。

　　②人为故障。人为故障引起的故障码，如发动机运行或点火开关闭合的情况下，维修人员拔插相关电路的器件或插接件等，车辆的自诊断系统就会有相应的故障码产生与存储。

　　③呈现真正故障码的方法。遇到上述情况，在进行故障检修时，不要急于按照故障码的提示信息去检查相关元器件或插接件，而应先消除存储的故障码，然后运行，再进行故障码的读取。如果仍然可以读得原来的同一故障码，则说明真正有故障。

（8）故障码引起的误诊断

　　汽车维修人员通过读取故障码，在一些情况下能判明故障以及故障可能发生的原因和部位。但仅仅靠故障码寻找故障，往往会出现判断上的失误。在遇到以下三种情况时，故障码易出现错误信息，希望引起维修人员的注意，维修时不要出现误诊断。

　　1）主要故障的故障码没出现，却出现了次要或无影响的故障码。如果按照次要故障码去判断排除故障就容易出现误诊断。

　　2）由于发动机工况故障现象相似，控制单元监测失误，自诊断系统可能显示错误的故障码。例如，燃油泵工作不良引起的故障，有时有空气流量计的故障码。这是因为燃油泵工作不良，供油不足，引起混合气过稀，发动机控制单元误以为是空气流量计的故障，输出错误的故障码。

　　3）电控汽车使用维修不当也可能引发错误的故障码。在对电控汽车实施维修时，由于维修人员维修不当或者操作失误，也会导致自诊断系统输出错误的故障码。例如，在发动机运转过程中，随意或者无意把传感器的插头拔下，每拔下一次传感器的插头，自诊断系统就会记录一次故障码。另外，若在上一次汽车维修时，由于操作不当未能完全清除旧的故障码，那么控制单元也同样将原来旧的故障码保存。因此在对电控汽车进行维修时也要加以注意，不应造成不必要的人为故障码，给维修工作带来混乱和困难。

4. 与ECU自诊断系统无关和不能识别的故障

（1）与ECU无关的故障

　　如果发现发动机有故障，而故障指示灯并未闪亮（或没有显示故障码），在大多数情况下，说明该故障可能与发动机ECU无关，此时应视同发动机没有装设ECU故障自诊断系统，按照基本检查与速排的常规程序对信号进行检查。与发动机ECU控制无关的故障主要有下列几种：

　　1）怠速不稳或可能熄火。故障原因如下：怠速转速过低；真空管路泄漏，使怠速比不当；点火过迟；曲轴箱通风阀或通风管路堵塞；火花塞或高压导线有缺陷；废气再循环阀卡住，或关闭不严。

2）加速时缺火现象。故障原因如下：火花塞高压线有缺陷；点火线圈有短路故障或有裂痕；点火线圈或点火控制电路导线松动；燃油滤清器堵塞、燃油泵油压不足或燃油管有裂缝。

3）加速时有爆燃声。故障原因如下：点火时间早；燃油等级过低，抗爆性差；进气管路中有漏气处；废气再循环阀不能正常开启。

4）燃油消耗量增高。故障原因如下：点火过迟；排气管受阻；空气滤清器受阻；废气再循环阀卡滞而常开。

（2）ECU 故障自诊断系统不能识别的故障类别

当车辆发生故障后，ECU 却读取不到故障码，或者故障码判断失误，即 ECU 不能识别。不受电控单元监控的主要有下列几种系统的故障。

1）初级点火电路。ECU 不能探测不工作的点火线圈初级电路和点火高压导线断芯、污染或工作性能下降及损坏的火花塞。

2）点火正时失准。ECU 不能探测到错误的配气相位和点火正时失准，但这些现象却能导致氧传感器的故障码被存储在 ECU 中。

3）发动机控制系统搭铁不良。ECU 不能监测电气线路搭铁不良故障，但会产生因这种情况而导致的故障码存储。

4）ECU 插头故障。ECU 不能鉴定自身的插头脱落、松动或插脚变形损坏，但会产生因这种情况而导致的故障码存储。

5）燃油系统的燃油压力。ECU 不能探测燃油泵进油口滤网和燃油滤清器管路的堵塞，也不能检测燃油出口油管、进油管和回油管是否被挤瘪，但上述现象能造成混合气成分的改变，如过浓或过稀，使氧传感器的故障码被存储在 ECU 中。

6）喷油器工作不良。ECU 不能确定喷油器是否粘住或性能低下，但上述现象能引起混合气过浓或过稀，导致氧传感器的故障码被存储在 ECU 中。

7）气缸压力状况。ECU 不能探测到发动机气缸压力不均匀，或过高、过低及泄漏故障。

8）节气门体空气流量。ECU 不能探测到空气滤清器进气孔或空气滤清器滤芯的脏污、堵塞或节流状况，翼板式空气流量计壳体碰瘪产生裂纹损伤而出现的漏气现象。

9）排气系统故障。ECU 不能探测到排气系统的堵塞、节流或泄漏故障。

10）真空助力系统故障。ECU 不能监控真空助力装置中的各真空管路泄漏或节流，但进气歧管绝对压力传感器的真空度会被监测到，且 ECU 将存储故障码。

11）ECU 不能监控发动机曲轴箱强制通风（PCV）阀工作不良或管道堵塞；发动机冷却液温度传感器信号发生错误（失准）。

专家指南

采用解码器进行故障诊断时，无法检测到故障的原因：

①不属于电控系统的故障。在车辆的各种故障中，凡故障不属于电控系统的电路，解码器均无法检测到。例如：发动机点火系统的高压电路故障、电磁阀出现的发卡现象等均不属于电控系统故障，解码器对这些电路的问题无能为力。

②传感器特性发生的变化。由于汽车自诊断系统通常仅能够监视电控装置信号的范围，无法监视传感器特性的变化，这主要是当传感器信号特性出现变化时，往往不能产生故障码之故。例如：自动变速器油温传感器的电阻值变化有一个正常的范围，只有当电阻值超出该范围时，ECU才会判断出现故障并产生故障码存储到存储器中。

如果油温传感器的温度与电阻值之间的特性出现了变化，而其电阻值却在正常值范围内，此时，自动变速器就会出现工作不良现象，但故障指示灯却不会点亮，解码器也读不出故障信息。

③不能检测到某一元件故障。汽车自诊断系统通常监视的往往为某一电路，而不只是某一元件。例如：解码器显示的诸如"进气温度传感器故障"，是指该传感器相应的电路故障，包括进气温度传感器本身、进气温度传感器与ECU之间的连接线路和相应的各插接件、进气温度传感器电路的搭铁及ECU为传感器的供电、搭铁情况。

如果对故障码所提示的故障范围不甚清楚，仅按所提示的故障原因字面含义去检查故障，必然会使检修走弯路或误入歧途。

12）ECU不能监控发动机燃油超耗故障，燃油超耗的主要影响因素是点火不正时，气缸密封性下降、混合气配比不当（即空燃比失调），进、排气系统不畅，发动机温控失准，燃油品质及供油系统泄漏等。

5. 汽车数据流的读取与故障分析

（1）数据流概述

数据流就是各传感器和执行器随控制系统工作状况变化的动态参数。

在汽车维修时，我们通常通过读取故障码来分析汽车故障原因，以此来排除汽车故障。但在实际维修中，有些系统有故障存在，但却调不出故障码，这是因为电控单元只能检测到断路或短路故障，如果无此类直接性故障，电控单元也无法识别，这时就需要运用数据流来分析排除故障。

有时对数据流加以深入分析，也可以判断一些较复杂的故障，而且准确率较高，但在查找一些故障时不能单独考虑某一种传感器的数据，应将相关数据都读出后，再进行分析，这样才能更好地排除车辆故障。

实际上，维修手册中规定的数据范围，在使用当中也会有些微小的变化，所以在读数据流时，如果有微量超出范围值，也不能直接判定相应传感器或执行器失效。要掌握和理解数据流，就必须在实践当中多观察、多比较、多分析，一旦彻底掌握数据流，它将成为诊断汽车故障最快捷、最准确的主要手段之一。

（2）读取数据流应注意事项

数据流有一定直观性，响应速度较快。但数据流和真实状况相比有一定时间滞后，即数据流不能及时反映车辆的技术状况。例如发动机怠速抖动，不能把发动机抖动瞬间数据流的变化不经分析就理解为是这些变动的数据引起了发动机抖动，而应考虑到时间滞后这一因素。

1）阅读数据流的适宜时机。排查偶发性故障时使用故障诊断仪捕捉系统运行过程中的异常信号，要求检测参数的迟滞时间尽可能短；诊断由于传感器特性变异引起的故障时；故障诊断仪读不到故障码时；电子器件确实存在故障，但是故障指示灯不点亮时。

2）读取数据流的条件与路径。利用故障诊断仪读取数据流，应当事先满足以下条件：蓄电池电压大于11.5V；熔断器正常；各系统搭铁正常；发动机怠速运转，并且达到正常的工作温度。

如果上述条件不满足，可能出现一些虚假的数据，这样容易导致维修人员误判故障。

不要急于熄灭故障警告灯，一定要在熄灭警告灯之前读取和记录冻结数据。一旦清除了故障码，熄灭了警告灯，冻结数据会同时被清除，再想读取和记录有关数据就太迟了。虽然冻结数据包含的内容只是动态数据流中的一小部分，但是它往往是重要的线索，可以帮助维修人员快速查找到故障，少走弯路。万一读不到数据流，有一个可行的补救办法，就是从另一辆型号相同的、车况良好的汽车上测量和记录相关的数据，以作参照。

（3）发动机数据流分析中的重点参数

1）发动机转速。发动机转速信号（r/min）参数由曲轴位置传感器（CKP）提供，在一些系统中还会有凸轮轴位置传感器（CMP）参数。

2）工作温度。工作温度信号由发动机冷却液温度（ECT）和进气温度（IAT）传感器提供。

3）发动机负荷。测量发动机负荷的方法很多，可以检查进气歧管绝对压力（MAP）、空气流量或真空传感器信号。

4）驾驶人指令信号。节气门位置（TP）传感器是检查驾驶人指令的唯一装置，它是计算机感知驾驶人操作意图的信号来源。

5）发动机工作性能监测信号。氧传感器的电压随空燃比的变化而变化，所以可以用来检查加油和排放控制系统的工作是否正常，检查计算机对发动机工作条件变化的反应是否灵敏，在故障诊断中氧传感器的参数通常是第一位，与之相关的参数还有长效修正系数和短效修正系数，这两个系数反映了发动机空燃比在一段工作时间内的发动机燃烧状况。

通过氧传感器参数结合一些现象可以判断发动机的工作性能下降情况。例如：发动机积炭严重的分析，第一个特征现象是发动机冷起动困难（包括起动困难，即起动次数增多才能起动着车；一般起动时发动机的计算机工作是连续按设定的起动程序3ms内喷三次油，不是一直喷油，也不是通过计算来喷油，因此即使驾驶人一直拧住点火开关在起动档不松手，也不能着车，必须重新起动才重新喷三次油；起动次数增多的一个可能原因就是发动机积炭过重，另一个原因是油压有问题和温度传感器有问题，还有一个原因就是怠速控制系统有故障），第二个现象是从数据流中得到的喷油量参数严重超过正常怠速值（一般正常值为1.5~2.5ms），显示为3.5~6ms，长效修正系数偏大，第三个现象是发动机怠速发抖（发摆）。

6）其他排放控制参数，如EGR阀位置、EGR压力反馈。

7）输出参数。在数据流中，输出参数可以用来观察计算机是否能对输入信号作出适当的反应。输出信号主要有以下几种：

①节气门控制。节气门控制信息在数据流中表示为喷油器脉冲宽度及长效和短效修正的参数，通常以曲轴的转动角度来表示，在某些最新车型上还有加速踏板传感器的开度信号。

②点火提前。点火控制信息在数据流中表示为点火提前角、失火次数。

③怠速控制。怠速调整则用怠速空气控制（IAC）电动机位置的参数来表示。

④废气控制。废气控制是用 EGR、蒸发排放控制系统（EVAP）、二次空气喷射等动作元件的状况来表示。

8）特殊工况信号。在汽车运行中，有部分工况需测试汽车工作动作点。

①怠速工况。需了解怠速触点开闭情况。如果在怠速时怠速触点闭合，表示车辆在怠速工况程序运行；如果怠速触点断开，表示此时车辆并未运行在怠速工况，发动机此时是按小功率负荷在运行。

②动力转向时。在大多数汽车上都有对转向盘转动时的测控，转向盘在正中直线位置和在转向位置发动机的喷油量均不一样。在直线位置时按正常时喷油，在转向位置时按增量喷油方式工作。

③空调工作时。汽车发动机计算机在接收到空调开关工作信号时，按空调已工作程序喷油提高发动机功率，以稳定发动机的工作，此时，即使空调压缩机未真正进入工作，汽车电脑也会指令按空调已工作程序增大喷油量以稳定发动机的工作。

④电子风扇动作点。首先确认发动机温度状况。然后确认风扇在该温度点计算机是否输出指令让其工作（直接温度开关控制的在计算机数据流中只有温度值一项，没有指令风扇动作一项），此时注意观察比较风扇动作与未动作时的喷油量。

（4）主要数据的正常范围及换算关系

要记住常见车型主要检测数据的正常范围（表 2-1）和变化规律。

表 2-1　摩托罗拉电喷系统运行工况参数正常范围

项目	单位	参数正常范围
怠速转速（未开空调 / 开启空调）	r/min	800±50/980±50
进气温度	℃	与环境温度相符
进气歧管绝对压力	kPa	15~105
进气歧管绝对压力传感器输出电压	V	5~55
冷却液温度（热车）	℃	85
冷却液温度传感器电阻	Ω	153.6~52594
曲轴位置传感器输出电压	V	8~50
曲轴位置传感器线圈电阻	Ω	515
凸轮轴位置传感器输出电压	V	0.8~5.0
节气门位置传感器输出电压	V	0.5~4.85
氧传感器输出电压	V	0.1~0.9
点火提前角（上止点前）	°	5~45
点火线圈初级绕组电阻	Ω	0.53±0.06
点火线圈次级绕组电阻	kΩ	12.8±2.6
喷油脉宽（怠速）	ms	2.0~5.0
喷油器线圈电阻	Ω	13.7±0.68
燃油系统压力	MPa	0.25~3.0

（续）

项目	单位	参数正常范围
步进电动机正常步数		58~95
步进电动机线圈电阻（27℃）	Ω	48±2.4

从故障诊断仪上读到的许多数据往往不采用法定计量单位标注，例如发动机负荷，有的用"%"表示，有的则用"ms"表示。维修人员应当掌握各种数据单位的换算方法（表2-2），例如 1mmHg=133.32Pa，真空 linHg=0.003386MPa，ppm 表示百万分之一（即 $\times 10^{-6}$）等。压力单位换算表见表2-2。

表2-2　压力单位换算表

	psi	kPa	bar	kgf/cm²
psi	1	0.145	14.504	14.22
kPa	6.8946	1	100	98.067
bar	0.0689	0.01	1	0.9807
kgf/cm²	0.0703	0.0102	1.02	1

即使在正常范围内，数据流的数值与仪表显示的数字也可能不一致。这是由于车载计算机的计数方法采用二进制，数字信号中的低值数用"0"表示，高值数用"1"表示。而许多传感器输出的信号是 0~5V 的模拟信号，必须把模拟信号转换为数字信号，所以车载计算机数据流有时采用"赋值"来表示（表2-3）。由于数据流数值的范围比较宽，其赋值范围为 0~255，赋值后再转换成二进制码，因此维修人员从数据流中看到的是一种赋值数字，它与仪表显示的读数是相互对应的。

表2-3　大众/奥迪车系部分数据流赋值

项目	数据流显示的赋值	相当于
冷却液温度	170~204	80~105℃
发动机负荷	10~30	0.5~1.5ms
发动机转速	76~96	760~960r/min
怠速空气质量测量值	112~144	−4.0~+4.0kg/h
蓄电池电压	146~212	10~145V
节气门开度	0~12	0°~5°
λ修正值（氧传感器自适应值）	78~178	−10%~+10%

专家指南　**数据流的经验值**

有些数据流有标准值，有些没有，没有的可根据常年的实践得到经验值。

1）节气门开度观察数据流的 003 组第三区。这一区显示的是节气门开度，在发动机到达正常稳定工作、怠速无负荷的情况下，节气门开度应为 0.8%~1.2%，如果超过 3%，节气门就需要清洗了。清洗后，通过 01-04-60 进行基本设定，节气门开度应在规定范围内，否则应进一步检查节气门体是否存在故障。

　　奥迪 4S 店的修理工的经验是，节气门开度超过 24%，就要清洗节气门，否则 ESP 故障灯会警告。ESP 是电子稳定程序的英文缩写，该系统会根据车辆偏转情况调节四轮转速和发动机输出转矩，控制单元计算转矩的重要参数之一就是节气门开度信号，当节气门开度信号因其他原因如脏污、损坏等不准确时，ESP 故障灯会警告。此时查看 ABS 会有负荷信号不可靠的故障码输出。

　　2）空气流量观察数据流的 002 组第四区。这一区显示的是空气流量信号，在发动机到达正常稳定工作、怠速无负荷的情况下，四缸车空气流量标准值为 2~4g/s，六缸车为 3~5g/s。加速时空气流量应该增加，加速过程没有标准值，但车辆急加速时，空气流量应能达到约 70g/s。

　　3）失火数据观察。

　　①加速过程中读数据流，发动机各气缸应无失火计数。失火计数大于 10 就能感觉到耸车，失火计数大于 30 就会断缸，此时能明显感觉到耸车。

　　②若失火计数总在一两缸，主要检查此一两缸或按点火顺序检查前缸的缸压、点火及喷油。

　　③若多缸有失火计数，且计数大于 10 的不固定在某一缸，主要检查油压、油气分离器及缸内积炭。

　　④若失火计数总在左或右单边三缸，主要检查对边三元催化转化器是否堵塞。

　　4）不同系统的数据流可相互参考。发动机可参考自动变速器的数据流，空调可参考发动机的数据流。通过不同系统数据流的比较，达到解决问题的目的。

（5）利用数据流分析故障

　　利用数据流进行故障分析，主要读取电控系统动态参数，并与标准参数进行比较，帮助修理人员分析汽车的故障。金奔腾故障诊断仪显示的部分数据如图 2-6 所示。

<比较>		发动机数据流	正在录制…	
发动机转速	……………………	0780r/min	[　　750, 850	]
冷却液温度	……………………	70℃	[　　85, 105	]
节气门开度	……………………	007°<	[　　002, 004	]
车速	……………………	000km/h	[　　0, 0	]
喷油脉宽	……………………	3.5ms	[　　1.8, 2.5	]
氧传感器	……………………	000mV	[　　100, 900	]
蓄电池电压	……………………	13.5V	[　　12.0, 14.5	]
点火提前角	……………………	010°	[　　006, 015	]
怠速电动机	……………………	45 STEP	[　　35, 55	]

上下键滚动数据流，确定键启动或停止录制

图 2-6　金奔腾故障诊断仪显示的部分数据

　　利用数据流分析故障主要有以下两种方法：

　　1）数据对比法。通过仪器读取数据，然后与厂家提供的标准数据进行比较，查看数据差异情况。如果与标准数据不相符，则应检查相应的元器件。

　　2）数据动态判断法。当对某一个传感器怀疑而使用常规手段又判断不出好坏时，可以观察其数据流的变化。具体分析方法如下：

①进气歧管绝对压力传感器真空软管堵塞故障的数据流分析。读取数据流怠速时节气门开度正常，怠速运转没有高于正常值，但进气量明显高于正常值，氧传感器输出的电压值较高，说明混合气偏浓。

a. 怠速时节气门开度正常，怠速转速正常，说明进气系统内部和外部密封良好，所以数据流显示的进气量明显高于正常值的信息不可靠。

b. 进气歧管绝对压力传感器（MAP）真空软管堵塞，使 MAP 感受到的真空度明显低于进气系统实际的真空度，造成 MAP 输出高信号，使控制单元误认为进气量较大，所以数据流显示的进气量明显高于正常值。

c. 控制单元误认为进气量较大，加大喷油脉宽，导致混合气过浓。

d. MAP 真空软管堵塞，使 MAP 无法感知或无法同步感知到进气道内真正的真空度变化，致使控制单元无法知道正确的进气量，而反复调整怠速步进电动机的步数，这时怠速转速会发生大幅度波动，有时会出现使用自动变速器的汽车在摘档时熄火的故障，这时怠速挂档时控制单元会自动调高发动机转速，在摘档后则回到正常怠速，由于 MAP 真空软管堵塞，造成怠速转速大幅度波动，于是就出现摘档时熄火的故障。

由于软管堵塞属于机械故障，用故障诊断仪无法检测到，所以故障有一定的隐蔽性。

e. MAP 真空软管是否堵塞的检测方法。在检测进气歧管绝对压力传感器（MAP）输出电压信号时，正常情况下随空气压力的上升，进气歧管绝对压力传感器输出信号的频率也会相应增大，所以在加大节气门开度的同时，检查传感器输出电压信号是否同步变化，即可查出 MAP 真空软管是否堵塞。若不能同步变化，则说明 MAP 真空软管堵塞，应更换真空软管。

②空气流量传感器故障的数据流分析。怠速时空气流量数据流的分析：在用数据流检测空气流量传感器（MAF）时，发动机冷却液温度必须达到 85℃以上；其次要熟悉产品的数据。以大众轿车为例，在正常情况下，怠速时空气质量流量为 2~4g/s，节气门开度为 0°~5°。

a. 节气门开度正常，空气质量流量高于上限，说明空气流量传感器输出信号过高，会造成混合气过浓。

b. 节气门开度正常，空气质量流量小于下限，说明空气流量传感器输出信号过低，会造成混合气过稀。

加速时空气流量数据流的分析：有些汽车怠速运转正常，行驶中也比较稳定，只是加速不良，应重点检测在特定速度区域的空气流量是否正常。例如，大众车系在 120km/h 时空气的质量流量应为 60g/s，若数据流明显低于 60g/s，就会因混合气过稀而造成加速无力。

小贴士

冻结帧数据

当发动机出现与排放相关的故障时，控制单元会设置故障码，同时也会记录故障发生瞬间的车辆运行状态信息，以确认故障，这些记录的信息称为冻结帧。

有人把冻结帧数据和数据流划在一起，也可以。这里之所以将其单独列为一部分是因为冻结帧以前用得较少，在此强调突出。

利用冻结帧数据，结合一些常规检查能够快速排除故障，提高工作效率和维修质量。

注意冻结帧数据，一定要在故障指示灯熄灭之前读取。可能有些诊断仪没有这个功能，但有这个功能的，一定要去读取冻结帧数据。否则清除故障码后，冻结帧数据也就不存在了。

（6）空调系统数据流分析

空调系统数据流主要包括车内温度传感器、环境温度传感器及调整后的环境温度等信号，空调接通、关闭的信号在发动机控制系统的数据流中也可以看到。以丰田车系为例，丰田空调系统数据流见表2-4。空调系统有故障时应该检查空调系统的数据流，但也不能忘记发动机的数据流。

表2-4　丰田发动机空调系统数据流

检测项目	检测范围	正常状态
车内温度传感器	最小值：-6.5℃ 最大值：57.25℃	显示实际的车厢温度
环境温度传感器	最小值：-23.3℃ 最大值：65.95℃	显示实际的环境温度
调整后的环境温度	最小值：-30.8℃ 最大值：50.8℃	—
蒸发器温度	最小值：-29.7℃ 最大值：59.55℃	显示实际的蒸发器温度
日照传感器	最小值：0 最大值：255	日照传感器的数值随着亮度的增加而增加
发动机冷却液温度	最小值：1.3℃ 最大值：90.55℃	在发动机暖机时，显示发动机冷却液的实际温度
驾驶人侧温度设置	最小值：0 最大值：30℃	显示驾驶人侧温度设置
鼓风机电动机速度等级	最小值：0 最大值：31	等级随鼓风机电动机转速的增加而增加（0级和31级之间）
调节器压力传感器	最小值：-0.45668MPa 最大值：3.29437MPa	显示实际的制冷剂压力
压缩机可变输出电路	最小值：0 最大值：0.997A	—
发动机空调信号	ON 或 OF	ON：空调接通 OF：空调关闭

6. 状态参数变化比较

状态参数是指只有2种工作状态的参数，如开或关、闭合或断开、高或低、是或否等，它通常表示电控装置中的开关和电磁阀等部件的工作状态。这些开关包括空调开关、转向开关、离合器开关及制动开关等。

状态参数变化比较是指检查开关的实际状态与数据流显示的状态，并进行比较。

专家指南

①若数据流确实正常，说明传感器本身及其电路没有问题，此时就没有必要进行传感器的检测。

②若检测的数据接近上限或者接近下限，即使在正常范围之内，都是有问题的。不要认为检测的数据在标准范围之内就一律是正常的。

③若发动机确实存在故障，但是在数据流上反映不出来，这其中有两个原因：一是故障诊断仪的功能有局限性；二是故障诊断仪的版本过时了。例如，某些轻微的发动机喘抖现象，在数据流中可能反映不出来。诊断仪这种对故障"视而不见"的现象，往往是其采样频率过低的缘故。

④无标准数据流对比的分析方法。没有标准数据流时，可以与同款车比较，优点是数据准确。有时要找到同款车比较困难，尤其是在综合性修理厂。对于偶发性故障，可以对比同一部件在故障时和正常时的数据流，找出不同处，从此入手可以查找到故障。

⑤不同工况数据流的对比。不同工况是指冷车、热车及发动机怠速、加速等工况，通过不同工况比较，可以发现问题。

⑥不同负荷状态数据流的比较。不同负荷状态的比较是指车辆开关前照灯、开空调、转向、制动、自动变速器不同档位转换引起的负荷变化。如大众、奥迪轿车数据流中的发动机负荷。数据流的 002 组第二区显示的是发动机负荷。计算负荷值是当前空气流量除以最大空气流量（如适用，对最大空气流量进行海拔修正）的指示值。在发动机到达正常稳定工作、怠速无负荷的情况下，发动机负荷的标准值，四缸车为 18%~20%，六缸车为 16%~18%。此值偏小，通常是进气系统漏气导致节气门只需很小开度即可满足怠速需要；此值偏大，通常是空气流量计自身故障或者有了额外负荷（如转向、空调压缩机工作等）。

7. 利用故障表诊断故障

发动机电喷控制系统发生故障常以某种表现形式出现，但产生的原因可能是一个部件或数个部件发生异常。一般情况下，可以通过故障对号查表法进行故障诊断，发动机电喷系统故障判断表见表 2-5。

表 2-5　汽车发动机电喷系统故障判断表

怠速转速不正常	发动机转动但不能起动	发动机起动后即熄火	怠速不良或不稳定	一氧化碳值不正常	运转不稳定	汽车行驶时发动机缺火	油耗太高	达不到最大功率	可能故障原因	故障排除方法
●	●	●	●		●	●	●	●	点火系统故障	检查蓄电池、分电器、火花塞、点火线圈及点火正时

（续）

怠速转速不正常	发动机转动但不能起动	发动机起动后即熄火	怠速不良或不稳定	一氧化碳值不正常	运转不稳定	汽车行驶时发动机缺火	油耗太高	达不到最大功率	可能故障原因	故障排除方法
●	●	●	●		●	●	●	●	发动机出现机械故障	检查配气相位、压缩比、燃油压力
●			●	●	●			●	油泵不工作	检查油泵熔断器、油泵继电器及油泵
	●	●	●					●	喷油器线路接触不良	检查线路
	●								燃油系统堵塞	检查油箱、滤清器及燃油管是否畅通
	●								进气系统漏气	检查所有软管和连接件，排除漏气
	●	●	●	●	●		●	●	燃油压力不正常	检查油压调节器
	●								冷起动喷油器不喷油	测试喷油器，并检查线路及温度时间开关
●	●	●	●		●		●		冷起动喷油器漏油	检查喷油器是否漏油
	●								温度时间开关有故障	温度低于35℃开关是否接通
●	●	●							辅助空气阀工作不正常	冷车时应开启、热车时应关闭
●	●	●	●	●			●		冷却液温度传感器故障	在20℃测试时是否符合标准值
●	●	●	●	●			●	●	空气流量计有故障	检查油泵触点，检查翼片可否自动移动

　　一种故障现象可能是由多个元件损坏造成的，通常不能立即就查到故障元件，还要通过必要的测量并进行分析，才能将故障排除。

8. 间歇性故障诊断的方法与技巧

在故障诊断中，间歇性故障称为软故障，而持续性故障则称为硬故障。间歇性故障可能重现，但它的发生常常没有规律可循，重现的时间长短也不确定，而持续性故障则始终存在。因此持续性故障比较容易判断，而间歇性故障则难以判断。因为要重现间歇性故障产生的状态，有时很困难，可能需要很长时间来捕捉间歇性故障的重现或需要人为地创造可重现故障的条件，如加热、晃动等，同时又需要诊断仪、示波器等检测设备来捕捉故障瞬间各种参数数据的变化才可以诊断出间歇性故障。

（1）间歇性故障产生的原因

1）电器元件工作一段时间后，由于发热导致其性能衰退产生故障。

2）传感器故障记录到一定次数后，导致发动机故障警告灯亮。例如氧传感器失效引起的发动机故障警告灯亮，在清除故障码后，发动机故障警告灯不亮了，可车辆行驶一段时间后，发动机故障警告灯又会亮。这种间隔时间，因车而异。

3）多数间歇性故障都因电气连接或线束所致，因此要检查下列项目：

①检查绝缘套中的导线是否断裂。

②检查端子是否正确接触，检查插接器凹凸端子之间是否接触不良。在更换可疑部件前务必测试部件和任何直列插接器上的端子接触是否良好，要确保端子接触良好。检查插接器上的凹凸端子之间，是否因污染或变形出现接触不良。

③如果没有采用合适的接头探测插接器端子，或频繁断开可使凹端子接触凸舌出现变形，导致端子接触不良形成开路或间断开路。

④端子与导线接触不良。例如压接不良、焊接不良，导致压接在绝缘皮上而未压接在导线上、导线与端子接触部位腐蚀等。

（2）常用的间歇性故障诊断方法

在故障排除中，困难的是顾客反映有故障存在，而检测时没有发现任何故障现象，或偶尔发现了故障现象而检测时又一切正常。针对此类故障，首先要用基本的检查方法，然后采取模拟方法进行检测，一般需用模拟法模拟客户陈述故障出现时的条件和环境，使故障再现，以便根据故障现象查明故障原因。

模拟检测时，要先确定好故障现象和可能的故障部位，然后采取模拟方法，使故障再现。主要的模拟方法如下：

1）振动法。汽车线路接触不良或元件安装不到位，汽车在行驶时由于振动会使故障现象时隐时现，遇到这种故障可以让发动机怠速运转，然后用手摇动线束或轻拍继电器，观察故障是否重现，如果故障重现，就要重点检查摇晃的部位。

2）加热法。如果汽车某些故障只在热机时出现，可用电吹风加热怀疑有故障的电控系统，如果故障重现，就说明该元件有故障，在加热时温度不能超过60℃。

3）水淋法。如果汽车的故障只在下雨天才会出现，可以用水对怀疑有故障的部位进行喷淋，在喷淋时不能用水直接喷淋电气系统。

4）高负荷法。如果怀疑用电设备负荷过大而引起故障时，可接通全部用电设备，检查故障是否重现。

5）道路试车法。有些故障只有在行驶中才会出现，可以把车开到道路上进行测试，如果故障重现，可以多试几次来确定故障。

三、汽车电路图的识读方法与技巧

1. 汽车电路的基本接线规律

汽车线路一般采用单线制、用电设备并联、负极搭铁、线路用颜色和编号加以区分，并以点火开关为中心将全车电路分成几条干线。

1）蓄电池电源线（+B 线或 30 号线）。一般从蓄电池正极引出直通熔断器盒，也有汽车的蓄电池正极线先接到起动机 +B 接线柱上，再从那里用较细的相线引出接到其他电路。

2）点火、仪表和指示灯电路线（IG 线或 15 号线）。点火开关在"ON"（工作）和"ST"（起动）档才有电的电线，必须先经过点火钥匙才能接通点火系统、预充磁、仪表系统、指示灯、信号系统、电子控制系统等重要电路。

3）专用线（ACC 线或 15A 线）。专用线是指无论发动机是否工作都需要接通的电器线路，如收音机、点烟器等。点火开关单独设置一档予以供电，但发动机运行时收音机等仍需接入与点火仪表指示灯等同时工作，所以点火开关触刀与触点的接触结构要特殊设计。

4）起动控制线（ST 线或 50 号线）。起动机主电路的控制开关（触盘）常用磁力开关来通断，磁力开关的吸引线圈、保持线圈由起动继电器控制。

5）卸荷线（X 号线）。卸荷线是大容量电源线，灯、刮水器、风窗加热等用电取自 X 线。只有在点火开关位于 ON 档时，X 触点继电器 J59 才工作，30 号线经 X 触点继电器接通 X 线；而在点火开关位于 ST（启动）档起动发动机时，X 线断电，使得即便上述大负荷用电器忘记关掉，它们也将自动断电，从而保证发动机能顺利起动。

6）搭铁线接法。搭铁线接法主要是单线制，某些轿车局部采用双搭铁线。

7）信号线。汽车电路中常见的是各种开关输入信号和传感器输入信号。传感器经常共用电源线、接地线，但绝对不会共用信号线。在分析传感器电路时，可用排除法来判断电路，即排除其不可能的功能来确定其实际功能，如分析某一具有三根导线的传感器电路时，如果已经分析出其电源电路、接地电路，则剩余的电路必然为信号电路。

8）控制线。控制信号主要由控制单元送出，它分布在各个执行器电路中，如点火电路的点火信号、燃油喷射控制电路的喷油信号、自动变速器控制电路中驱动换档电磁阀动作的换档信号、怠速控制电路中控制步进电动机的怠速控制信号、空调控制电路中控制压缩机运转的控制信号等。在汽车电路中，会看到执行器共用电源线、接地线和控制线的情况。

2. 汽车电路图识读方法与要领

无论是学习汽车电路原理，还是对新车型汽车电路进行故障检修，都离不开阅读汽车电路图，熟悉并掌握如下汽车电路图识图要点，对识读电路图和汽车电路故障分析都十分重要。

（1）时刻牢记汽车电路的基本特点

汽车电路的基本特点是低电压、单线、并联和负极搭铁。当汽车电路图所要表达的汽车电路较多时，读者会感到电路很复杂。如果在识读中牢记汽车电路的基本特点，对看起来较为复杂的汽车电路就不会感到有困难。根据汽车电路的基本特点，在读图和故障查询时应明确如下几点：

1）汽车电器系统采用单线连接。汽车电源中，发电机电枢接线柱与蓄电池正极桩用一根导线相连接，通常用蓄电池正极桩连接线或起动机电磁开关上的电源线接线柱作为汽车电路电源的正极端。汽车电路中每一个用电设备与电源正极连接都只用一根导线，如果某个用电设备的电源连接端子还连接着其他用电设备，则说明其他用电设备与该用电设备共电源线。所有用电设备与电源正极连接均为单线。

2）各用电设备之间均为并联关系。用电设备与电源之间可能串联有熔断器、开关或继电器等器件，但无论某个用电设备有多少个与之有连接关系的用电设备，各个用电设备之间仍然是并联关系。如果两个或两个以上的用电设备均通过某个熔断器再连接到电源的正极端，则说明这两个或两个以上的用电设备使用同一个保护元件。如果两个用电设备均通过某个继电器触点或开关触点，再连接到电源的正极端，则说明这两个用电设备电路受同一个继电器或开关控制。

3）搭铁端是电源的负极。汽车电路中的电气设备通常只有正极连接线，通过壳体连接发动机机体、车身或车架等金属以连接电源的负极（蓄电池的负极和发电机的负极），即通过搭铁连接电源的负极。而有一些电器和电子装置则有连接电源正极和负极的导线，这些电器或电子装置壳体本身不搭铁，而是通过导线搭铁。如果这些电器或电子装置的负极连接导线均连接到某根导线，则这根导线就是这些电器或电子装置的公共搭铁线。

（2）充分了解汽车电路图的表示方法与规定

要充分了解各种汽车电路图的特点及不同国家、不同汽车公司汽车电路图的不同表示方法，大众车型电路图如图 2-7 所示。

1）充分利用不同汽车电路图的特点。汽车电路的原理图、接线图及各种线束图，均有其优点与不足之处。一些汽车资料会同时提供两种或两种以上的汽车电路图，要充分利用各种电路图的特点，将其优势互补，以提高识图能力，方便汽车电路故障查寻。

2）熟悉汽车电路的不同表示方法。汽车上所有的电器在电路图中都是用电气符号来表示的，有相关的国家标准，但不同国家、不同的汽车公司都习惯按自己的风格绘制汽车电路图。电气符号是简单的图形符号，只大概地表示出电器外形，在图形符号上或旁边用文字加以说明电器名称。各汽车生产厂家绘制的电气符号各有不同，有的简单，有的复杂。在阅读这些汽车电路图以前，必须对该电路图所具有的特点、各器件的表示方法、导线与接线柱的标注含义等都十分清楚，以免识图感到困难。

图 2-8 是大众 / 奥迪 / 斯柯达车系的符号，它是最常见的发动机电控单元的符号。

图 2-9、图 2-10 分别是通用车系和宝马车系的符号，在电控单元处画出了简单的内部电路。

图 2-11 是奔驰车系的符号，在电控单元处用英文字母标明该端子的作用，并用箭头符号标明信号是输入还是输出。

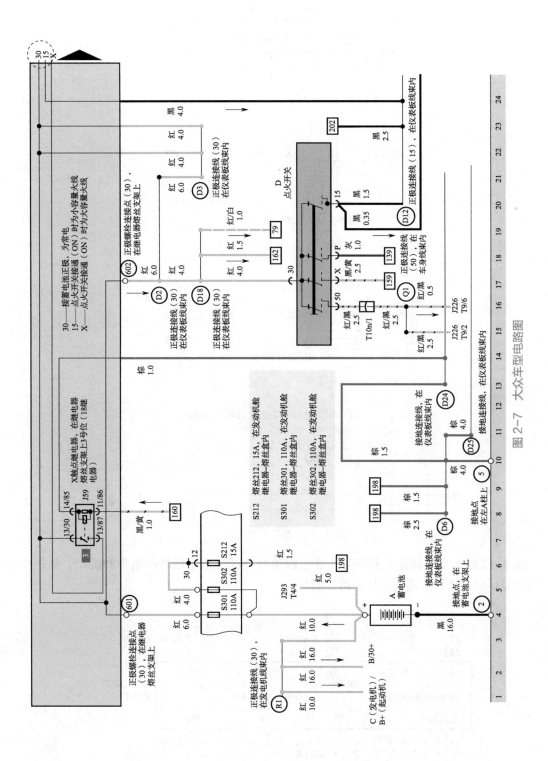

图 2-7　大众车型电路图

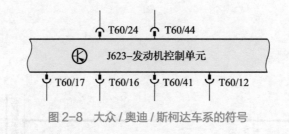

图 2-8　大众 / 奥迪 / 斯柯达车系的符号

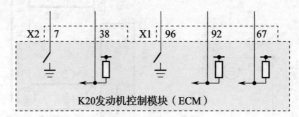

图 2-9　通用车系的符号

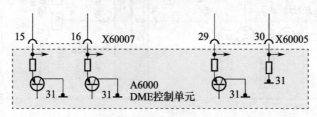

图 2-10　宝马车系的符号

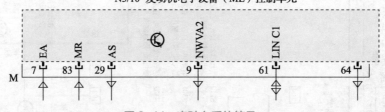

图 2-11　奔驰车系的符号

图 2-12 是北京现代车系的符号，在电控单元处标注出了信号的名称和类型，从图中可以看出是供电、搭铁、输入信号还是控制信号。

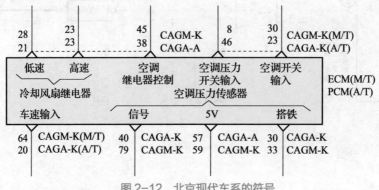

图 2-12　北京现代车系的符号

图 2-13 是丰田车系的符号，在电控单元处用英文字母标明该端子的作用。

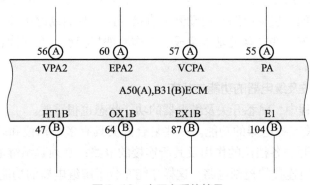

图 2-13　丰田车系的符号

图 2-14 是本田车系的符号，在电控单元处画出了简单的内部电路并用英文字母对端子进行了标注。

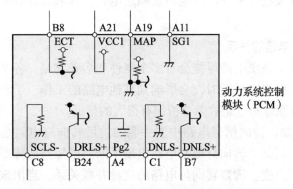

图 2-14　本田车系的符号

有的电气符号也简单地表达出电器内部的工作原理和电路，如图 2-15 所示的起动机的符号，从图中可以看到起动机、电磁开关线圈、电磁开关触点以及它们之间线路的连接关系。

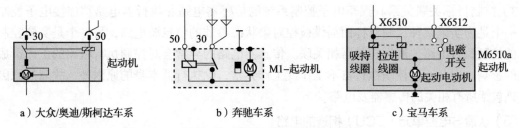

图 2-15　电器内部工作原理电路图

（3）熟悉电气及基本电路的结构与工作原理

1）熟悉汽车电器与电子装置的结构原理。汽车电路中各个电器和电子控制装置部件是组成汽车电路的基本要素，熟悉各电器及电子控制装置的结构与基本原理是分析电气系统的电路原理、理解线路的连接关系、进行电路故障诊断的基础。

2）熟悉汽车各个系统的基本电路及类型。汽车电路中的一些电器系统均具有几种基本的电路结构形式。例如，启动电路有启动开关直接控制、带启动继电器、具有启动保护功能等结构形式。充分了解这些电路的基本组成、工作原理与特点，在阅读各种车型电路时就不会感到困难。

（4）熟悉各种开关及继电器的功能与状态

汽车电路识图过程中，熟悉开关及继电器的功能状态也很重要。

1）充分了解开关或继电器的功能。一些复合开关具有多个档位和多个连接端子，在读图时首先要充分了解开关各档位的作用及其所连接的电路；必须熟悉继电器触点所连接的被控电路和继电器线圈所连接的控制电路，这样才能充分了解继电器的功能。

2）熟悉开关和继电器不同状态下的电路情况。在进行汽车电路原理与故障分析时，需要充分了解开关或继电器在不同状态下的电路通路情况。在汽车电路图中，开关和继电器都是以初始状态表示，除了要清楚初始状态下开关或继电器的开合情况和受控电路的通断情况外，还要十分清楚对开关进行操作、继电器线圈通电后，其触点开合的变化情况以及受控电路的通断情况。

（5）分清相互关联电路的关系

在汽车电路中，某个系统电路可能会有多个器件和多条支路，各个器件和电路之间存在着某种关联，当某一电路出现故障时，会影响到其他电路的工作。了解这些电路相互之间的关系，对理解汽车电路原理和电路故障分析都有很大的帮助。

1）并联关系。例如，转向信号电路中同一侧的前后转向灯电路是一种并联关系，它们受同一个闪光器控制，当某个转向灯或其电路出现了断路或短路故障时，就会因回路的等效电阻改变而使闪光频率改变。清楚转向灯电路的这种并联关系，当出现单边转向灯闪光频率异常时，就会联想到该侧的转向灯电路有故障。

2）控制与被控制关系。继电器线圈电路与继电器触点所连接的电路之间是控制与被控制的关系。清楚了这一点，在分析触点所连接的电路不能正常工作时，除了想到该电路、该电路电器及继电器触点本身的故障可能性外，就一定不会忘记继电器线圈电路（包括线路继电器线圈及控制开关等）也是故障原因之一。

3）控制目标关联关系。汽车电子控制系统的传感器电路和执行器电路都连接电子控制器，一个是为实现某种控制目标而提供被控对象状态参数的信息源电路，另一个是实施控制目标的控制执行电路，通过控制器相关联。传感器电路的异常会对控制执行电路的工作造成直接的影响。因此，某控制执行器不工作或工作异常，除执行器本身的原因外，故障的原因还应该包括所有相关的传感器及电路。

（6）认清与电控单元（ECU）相连的电路

汽车电子控制系统越来越多，在识读汽车电子控制系统电路图时，要以电控系统的 ECU 为中心，因为这是整个系统的控制中心，所有电气部件都必然与这里发生关系。

1）对 ECU 的各个引脚有大致印象，弄清楚分为几个区域，各区引脚排列的规律。

2）找出该系统给 ECU 供电的电源线有哪些，注意一般 ECU 都不止一根电源线，弄清楚各电源线的供电状态（如常火线或开关控制）。

3）找出该系统的搭铁线有哪些，注意分清哪些是在 ECU 内部搭铁，哪些是在车架上搭铁，哪些是在各总成机体上搭铁。

4）找出哪些是系统的信号输入传感器，各传感器是否需要电源，并找出相应的电源线，该传感器在哪里搭铁。

5）找出系统的执行器有哪些，弄清电源供给和搭铁情况，电脑控制执行器的方式（控制搭铁端或电源）。

（7）熟练掌握回路分析法

具有某种功能的汽车电路都是由电源正极通过保护装置（熔断器或易熔线）、控制装置（开关或继电器触点）、用电设备及相应的线路组成。因此，通过回路分析的方法，可以帮助我们分析电路原理和电路故障原因。

1）在识图中熟练运用回路分析法。在通过汽车电路图分析电路原理时，可用回路分析法来分析电路的通路情况，一般采用顺序分析法，即从电源的正极经熔断器（有的电路可能没有）、开关（或继电器触点）、用电设备的搭铁，再回到电源的负极。在电路图上表示的电路较多时，也可采用逆向法，即从用电设备的负极电源连接端开始，经开关（或继电器触点）、熔断器（如果有）到电源的正极连接端子。

2）在汽车电路故障分析与诊断中应用回路分析。熟悉回路分析方法不仅对理解电路原理有用，对电路故障分析和故障查询也很重要。例如，某用电设备不工作，可通过回路分析法判断该电路是断路故障还是短路故障；在确定汽车电路为断路故障后，可在该汽车电路的回路中从靠近电源正极端开始，通过逐点检查各连接点的电压来寻找断路之处；在确定汽车电路为短路故障后，可在该汽车电路的回路中从电源正极最远端开始，通过逐点断开各连接点的方法（电压检测法）来寻找短路之处。

专家指南　**读汽车电路图的关键点**

要想成为汽车维修的高手，就必须能看懂汽车电路图。识读汽车电路图的方法，在很多书籍上均有详尽地阐述，但对于大多数维修技术人员来说仍然是雾里看花，无法将一张复杂电路看懂，更不能根据电路图来判断汽车电路的故障。

其实，识读汽车电路关键点，是把电的通路搞明白、弄清楚，即信号是什么，该信号是输入信号、输出信号还是控制信号；信号起什么作用，在什么条件下有信号，从哪里来，到哪里去。做到联系前后，顺藤摸瓜，才能推出本相。脱离电路，单独记英文术语或是望文生义地推测分析都无益于快速有效地掌握汽车电路图的识读。

当然要想把汽车电路图作为"汽车故障的检测工具"，要能运用它，需要有一定的电路理论基础，加上实践中的感性认识，才能获得技术上的飞跃。离开维修单独做电路研究，不结合电路的检测和数据验证，或是不了解电路单靠感觉去处理故障，都是得不偿失的做法。

从本质上了解电的通路、信号的通道，再遵循自然规律，运用科学方法，对汽车电路图进行分析与应用，定能表现出不凡水准。

3. 利用电路图检查故障的方法

（1）利用电路图分析故障的方法

1）分割各个单元系统。要分析汽车电路图，首先必须掌握组成电路的各个电器元件的基本功能和电器特性。在大概掌握全图的基本原理的基础上，再把一个个单元系统电路分割开来。

在框划各个系统时，一定要遵守回路原则，注意既不能漏掉各个系统中的组件，也不能多框划其他系统的组件，一般规律是，各电器系统只有电源和总开关是公共的，其他任何一个系统都应是一个完整的独立的电器回路，即包括电源、开关（熔丝）、电器（或电子线路）、导线等。从电源的正极经导线、开关、熔丝至电器后搭铁，最后回到电源负极。

2）分析各局部电路之间的内在联系和相互关系。从整车电路来讲，各局部电路除电源电路公用外，其他单元电路都是相对独立的，但它们之间也存在着内在联系。

分析电路时，不但要熟悉各局部电路的组成、特点、工作过程和电流流经的路径，还要了解局部电路之间的联系和相互影响。这是迅速找出故障部位、排除故障的必要条件。

3）掌握各种开关在电路中的功能。对多层多档接线柱的开关，要按层、按档位、按接线柱逐级分析其各层各档的功能。

当开关接线柱较多时，首先抓住从电源来的一两个接线柱，再逐个分析与其他各接线柱相连的用电设备处于何种档位，从而找出控制关系。

4）全面分析开关、继电器的初始状态和工作状态。在识图时，必须根据工作状态进行分析，因为大多数用电设备都是通过开关、按钮、继电器触点的变化而改变电路工作状态，进而实现不同的电路功能。

（2）利用电路图检查故障的思路

1）根据电路原理图上熔丝、继电器上标注的编号或标注的名称很容易找到其在熔丝盒、继电器盒上的位置。

2）根据导线的颜色与部件上标出的插接器端子的序号，可以在实车上迅速找到相应的导线与端子。

3）通过分析电路原理图即可确定一些故障的诊断方案，如有一个制动灯不亮，则应该去检查不亮的制动灯灯泡及相应线路；如果两个灯都不亮，那么首先应该考虑去检查制动开关及其熔丝。

4）根据电路原理图可确定一些故障的检测点和检测步骤。如果遇到喇叭不响的故障（不带喇叭继电器），可以先检测喇叭供电端子是否有 12V 电压，如果有，说明故障不在喇叭熔丝，下一步再将喇叭搭铁线直接搭铁（喇叭开关一般在搭铁电路上）；如果喇叭不响，则故障在喇叭本身，如果喇叭响，再去检查喇叭开关，依此步骤很快即可找到故障点。

（3）利用电路图检查故障的步骤

根据电气系统出现故障的现象，诊断确定故障的确切部位。查看用户所反映的故障情况，同时注意观察通电后的种种现象，将有问题的电路及装置仔细检查，在动手拆卸之前，应尽量缩小故障产生的范围。

检查时应首先对电源系统的供电情况及故障元件本身进行检查，如果通过上述检查还不能确定故障的原因，就需借助电路图进行故障诊断。电路图可以提供电气设备的基本电路、电器元件的安装位置、线束及插接器的基本情况。在使用电路图进行故障诊断时，可按下述步骤进行：

1）在电路图中找出故障系统的电路，并仔细阅读。

2）通过阅读电路图找出故障系统电器中所包含的电器元件、线束和插接器等。

3）通过电路图找出上述电器元件、线束和插接器在车上的安装位置及电器元件和插接器上各端子的作用或编码。

4）对怀疑有故障的部件按前述内容进行检测。

5）根据电路图检查线束的短路和断路情况，直至查出故障的部位。

利用电路图进行电压检测的情况如图 2-16 所示，利用电路图进行短路检查的情况如图 2-17 所示。

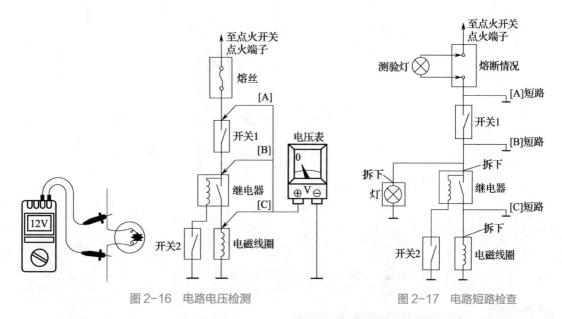

图 2-16　电路电压检测　　　　　　　　　　图 2-17　电路短路检查

如果检测到的数据与正确的数据不符，说明系统有故障。如图 2-18 所示，在开关断开时各点的电压应为万用表所示的数值。图 2-19 为开关接通时各点的正常电压，如果电压不符，如图 2-20 中继电器触点处有 2V 电压，就说明此处有接触电阻，故障为触点不良。

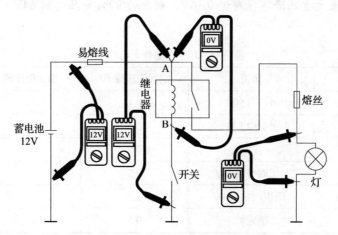

图 2-18　开关断开时各点电压的正确数据

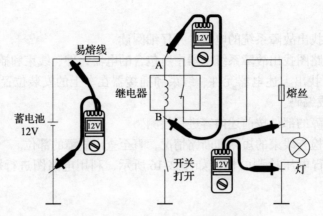

图 2-19　开关接通时各点电压的正确数据

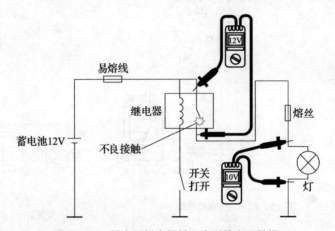

图 2-20　继电器触点接触不良时的电压数据

专家指南　**汽车线路电压降的影响与检测**

　　所谓电压降，是指电流流通时，在电阻两端形成的电位差。由于电路连接不实和搭铁不良引起的电压降比较常见。一般来说，线路的电压降应当不超过电路电压的 3%。例如在 12V 电路中，最大电压降不能超过 0.36V，剩余的 97% 电压（11.64V）应该有效用于电器负载（表 2-6）。

表 2-6　12V 电路最大电压降

电路名称	负荷	电缆电压降 /V	最大电压降 /V（含连接件）
照明电路	小于 15 W	0.1	0.6
照明电路	小于 15 W	0.3	0.6
充电电路	正常	0.5	0.5
起动机电路	20℃时负荷最大	0.5	0.5
起动机电磁线圈	吸引时的功率	1.5	1.9
其他电路	额定值	0.5	1.5

4. 汽车导线插接器的检查

插接器除具有安装方便、接线准确的优点之外，在使用中也时常会出现故障，而最为常见的故障则为接触不良的问题，直接影响电控汽车性能的正常发挥。

（1）导线及插接器短路故障的检查

导线及插接器的故障可能是由于线束与车身（地线）之间或是有关开关内部短路所造成的。检查前应首先查看在车身上的导线插接器固定是否牢靠，然后便可按下列步骤进行测试。

1）检查线路通断。首先拆下控制计算机 ECU 和传感器两侧的导线插接器，再测量插接器相应端子间的电阻。如电阻值不大于 1Ω，则说明线路正常，以便进行下一步检查。在测量导线电阻时，最好在垂直和水平两个方向轻轻摇动导线，以提高测量的准确性。

注意：对于大多数导线插接器，可通过专用的端子插针从插接器的后端插入，切记不能用万用表的表棒直接接入，这是在维修检测时应特别注意的。

2）短路电阻值的检测。首先拆下 ECU 和传感器两侧的导线插接器，再测量两侧插接器各端子与车身间的电阻值。测量时，表棒一端搭铁接车身，另一端要分别在两侧导线插接器上进行测量，其电阻值大于 1Ω 为正常，即说明该线路与车身无短路故障。

（2）导线及插接器断路的检视

导线及插接器断路故障，可能是由于导线使用中的折断、插接器接触不良或插接器端子松脱造成的。

1）导线在中间断开的故障是很罕见的，大都是在插接器处断开。因此，检查时应着重仔细检查传感器和插接器处的导线，是否有松脱和接触不良。

2）由接触不良而引起的插接器断路故障，常是由于插接器端子锈蚀或外界脏污进入端子或插接器插座从而造成接触压力降低所致。此时，只需把插接器拆下，再重新插上，以改变其连接状况，使其恢复正常接触即可。

（3）导线插接器外观及接触压力检查

首先应一一拆下各导线插接器，检视插接器端子上有无锈蚀和脏污，对锈蚀和脏污应进行清理；然后，便可检视端子有无松动现象。如果在某一个插孔中的插头端子拔出时比其他插孔容易，则该插孔可能在使用中会引起接触不良的故障，应予以及时修复。

专家指南 **导线插接器检视须知**

①插接器的检视必须在点火锁关闭（OFF）的状态下进行，否则会因自感而烧坏有关机件。

②拆下导线插接器时，要注意松开锁紧弹簧或按下锁扣的正确方法（不可硬拉、硬拽），装复时，应将插接器插到底并锁止。

③对于防水型插接器（拆下检测时）应注意小心取下其防水套。安装时防水套应到位；否则，可能引起水和潮湿导致的连线故障。

④在用万用表检查插接器时，表棒插入时不可对端子用力过大，以防因端片变形而引起的插接器接触不良。

5. 熔断器的检查

保险丝是习惯叫法，国家标准中称熔断器，如图 2-21 所示。保险丝是电流保险丝的一种，当电路电流超过保险丝额定电流的 2 倍时就会在几秒内熔断，常用于汽车电路过流保护，作用是保护电路（线路）及用电设备。保险丝在电路中起过载保护作用，能长时间承受额定电流负载，但当电路中的电流强度达到某个预定值时，熔丝（片）因发热过高而烧断，从而切断电路。车用保险丝大致分为两种，即快熔断保险丝和慢熔断保险丝。

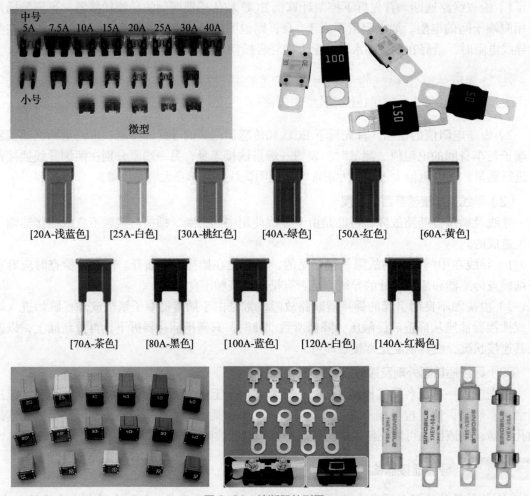

图 2-21 熔断器外形图

汽车常用保险丝有高电流保险丝和中低电流保险丝。一般较容易接触到的为中低电流保险丝。中低电流保险丝大致可分为片式保险丝（包括自动保险丝盒迷你保险丝）、插入式保险丝、旋紧式保险丝、管式保险丝盒平板式保险丝。其中，常能接触到的为中号 ATO 或小号快熔型片式保险丝。片式保险丝可承载小电流、短时间脉冲电流，如大灯电路、后玻璃除霜等。

汽车片式保险丝颜色的国际标准：2A 灰色、3A 紫色、4A 粉色、5A 橘黄色、7.5A 咖啡色、10A 红色、15A 蓝色、20A 黄色、25A 透明无色、30A 绿色和 40A 深橘色。根据颜色的不同，可以很清楚地区分不同安培数的大小。

保险丝有两个重要的工作参数，一个是工作电压，另外一个则是额定电流，维修工在购买或更换时要根据电路中的电压和电流来选择。

一般汽车上都有两个保险丝盒，一个负责汽车外部电器的安全，如 ECU、玻璃水、车灯、喇叭、ABS 等电路的安全保护，位于发动机舱内；而另外一个负责车内电器的正常工作，例如点烟器、车窗升降、电动座椅和安全气囊等，一般位于转向盘的左侧位置。

熔断器为一次性器件，使用须注意：

1）熔断后，必须先查找故障原因，并彻底排除。

2）更换时，一定要与原规格相同，特别是不能使用比规格容量大的，否则将失去保护作用。

3）熔断器支架与熔断器接触不良会产生电压降和发热现象。因此，特别要注意检查有无氧化现象和脏污。若有脏污和氧化物，须用细砂纸打磨光，使其接触良好。

6. 汽车电路搭铁不良的故障特征及检测要领

（1）电路搭铁不良故障的主要特征

1）电控系统性能明显失常。如果动力总成控制模块（PCM）供电和搭铁线路出现问题，可能出现以下几个现象：

①故障诊断仪无法与 PCM 或者其他电子控制单元进行通信。

②采用数字式万用表检测时，传感器端子没有 5V 参考电压。

③接通点火开关（或者起动发动机）时，PCM 控制的部分执行器处于不工作状态，例如电动燃油泵不能短时运转、仪表板上的故障指示灯不点亮、没有喷油脉冲等。

2）仪表指示反常。例如，如果仪表板稳压器的电阻丝搭铁不良，稳压器将不能正常工作，当输出电压和输入电压相等时，会出现冷却液温度表及燃油表同时指示最大刻度的现象。

另外，如果搭铁线接触不良，在汽车运行和颠簸中，搭铁处形成的电压降飘忽不定，有时还会引起汽车低速行驶时发动机冷却液温度显示低、高速行驶时发动机冷却液温度显示高的怪现象。

3）故障时有时无。

4）产生异常火花。

5）加速时汽车前后窜动。

6）性能失常出现在剧烈碰撞之后。汽车经过剧烈碰撞以后，往往引起车架变形，或者插接器松动。另外，许多轿车的蓄电池安装在发动机旁或者座椅下面，与 ECU、电器插接器等靠得很近，一旦蓄电池的电解液溢出，很容易对周边电器设备及搭铁点造成腐蚀。

（2）电路搭铁不良的检测方法

1）起动机运转以后，若蓄电池的搭铁线温度过高，搭铁处甚至有烧红的现象，说明蓄电池的搭铁线接触不良。

2）在不带电的情况下测量搭铁点的电阻值，即用万用表的一根表笔可靠地连接搭铁线，另一根表笔与车身金属部分相连接，测量其间的电阻，电阻值应当小于 0.5Ω，越小越好。如果大于 0.5Ω，说明接地不良。

3）采用模拟振动法检查。对于有怀疑的部位，可以在垂直方向和水平方向轻轻摆动搭铁线，模拟汽车行驶时的振动状态，同时观察相关部件的反应，判断搭铁是否有虚焊、松动、接触不良或者导线断裂等现象。如果挪动某一搭铁线时故障再现或者故障消失，说明搭铁不良的地方就在此处。

4）测量电压降。在发动机运转或电路通电的状态下，使用万用表测量接地点的电压降，其读数应当接近0V。如果存在0.5V以上的电压降，说明发动机机体与车架之间的导通性不良。

具体方法是起动发动机，使用万用表的直流电压档，将红表笔接触发电机的输出端，黑表笔接触发动机的机体，测出一个电压值；然后将红表笔接触发电机的输出端，黑表笔接触车架的金属部分，再测出一个电压值。在正常情况下，这两个电压值应该是一致的。若前者数值大，后者数值小，相差0.5V以上，说明存在0.5V以上的电压降，它是由发动机机体与车架之间搭铁不良引起的。

注意：检测某点的接地状态时，应该测量该点对电源正极的电压，尽量不要测量该点对电源负极的电阻，这是因为万用表本身具有一定的内阻，测量出的数值误差较大。

5）采用试灯检查。在使用万用表检测电路尤其是电源线和搭铁线之后，最好用有负荷的测试灯加以验证，这样可以避免"有电压无电流"的现象。

专家指南　防止电路搭铁不良的措施

①要保证发动机与车架间搭铁线的可靠连接。由于蓄电池的负极直接与车架连接，而发电机、起动机等都是以发动机为搭铁点，这样发动机与车架之间的搭铁连接显得十分重要。在维修中，常常由于漏装搭铁线或接触不良，造成起动时的大电流经过节气门拉索、变速杆拉索或者离合器拉索等构成回路，导致搭铁点发热，甚至酿成火灾。

②车架经过喷漆之后，搭铁点常常被油漆所覆盖。此时应当进行打磨，使搭铁点露出金属，以防搭铁不良。

③汽车（尤其是轿车）的车身大多为薄壁钣金构件，搭铁往往不可靠。为了确保起动机有足够的电压和电流，可以采用重复搭铁的方式，即用一根粗搭铁线，一端连接在起动机附近的车架上，另一端连接在起动机下的固定螺柱上，目的是减小搭铁回路的电阻，防止因起动机的固定架、固定螺栓等处接触不良引起电压降增大。在维修中，如果拆下了某根搭铁线，必须装复原位。

④对于使用多年的汽车，其搭铁部位往往存在不同程度的腐蚀现象。为了确保线路各连接处、搭铁处可靠接触，可以用细砂布打磨连接部位，将油污和锈蚀物清理干净，然后涂上专用的导电胶，最后拧紧固定螺栓。

（3）接地不良故障的维修技巧

在维修中，许多看起来毫无关联的故障现象，其实是由接地不良引起的。例如传感器的信号输出值高于正常范围或一直不变；起动机、前照灯、风扇电动机等大功率负载的性能失常，都可能与电路接地不良有关。

1）断开仪表插头又重新插上，仪表盘上的指示灯会闪一次，这是因为断开时的反向电压较高，又能把它点亮一下。此种情况说明接地点接触不良或仪表的供电不足。

2）开启空调时怠速游车，恶化后容易熄火，在不平或颠簸路面上故障现象最明显，这是典型的主接地线接触不良的故障，通常是蓄电池的负极与车身之间接触不良，需要认真处理蓄电池负极与车身之间的接地点。

3）故障诊断仪查询到多个故障码，而且它们之间没有关联性，应当检查控制模块的接地是否不良。如果控制模块接地不良，会造成电控单元程序紊乱，并输出错误的指令，进而引发多个故障。

7. 继电器故障的分析方法与技巧

（1）继电器的原理与基本类型

汽车继电器广泛用于汽车控制电路中，其数量仅次于传感器，利用电磁现象控制某一回路的接通或断开，实现小电流控制大电流，从而减小开关触点的电流负荷。

凡是在电路图上标在点画线内的继电器及熔断器，一般布置在中央配电盒内。

继电器通常分为常开继电器（图2-22）、常闭继电器和常开、常闭混合型继电器，其外形及内部原理图如图2-23所示。

图 2-22　常开继电器

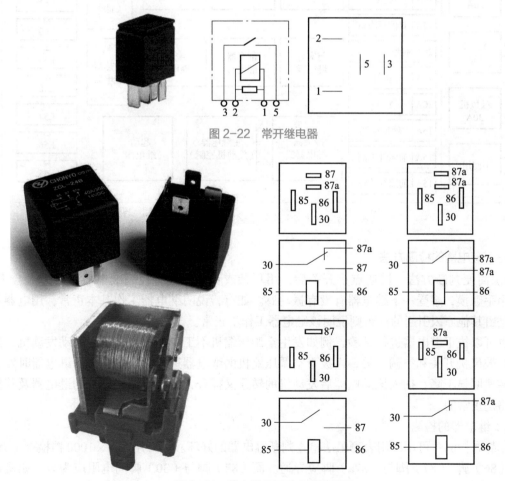

图 2-23　继电器外形及内部原理图

（2）继电器的常见故障

继电器的主要故障是绝缘老化、线圈烧断、匝间短路、触点抖动以及无法调整初始动作电流等。现代汽车往往将各种控制继电器与熔丝安装在一起，成为一个中央配电盒。它的正面装有继电器和熔丝插座，背面是插座，用来与线束的插头相连。图2-24为北京现代轿车熔丝／继电器位置。

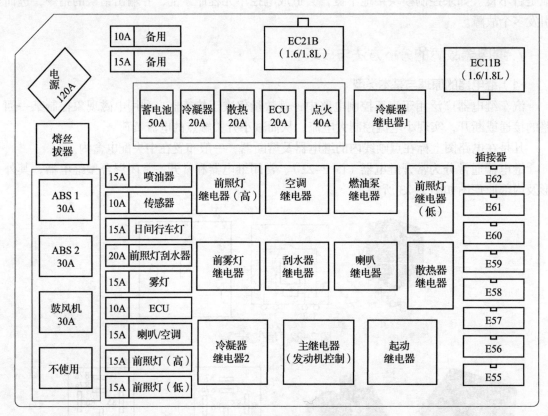

图2-24 北京现代轿车熔丝／继电器位置

（3）继电器的检测方法

1）简便判断方法。接通点火开关后，用耳朵或听诊器倾听控制继电器内有无吸合声，或者用手触摸，感受一下继电器有没有振动感。如有，说明继电器工作基本正常，用电器不工作是由其他原因引起的；否则说明该继电器工作不正常。

也可以拔下继电器进行试验，例如发生空调压缩机不工作的故障，可以起动发动机，然后接通鼓风机开关和空调开关，再拔下空调压缩机的继电器进行判断。若拔下继电器时发动机的转速明显下降，插入该继电器后发动机的转速又提升，说明空调压缩机的继电器及其控制线路是正常的。

2）继电器的检测。

①静态检测：可用万用表测阻法检查判断继电器的好坏。用万用表$R×1000$档检查（85）脚与（86）脚、（87）脚与（87a）脚应导通。而（87）脚与（30）脚间电阻应为∞。如检得结果与上述规律不符，说明继电器有问题。

②加电检测：如果上述检查无问题，可在（85）与（86）脚间加 12V 供电，用万用表检查（87）脚与（30）脚应导通。如不符合上述规律，或通电后继电器发热，均说明其已损坏。其他各种继电器均可按上述方法进行检测判断。

小贴士

继电器在电器维修中的妙用

汽车电路可以分为电源电路和控制电路两类。在大多数用电系统中，继电器就是电源电路和控制电路的交汇点，控制电路通过控制继电器的通断来控制电源电路，因而在维修中可以通过短接继电器对应的插孔，将复杂的系统问题一分为二，直接缩小汽车故障的诊断范围：如果是控制电路，就要对传感器和相关插接件进行检查；如果是电源电路，则需要对线路上的插接件和导线进行检查，从而快速判断出汽车电器故障到底发生在控制电路还是电源电路。

四、汽车电磁干扰（EMI）及其检修

1. 电磁干扰（EMI）及其影响

EMI（电磁干扰）是指设备在正常运行过程中对外界环境所产生的电磁干扰。EMI 主要包括传导干扰和辐射干扰，其是指从电源线、信号线或控制线传导出来的干扰。

汽车正朝着电动化、智能化、网联化方向飞速发展，大电流、高功率造成的电磁干扰更严重，部件之间的耦合路径更复杂。

如新能源汽车中的微控制器（MCU）、空调压缩机、DC/DC 变换器等部件大多数采用电力电子开关器件，图 2-25 中标出了主要部件工作时的开关频率，产生较大 EMI 噪声，是重

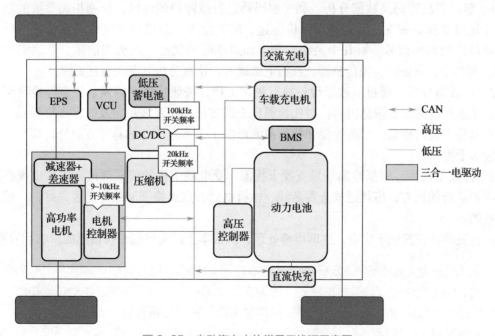

图 2-25　电动汽车中的常见干扰源示意图

要的干扰源；车上电气线束分布广泛，干扰路径分析复杂，控制器局域网络（CAN）、传感器信号线等敏感装置极易受到干扰。

尤其是电驱动系统，主要包括电机、电机控制器和减速器。在没有高度集成的系统中，电机电控之间还有高压电力线缆的存在，这样，还要加上输入电缆。电驱动系统工作频率范围宽、功率大，自身具备杂散电感和杂散电容，这些因素凑在一起，电驱动系统无疑成为了电磁干扰的"王者"。

2. 检测电磁干扰的方法

检测电磁干扰的通常方法是，将示波器连接在电源线或搭铁线上，可以检测到是否存在电磁干扰，如图 2-26 所示。

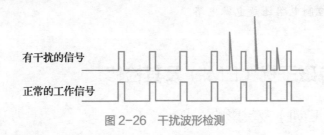

图 2-26　干扰波形检测

3. 汽车电磁干扰故障的检修

汽车受电磁干扰的故障排除的重点是要鉴别故障属于电磁干扰类故障，并能通过原理、波形分析或数据流分析找到干扰源，从而排除故障。

在实际检修的过程中，应结合电控系统电磁干扰问题的发生规律与特点，采用阶段性的检测方法。

1）解码器故障码及数据分析。利用解码器进行故障码的读取，检测相关参数的量程范围、变化幅度和灵敏度，特别是发动机转速、曲轴位置、凸轮轴位置传感器信号等对电磁干扰灵敏度很高的信号。对几个关键参数，如短期燃油调整、点火提前角、怠速空气控制（IAC）阀指令、电磁式转速传感器、换档电磁阀等，认真分析其发生变化原因。

2）示波器分析。通过示波器设备执行测试工作，按照传感器原理、特点等检测组件的波形，获取相应的波形信息内容，对比检测出来的波形与正常波形，及时发现可疑点，明确是否有其他干扰的现象，如传感器和执行器波形除了正常应该有的脉冲方波外，都有一些杂乱的波形干扰。

3）排除干扰源。根据检测结果查找干扰源。受电磁干扰的可疑部位一般会出现在离电磁干扰源最近的地方，应就近检查屏蔽线、电机电刷、点火线圈屏蔽等是否完好，一般能找到干扰源。

一旦发现存在其他干扰点，立即维修处理，从根本上避免电磁干扰造成的影响和故障。

案例 1：一辆大众帕萨特 B5 轿车出现 00515 号故障码，经查其含义是霍尔式传感器 G40 对地短路。经检测线路良好，传感器安装位置正常，因此，更换了新的凸轮轴位置传感器。但是起动发动机，转速增加后，同样的故障码再次出现。在反复更换几个新传感器无果后，只得使用示波器对其进行检查。通过检查发现，G40 在发动机怠速时波形基本正常，但在发动机转速高于 2000r/min 后，出现了异常波形，发动机转速继续增加，波形失真更严重。经查，该发动机不久前，刚刚更换了 1 组副厂的高压线，通过测量该高压线的电阻，发现只有几百欧，与原厂高压阻尼线差距极大，没有防止电磁辐射的设计。更换新的原厂高压线，故障码不再出现，发动机运转正常。

> **小贴士** 这个例子，其实就属于维修工处理起来比较头痛的一类，因为故障和元件本身的性能以及线路、控制单元均无任何关系，在一般维修企业，也许早就更换计算机了。但由于故障是外部因素造成的，无法准确发现和找到故障原因，所以，很多时候，就变为了"绝症"。而使用示波器，对传感器进行实际工况测试，则可以轻松发现问题所在。

案例 2：一辆丰田凯美瑞轿车，行驶 6.5 万 km，ABS 故障自诊断系统警告，检测故障码为 31（前右轮速传感器）、32（前左轮速传感器）、33（后右轮速传感器）、34（后左轮速传感器），考虑到 4 个轮速传感器及相关线路同时损坏的可能性较小，故障原因可能是 ECU 发生故障或受到电磁干扰，因整车的其他控制系统工作正常，ECU 发生故障的可能性也较小，最后将故障原因重点定位于电磁干扰。经查找，果然是轮速传感器的屏蔽线破坏严重。修复后，清除故障码，路试一切正常。

> **小贴士** 由于该车 ABS 传感器为电磁式，低速区工作时所产生的信号电压极其微弱，而 ABS 则需要借助于高灵敏的信号电压才能通过 ECU 调节车轮制动力的大小。为保证信号的准确性，轮速传感器上设有屏蔽网，一旦该屏蔽网受到破坏，汽车上的高频电磁波就会对轮速传感器的正常工作产生干扰，导致 ABS 失灵或产生误动作，故障自诊断系统发出警告。

第三章

汽车电源系统与起动系统故障排查方法与技巧

 一、蓄电池故障的排查方法与技巧

1. 蓄电池的正负极性的识别

为了避免蓄电池搭铁极性弄错或相互连接时安装错误，造成电气系统出现故障，应准确辨别蓄电池的正负极。通常，新蓄电池正极柱桩上刻有"+"或"POS"记号或涂有红漆标记；负极桩上刻有"—"或"NEG"记号或涂有蓝、绿、白、黄漆等标记。有的生产厂家还将正极柱桩的直径做得比负极柱桩略大些。

2. 蓄电池的检测方法与技巧

（1）蓄电池的检测

1）蓄电池外观检查。

①检查蓄电池接线柱。检查极柱及插头上是否有白色或绿白色的腐蚀物，如图 3-1 所示。使用钢丝刷或砂纸刷除腐蚀物，必要时拆下插头清洁后再装回。可用润滑脂涂抹在极柱及插头上。最后检查蓄电池正极的橡胶保护套有无定位及是否破裂。

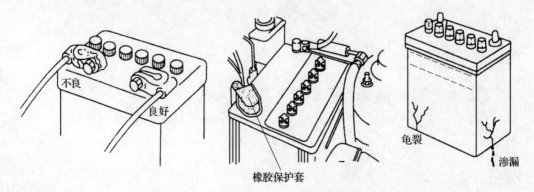

图 3-1 蓄电池外观检查项目

②蓄电池外壳的检查。检查蓄电池外壳是否龟裂、渗漏或变形。外壳变形时，注意是否因过度充电所引起。检查蓄电池封胶有无开裂和损坏，极柱有无破损，壳体有无泄漏。有问

题时应视具体情况修复或更换。

③经常检查疏通蓄电池盖上的通气孔。蓄电池盖应拧紧，其上的通气孔应经常保持畅通，若发现堵塞，应及时疏通，以免损坏蓄电池的密封而引起电解液溢出。

用钢丝刷或极柱插头清洗器除去极柱和插头的氧化物并涂一层薄薄的工业凡士林或润滑脂。用温水清洗蓄电池外部的灰尘泥污，再用碱水清洗，最后再用清水洗干净。

④及时清除蓄电池外部污垢。汽车工作结束后，应擦拭蓄电池外部的尘土和污物，以防极性间短路，引起蓄电池故障性自放电。

2）电解液液面高度的检测。

①经常检查电解液的液面高度。蓄电池电解液的液面高度应为 10~15mm，不足时应添加蒸馏水。用长度约为 150mm 的尺板，应高出极板 10~15mm。要求液面高出隔板上沿最低液面标记。液面过低时，应补加蒸馏水；液面过高时，应用密度计吸出部分电解液。

②蓄电池的壳体上面有正常液位范围标记，电解液的液位必须在该范围之内。必须定期检查电解液的高度，如果密度足够，则添加蒸馏水；如果密度不够，则添加专用电解液。

③对于有观察窗的免维护蓄电池，可直接通过观察窗检查观察孔的颜色，如果观察孔出现透明色，说明液面过低，应更换蓄电池。

3）检查电解液密度。通过密度计检查电解液密度，可以间接了解电解液密度的大小和蓄电池的放电程度。

蓄电池由夏季连续使用至冬季，经检查发现电解液密度偏低时，可在补充电之前添加电解液；当冬季蓄电池放电至额定容量 25%、夏季 50% 时，应及时进行补充电。

4）定期检查蓄电池的技术状况。可用高率放电计或蓄电池检测仪检查其技术状况。

5）定期对蓄电池进行补充电。补充电是由充电极恒定电流完成对蓄电池充电。与恒压充电相比，能增大蓄电池储存的电量，减少极板硫化，基本能恢复到额定容量，但补充时间较长。规定要求：在用蓄电池应一个月补充电一次；封存机械车辆的蓄电池应每三个月补充电一次，以延缓蓄电池极板的硫化。

知识链接 电解液、补充液、纯净水等的区别

电解液是用专用的蓄电池用硫酸与蒸馏水按一定的比例配制而成，密度一般为 $126~128g/cm^3$ 的稀硫酸溶液；蓄电池补充液是指含有极微量的硫酸的蒸馏水；而纯净水一般是指人能够饮用的，含有对人体有用的一些离子如钙、镁离子等而含其他杂质少的较为洁净的水。在蓄电池的电解液缺少时，除非确实知道液面降低是因蓄电池倾倒电解液洒出所致，一般不允许加入电解液而要加入补充液。而纯净水及其他的如河水、井水、开水等含有一些金属离子等，在电解液缺少时一定不要加这些类型的所谓"纯净"的水，因其内含有的钙、镁离子容易形成原电池导致自放电。

（2）检测蓄电池技术状况的方法

1）使用万用表测量。采用数字式万用表测量汽车的静态电流时，读取车辆的静态工作电流，如果放电电流在 20~40mA，则说明静态电流基本正常；如果测得的电流很大，则说明蓄电池的放电电流很大，应查找故障原因。采用逐一断开蓄电池负载各分支电路的方法，来判断问题出在哪一支路。通常可以采用逐一拔下分支电路熔丝的方法来查找故障部位，当不良支路的熔丝被拔下时，电流读数会下降，由此就可以找到有问题的电路。

2）使用蓄电池测试仪检查。蓄电池测试仪专门用来对蓄电池的性能进行检测，能够快速检测蓄电池的存电状况，以及点火开关断开以后蓄电池是否有放电现象。

蓄电池测试仪的检测方式主要有蓄电池在车检测、发电机检测以及静态电流检测，检测所需要的时间从 0.5~4min 不等。

蓄电池测试仪检测的内容包括蓄电池状况、蓄电池寿命百分比、蓄电池极板断路或短路故障、蓄电池极板故障、蓄电池电解液温度、发电机工作电流、发电机工作电压、整流二极管脉冲电压以及供电系统的静态电流等，并且将检测的结果在显示屏上直接显示出来，该数据还可以通过检测仪的红外端口传送给打印机将其打印出来。

3. 免维护蓄电池技术状况的检测方法

免维护蓄电池又称 MF 蓄电池，是指汽车合理使用期间，不需要对蓄电池加注蒸馏水、检测电解液液面高度、检测电解液密度等维护作业。图 3-2 为免维护蓄电池的结构。

免维护蓄电池的状况是否良好，一般可以通过其壳体上的检视装置判断出来。

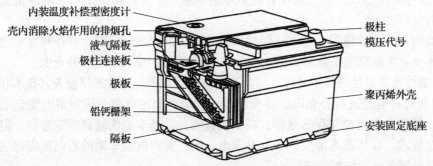

图 3-2　免维护蓄电池的结构

检视装置中有一个绿色的小球，如图 3-3 所示。该小球可随电解液密度不同在一定范围内运动，通过观察该小球的颜色，就可以判断蓄电池电解液的密度是否正常。

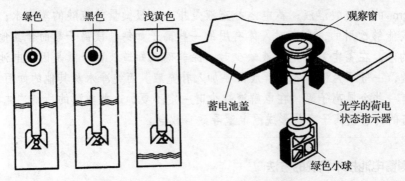

图 3-3　内装式密度计工作示意图

1）免维护蓄电池电解液密度达标。当蓄电池电解液密度达到标准状态时，小绿球浮到顶端，从检视孔中可看到一个绿点。

2）免维护蓄电池电解液密度降低。当电解液密度降低后，从检视孔中看到的是黑色点，此时蓄电池必须充电才能使用。

3）免维护蓄电池电解液不足。若检视孔中看不到任何颜色，则说明蓄电池电解液不足（此时接起动机时起动无力），应查找电解液不足的原因。液面过低的原因可能是外壳破裂或有外漏现象，应仔细检查。

必须注意的是，有些免维护蓄电池的电解液不足时，从检视孔中看到的是浅黄色。

免维护蓄电池具有故障少、寿命长、起动性好等特点。但它也是铅酸蓄电池，由于电解液析水和自行放电是不可避免的，所以日常应经常注意其状况的好坏，定期检查电解液液面高度及电解液的密度。

4. 汽车电系寄生电流的故障排查方法

汽车电系的寄生电流是指在点火开关以及用电器开关断开以后，某些电器或电路继续消耗的蓄电池的放电电流，一般以"mA"为单位。

（1）汽车电系寄生电流的现象

在正常情况下，车辆的静电流在20~40mA，在汽车充电系统正常及排除蓄电池自身放电的可能性后，如车辆存在下列状况之一，就应进行静电流的测量。

1）更换被怀疑为自身放电的蓄电池后或已充电的蓄电池在短时间内又出现电量不足现象。

2）车辆行驶一定里程以后蓄电池出现电量不足（也就是亏电）现象。

3）每次采用起动机起动发动机时，蓄电池容量不足。

4）车辆停驶一个晚上或几天后，车辆就会出现不能正常起动现象。

（2）汽车电系产生寄生电流的原因

汽车电系产生寄生电流的原因主要有电器元件没有关闭、线路磨破搭铁和控制单元不能进入休眠状态。

1）电器元件没有关闭。某个电器元件始终处于打开状态，最常见的是忘了关闭前照灯开关导致的漏电；也有些车辆因车门关不紧，导致室内灯一直亮产生漏电。还有些漏电，很多人以为是由于电器故障造成的，殊不知机械故障也能引起漏电。

2）线路磨破搭铁。这是最常见的一个故障现象，即线路磨破搭铁产生漏电。

3）控制单元不能进入休眠状态、休眠电流过高以及系统被频繁唤醒。配置有车载总线系统的车辆基本上都具有系统休眠功能。电控系统的休眠（Standby）模式是指在发动机熄火一段时间后，整车自动进入一种用电量非常小的状态，也称为"低能耗模式"。"休眠"的目的主要有两个方面：一是减少在点火开关关闭以后蓄电池电能的无谓消耗，使蓄电池经常保持充足的电量；二是当总线系统中某个控制单元出现故障时，不至于因"漏电电流"过大而引起蓄电池亏电。

（3）寄生电流故障的检查方法

检测汽车是否漏电的方法有万用表电流检测法和电流钳检测法两种。

1）万用表电流检测法。这种方法须用万用表。检测时，断开点火开关，拆下蓄电池负极接线，把数字万用表调到电流表档，使万用表红表笔接触负极接线，万用表黑表笔接触负极接线柱，观察电流表数值。将测得的电流值与维修资料对照，看是否在正常范围内。若测得的电流值过大，则说明车辆有漏电故障。

对带音响防盗密码的车辆，在不知防盗密码的情况下，具体的检测方法如下：

①关闭点火开关、用电设备及所有车门。

②遥控上锁（智能车辆将智能卡远离车辆3m以上），等待一段时间让车辆进入休眠状态。等待时间因车型而异，有的需要5~10min，有的需要30min，有的甚至需要1h。

③旋松负极桩螺栓（为下一步检测做准备工作）。

④将数字万用表转换到电流档（注意表笔要移到相应插孔）。

⑤使万用表红表笔接触负极导线，黑表笔接触负极桩。

⑥慢慢将负极导线和红表笔一并上移直至红表笔与负极桩完全脱离（此时状态是黑表笔套在卡子里）。

⑦观察串联电流表的电流值，一般来说非智能车辆为0.03A，智能车辆为0.05A左右。如超出过多甚至翻倍即为异常。

2）电流钳检测法。这种方法是借助专用工具电流钳进行的，电流钳可对某一线路是否漏电进行测量。另外，电流钳使用也方便，不用断开蓄电池负极或线路。

（4）漏电排除方法

1）拔熔丝或继电器。漏电故障的一种排除方法是将熔丝或继电器逐个拔下，观察电流表示值变化。当拔下某个熔丝或继电器时，电流表示值变为零，则故障点是通过此熔丝或继电器的电路或用电器。同电流检测法一样，通过查阅电路图或查看线路走向，沿线路查找出损坏部位进行修理。

采用逐个拔熔丝断电来观察漏电电流的方法如下：先找到导致漏电电流产生的熔丝，然后查找与该熔丝对应相连的用电设备，则该用电设备就是故障产生的原因。

2）利用光纤短接头。现在的车辆采用网关，用一光纤短接头，依次替代光纤系统控制单元，当替换掉某一控制单元时，寄生电流完全正常了，说明这个控制单元漏电。

大众奥迪车系的光纤短接头（4E0973802）是一个用途很广的工具。光纤系统出现的故障，如有时声音时断时续、有时屏幕等疑难杂症均可用它排除，而且线束的光纤损坏也可用它修复，省去了更换整个线束的要求，可降低维修成本并大大缩短维修时间。

3）运用数据流观察休眠状态。运用数据流观察各个部件的休眠状态也可以检测到漏电。例如，网线断路引起休眠模式失效。车辆无法进入休眠，可能的原因为损坏的部件、控制单元或某个控制单元的外围设备阻止车辆休眠。

 二、不解体诊断交流发电机好坏

当把发电机从车上拆下后，首先用手转动带轮，应转动自如，无扫膛及异响等机械故障；然后进行以下检查。

1. 手动检测的方法

连接好电路。用一直流电源（6~12V）给发电机励磁绕组通电（即将电源的负极搭铁，正极接发电机磁场接线柱），并将电压表正、负表笔也分别接到发电机电枢接线柱与地线间。

用手尽量高速转动发电机带轮并观察电压表。正常的发电机电压应达到 3~5V（12V 电系车型）或 5~8V（24V 电系车型）。

用尼龙绳转动发电机。将发电机夹持在台虎钳上，将长 1m 左右的尼龙绳绕在带轮上，用力拉动绳索使发电机旋转，空载电压可达 10~12V（12V 电系车型）或 20V 以上（24V 电系车型）。

如果检查结果符合上述规律，说明发电机正常，问题出在其他电路中；反之，说明发电机本身有故障，应解体检查并进行检修。

2. 万用表检测的方法

1）连接好电路。

①先检查调整发电机带的张力，然后拆下发电机各接线柱上的导线，另用一根导线将发电机电枢（"+"）和磁场（"F"）两接线柱连接起来。

②用万用表检测发电机的输出电压。其方法是将万用表设置在直流电压档（0~50V），红表笔接发电机电枢（"+"）接线柱，黑表笔接外壳，即搭铁。

2）对发电机进行励磁。起动发动机，并把从发电机电枢（"+"）接线柱上拆下的那根导线碰一下"磁场"接线柱，即对发电机进行励磁，几秒后将该线移开，开始缓缓地提高发动机转速。

观察万用表上所指示的电压值。若该电压值会随发电机的转速升高而逐渐增大，则说明被测发电机工作基本正常，问题出在其他部分。若万用表示值为零，则说明发电机未发电，其内部可能有元件或部件工作不良，应进一步解体检查。

3. 试灯检测的方法

1）不拆线检查判断。在发动机熄火状态接通点火开关，用直流试灯的一端接"F"（磁场）接线柱，另一端接外壳。

①如试灯亮，则说明发电机励磁电路良好。

②如试灯不亮，则说明调节器有问题。拆下"+"（电枢）接线柱头后起动发动机，使其以稍高于怠速的转速运转，再用试灯的一端触外壳，另一端触"+"接线柱。如灯不亮或为暗红光，则说明交流发电机内部有问题。

2）拆线检查判断。也可以将"+"与"F"接线柱上的线头都拆下，接上试灯后起动发动机并慢慢提高转速，观察试灯。

①如果试灯灯光随发动机转速升高也增强，则为调节器有问题。

②如果试灯一直发红光或光度无明显的变化，则为交流发电机内部有故障。例如个别二极管损坏，定子绕组某相松脱、短路等。应进一步解体检查。

4. 汽车无刷交流发电机的检测

（1）采用测电压的方法判断无刷硅整流发电机性能

如果发电机二极管损坏，波形显示会非常明显，这种情况在正常的波形中会反复出现 2~3 次。在使用过程中，若充电电压过高，可以确定电压调节器有故障。若发电机本身有故障，可根据输出电压波形来判断，如图 3-4 所示。

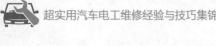
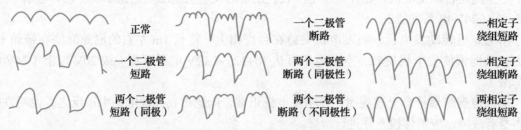

图 3-4　发电机各种故障时的输出电压波形

（2）采用测阻的方法判断无刷硅整流发电机性能

测阻判断无刷硅整流发电机性能是在不解体的情况下进行，可采用万用表测量无刷硅整流发电机各接线柱之间的电阻值，以此来初步判断发电机是否有断路或开路故障。

表 3-1 中列出了 WSF 系列无刷硅整流交流发电机的实测电阻正常值，供检测时对比参考。表中的字母 F 为磁场接线柱、B+ 为电枢接线柱、E 为搭铁接线柱、N 为中性点接线柱。

表 3-1　WSF 系列无刷硅整流交流发电机实测电阻值

无刷发电机型号		WSF14X（14V，36A）	WSF28X（28V，18A）
F 与 E 接线柱之间电阻值 /Ω		35~38	15~16
B + 与 E 接线柱之间电阻值 /kΩ	正向	390~400	390~400
	反向	>500	>500
N 与 E 接线柱之间电阻值 /kΩ	正向	12~14	12~14
	反向	>500	>500

（3）采用测速的方法判断无刷硅整流发电机性能

测速判断无刷硅整流发电机性能有空载测量与满载测量两种方法，通过测量最低转速来判断所测发电机性能的好坏。图 3-5 为无刷硅整流发电机检测电路。

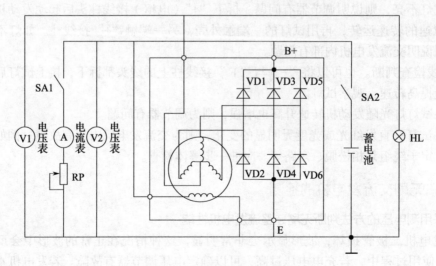

图 3-5　无刷硅整流发电机检测电路

空载测量：

1）在试验台上，将被检测的发电机与调速电动机的传动部件相连接，并固定好。

2）断开 SA1 开关，接通 SA2 开关，驱动调速电动机，并逐渐提高被测发电机的转速，待指示灯 HL 点亮后切断 SA2 开关，使发电机进入自激状态。

3）提高被测发电机的转速，直到其输出电压达到额定值（通过观察 V2 电压表）时，从转速表上（转速表与调速电动机相连）记下相对应的发电机转速，该转速即为所要测得的发电机的空载转速。

满载测量：

在上述测量的基础上，接通 SA1 开关，继续提高发电机转速，与此同时，减小负载电阻 RP 的电阻值，使电压表 V2 与电流表 A 指示出该发电机满载时的额定电压和额定电流值，再从转速表上记下相对应的转速，该转速即为发电机的满载转速。

测量结果分析：

1）正常情况下，14V、500W 的无刷硅整流交流发电机的空载转速应不超过 1000r/min，达到额定功率时的满载转速应不超过 2500r/min。当发电机转速达到额定转速时，其中性点电压表 V1 的示值约为发电机额定输出电压的 1/2。

2）通过空载转速与满载转速的测量，将实测值与其标准值进行对比后，即可看出所测发电机性能的好坏。如不符合规定要求或性能变差，则应对发电机本身进行拆卸检查，以找出故障原因，并进行相应的修理。

5. 发电机整流器的检测

（1）普通整流器的检测

将二极管的引线与其他连接分离，将万用表的两个表笔分别接到二极管的引线与壳体上，测二极管的正向与反向电阻。二极管的正向电阻应符合标准值，为 8~10kΩ，反向电阻应在 10kΩ 以上。若正、反向电阻为零或很小，说明二极管被击穿；若正、反向电阻无穷大，说明二极管为断路，如图 3-6 所示。

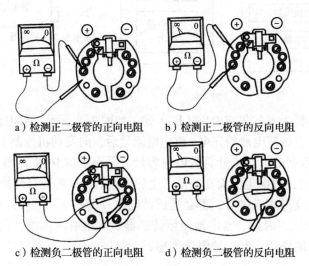

a）检测正二极管的正向电阻   b）检测正二极管的反向电阻

c）检测负二极管的正向电阻   d）检测负二极管的反向电阻

图 3-6 整流二极管的检测

（2）整体结构整流器的检测

整体结构整流器的整流板及正、负硅二极管全部焊接装在一起，不可分解。

检测正二极管时，将指针万用表的红表笔接 B，将黑表笔依次接 P1、P2、P3、P4，均应导通；交换两只表笔再测，其阻值均应为无穷大，否则正二极管损坏，需更换整流器总成。

检测负二极管时，将指针万用表的黑表笔接 E，将红表笔依次接 P1、P2、P3、P4，均应导通；交换两只表笔再测，其阻值均应为无穷大，否则负二极管损坏，需更换整流器总成。

小贴士

电源管理系统

现在，很多车型已采用发动机 ECU 控制发电机产生的电压。一般把它称为充电控制系统、电源管理系统或能源管理系统。这个系统由发动机 ECU 控制发电机产生的电压，降低对发动机的负载，提高燃油经济性。

丰田锐志轿车充电控制系统的工作原理简图如图 3-7 所示。系统新采用蓄电池电流传感器和蓄电池温度传感器，分别检测蓄电池的充电 / 放电电流和蓄电池温度。发动机 ECU 主要根据蓄电池端电压、蓄电池的充电 / 放电电流、蓄电池温度和车辆行驶状态来控制发电机的输出电压，同时在必要时进行失效保护控制，即当传感器发生故障时，或根据蓄电池状态、电气负载的运行情况，中止发电机的充电控制，切换到定额电压发电模式。

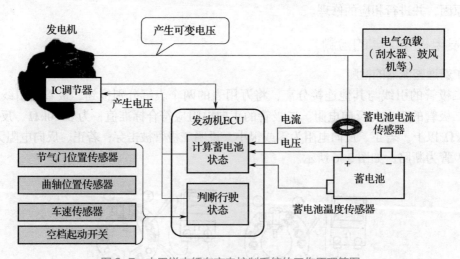

图 3-7　丰田锐志轿车充电控制系统的工作原理简图

蓄电池电流传感器为霍尔集成电路（IC）式，如图 3-8 所示，蓄电池电流传感器安装在蓄电池正极端子部，检测蓄电池的充电 / 放电电流量后，向发动机控制 ECU 发送信号。发动机控制 ECU 根据接收到的信号，计算蓄电池容量。采用霍尔 IC 检测蓄电池的充电 / 放电电流量，把因蓄电池充电 / 放电电流而在心部产生的磁通量密度的变量转换为电压输出。

蓄电池电解液温度过高或过低，都会造成蓄电池过度放电。此外，电流的传入特性随蓄电池电解液温度而变化，因此，蓄电池温度传感器检测电解液温度，向发动机 ECU 发送信号，起到保护蓄电池的作用。蓄电池温度传感器为热敏电阻式，蓄电池温度传感器安装在蓄电池隔热体的侧面。

铁心
充电/放电量
信号输出
霍尔IC
充电/放电
电流
蓄电池及侧面端子

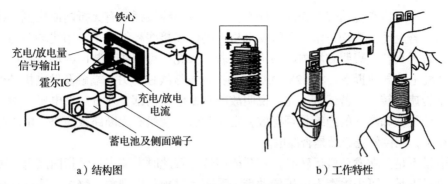

a）结构图　　　　b）工作特性

图 3-8　蓄电池电流传感器

如图 3-9 所示，由发动机 ECU 控制的充电控制系统在车辆加速时降低发电机的输出电压；当车辆减速时提高发电机输出电压；在怠速和匀速行驶工况时则根据蓄电池输入 / 输出电流值调节发电机的输出电压。

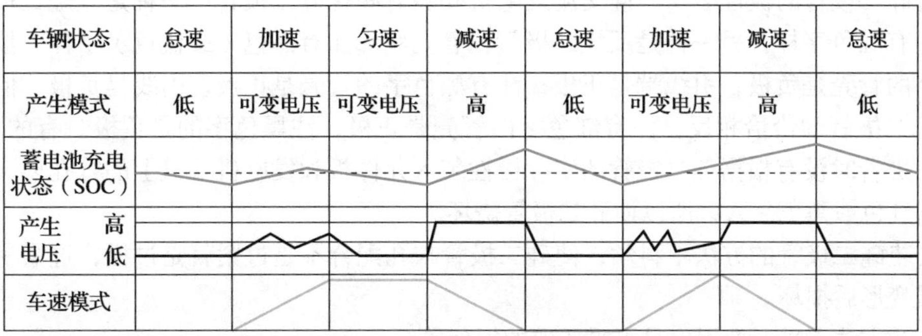

车辆状态
怠速
加速
匀速
减速
怠速
加速
减速
怠速
产生模式
低
可变电压
可变电压
高
低
可变电压
高
低
蓄电池充电
状态（SOC）
产生
电压
高
低
车速模式

图 3-9　不同工况下发动机 ECU 充电控制系统的工作情况

当发动机 ECU 检测到以下情况时，将中止发电机的充电控制，切换到定额电压发电模式，具体控制如下：

1）当蓄电池电量低或蓄电池温度过低或过高时，根据蓄电池电量和电解液温度判断充电状态，充电过度、放电过度时应中止充电控制，以保护蓄电池和防止电量过低。

2）当刮水器工作时或鼓风机电动机高负载运转时，由于电气负载较高，将中止充电控制，防止电压变化影响用电器的正常工作。

3）当检测到传感器和开关异常时，如检测到电流传感器、温度传感器、节气门位置传感器、车速传感器、曲轴位置传感器、停车灯开关、档位开关异常时，中止充电控制，切换到定额电压发电模式，防止蓄电池电量过低。

6. 发电机故障排查方法与技巧

（1）交流发电机故障排查方法

1）硅整流发电机发生故障的原因有：自然磨损及质量不佳；检查调整不当；不能按期进行合理维护。

2）硅整流发电机故障排查方法。

①不发电。先检查传动带是否因过松而打滑；各导线及插头有无折断或松脱；线路有无错接或搭铁，若上述检查均正常，可将发电机上的磁场接线柱拆下，用线端头与该接线柱进行刮擦，若无火花，表明磁场内电路不通；若有火花，可将线头装回磁场接线柱，将发电机电枢接线柱上的导线拆下，将12V试灯一端接电枢接线柱，另一端触及发电机外壳，在发电机以正常转速运转时，若试灯不亮，说明故障在发电机内部，应分解发电机，检查二极管是否损坏，接线柱和滑环的绝缘是否有效，定子和转子绕组有无断路或短路，电刷与滑环的接触是否良好，元件外壳绝缘是否漏电。

②发电量不足。在发动机运转时，打开前照灯，若此时电流表指针指向放电一侧，则为发电机发电量不足。可先检查发电机传动带，看有无过松打滑现象；继之，检查连接导线有无接触不良或短路。若此二项检查均正常，则需分解发电机，检查电刷是否磨损过甚，若接触不良，检查二极管有无损坏。

③硅二极管损坏。其损坏的主要原因有以下几点：

a. 错将12V交流发电机的硅二极管安装在24V交流发电机上，这属于人为故障。

b. 将硅二极管的极性装反。硅交流发电机安装有两种硅二极管：一种是正烧二极管，管壳底部注有红色字样；另一种是反烧二极管，管壳底部注有黑色（或蓝色）字样。按规定注有红色字的管壳是负极，引线端是正极；注有黑色字的管壳是正极，引线是负极。但有的厂出口的硅二极管却恰恰相反，注有红色字的管壳是正极，注黑色字的是负极。有的人粗心，更换硅二极管时没有根据硅二极管的实际极性装入元件板和发电机端盖上的管孔内，而盲目地只根据红色或黑色装入，所以使硅二极管烧坏。

c. 安装硅二极管的方法不科学，使硅二极管与孔配合不是过紧就是过松，过紧易使管壳受到机械变形后损坏。

d. 检测方法不妥、使用仪具不当所致的损伤等。

<u>专家指南</u>　**二极管正负极的识别**

在检测二极管之前，应先将发电机定子绕组与二极管完全分开，即用电烙铁将二极管烫开，然后对其进行检查。对二极管主要检查其是否出现短路（PN结击穿）及开路故障。当二极管的极性标志没有时，以下两种方法可以较快地识别是何种极性的二极管：

①用万用表识别。将万用表置于$R \times 1k\Omega$档，并调好零，万用表的两只表笔按二极管的两个电极，找到较小值（如果第一次找不到较小值，应对调两支表笔）。当出现较小值时（8~10$k\Omega$），万用表黑表笔所接的电极为二极管的正极，如果这个极是二极管的引线，说明这支管是正极性二极管（简称正二极管或正极管）；反之，当找到较小值时，万用表黑表笔所接的电极是二极管的外壳，说明这支管是负极性二极管（简称负二极管或负极管）。

②用试灯识别。找一个12V灯泡焊上导线，然后将灯泡与12V蓄电池串联。用蓄电池正极的导线和灯泡另一端的导线分别接二极管的两个极，使灯泡发亮（如果第一次试验灯泡不亮，应使两个线头对调）。灯泡亮时，蓄电池正极所接触的二极管端是二极管的正极，如果这一端是二极管的外壳，表明该管是负极性二极管；如果试灯亮时，蓄电池正极所接触的二极管端是引线，则该管是正极性二极管。

（2）无电刷发电机常见故障的查排方法与技巧

1）发电机电流表无充电指示或充电指示灯不灭。因充电路的不同，有两种情况：

①在串联电流表的充电电路中，当柴油机起动后，电流表无充电指示，而当打开前照灯时，电流表指针立即指向负极。

②在并联电压表的充电电路中，当柴油机起动后，充电电压表无充电指示，充电指示灯不灭。当提高柴油机转速时，电压表指针仍无升高电压的指示。打开前照灯，电压表指示电压值明显低于24V（24V用电车型）。

上述两种故障现象的检查方法亦有所不同。在串联电流表的充电电路中，应检查电压调节器电源侧与负载侧有无发电机励磁电压，还应检查发电机的电枢电压及发电机传动带的松紧度。在并联电压表的充电电路中，发电机不发电，应检查指示灯线路。拔下发电机指示灯与发电机线路插头，若灯灭了，说明线路无故障。然后检测发电机定子绕组三相之间与壳体是否短路；检查二极管（包括励磁二极管）和调节器是否损坏。

2）电流表或电压表显示值过小。该故障表现为发电机充电电流很小，致使充电指示灯不能完全熄灭，蓄电池严重亏电，若夜间打开前照灯，前照灯灯光极为暗淡。对此，应检查发电机，检查整流管有无损坏、三相绕组中有无烧损的绕组、传动带有无打滑现象等。

> **小贴士**　由于不能定期对无电刷发电机进行正确的维护，致使发电机轴承严重磨损或过早损坏，造成转子扫膛，内部短路，发电机温度急剧升高，因此使单个整流管烧坏、某一单相绕组烧损，这将直接影响发电机的发电功率。一般来说，自励磁无电刷发电机以1000r/min运转时，发电指示灯应自动熄灭。

3）电流表或电压表显示电流或电压过高。因发电机发电量过大，电流表指示充电电流偏大，电压表指示电压偏高。在夜间行车时，由于大电流和高电压，照明灯泡经常被烧坏。若蓄电池内部出现故障或严重亏电，会导致发电机长期满负荷或超负荷工作，由此使发电机整流管温度过高而最后被烧坏，使发电机无法继续工作。

该故障应拆检发电机，检查三相绕组及整流管是否烧坏，检查调节器是否失调，蓄电池的电解液密度和液面高度是否符合技术要求。工作中，如果发现发电机长期给蓄电池充电，而蓄电池却始终不能充足，这时则应检查蓄电池的电解液密度。若密度不适合，可进行电解液密度调整，然后进行6h的补充充电。装车后若发电机仍不断地向蓄电池充电，则应检查电压调整器并进行调整，必要时更换新件。

7. 集成电路电压调节器的识别与检测

集成电路电压调节器一般有三引线和四引线两种。三引线的集成电路电压调节器采用发电机电压检测方式，四引线的集成电路电压调节器采用蓄电池电压检测方式。

1）三引线集成电路电压调节器的检测。按图3-10a接好电路，图中 R 为一个 $3\sim5\Omega$ 的电阻，可变直流电源的调节范围为 $0\sim30V$。逐渐增加直流电源电压，该直流电压值由电压表V2指示。当V2指示值小于电压调节器的调节电压值时，V1电压表上的电压值应在 $0.6\sim1V$ 的范围内；当V2指示值大于电压调节器的调节电压值时，V1表上的电压值应为V2的值。

调节时，注意 V2 调节电压值不能超过 30V。

2）四引线集成电路电压调节器的检测。四引线集成电路电压调节器的测试与三引线集成电路电压调节器的测试方法相同，只是需按图 3-10b 接好电路。

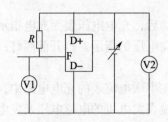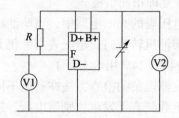

a）三引线集成电路电压调节器接线图　　b）四引线集成电路电压调节器接线图

图 3-10　集成电路电压调节器检测接线图

图中，电压调节器的引出线字母符号多为国外生产厂家采用，对应到实际接线，B+ 与发电机输出端引线相连；D+ 与点火开关引出线相连接；D- 相当于搭铁线；F 与发电机励磁绕组相连。

如果已知电压调节器的有关参数，也可用万用表 $R \times 10k$ 档测量调节器 3 个接线柱之间的电阻值来判断调节器的好坏。

8. 电源系统故障排查方法

汽车电源系统电路主要由蓄电池、交流发电机、调节器、电流表、放电警告灯继电器及放电警告灯等组成。

（1）电源系统故障诊断的基本方法

1）放电警告灯诊断。在装备有放电警告灯的汽车上，可利用放电警告灯来诊断充电系统有无故障，方法如下：

①首先预热发动机，起动发动机后，使其怠速或将发电机转速控制在 1200r/min 左右运转 10min，然后断开点火开关，使发动机停止运转。

②再接通点火开关（将点火开关转到"ON"位，并不起动发动机），观察放电警告灯是否发亮。此时放电警告灯应当发亮，如果不亮，说明放电警告灯电路或充电指示控制器有故障。

③再次起动发动机，并逐渐升高发动机转速（即逐渐踩下加速踏板），当发动机转速升高到 600~800r/min 时，放电警告灯自动熄灭，说明放电警告灯电路正常，发电机能够发电。此时调节器工作是否正常，还需用电压表或万用表进行检测诊断。

2）用电压表诊断。

①将直流电压表（万用表拨到直流电压档）的正极接发电机输出端子 B，负极搭铁。

②记下此时电压表指示的电压，该电压即为蓄电池的空载电压，正常值为 120~126V。

③起动发动机，并逐渐踩下加速踏板使其转速升高，当发动机转速升高到高于怠速转速（600~800r/min）时，电压表指示的电压应高于蓄电池的空载电压，并随转速升高而稳定在某一调节电压值不变。

若电压表指示的电压高于调节器的调节电压，且随发电机转速升高而升高，则说明发电机能发电，调节器有故障；若电压表指示的电压随发电机转速升高而保持蓄电池空载电压值不变或低于蓄电池空载电压值，则说明发电机或调节器有故障，此时可将发电机和调节器从车上拆下分别进行检测，也可继续进行以下检测：

a.另取一根导线将调节器大功率晶体管的集电极与发射极短接。方法如下：对外搭铁型调节器，导线的一端接发电机的励磁端子 F，另一端接发电机的搭铁端子 E；对内搭铁型调节器，导线的一端接发电机的励磁端子 F，另一端接发电机的输出端子 B，这样便可将发电机励磁绕组的电路直接接通。

b.起动发动机，并将其转速升到比怠速稍高，观察电压表指示的电压，若仍等于或低于蓄电池空载电压，则说明发电机有故障（发电机不发电）；若此时电压表电压随转速升高而升高，则说明发电机能发电，故障出在调节器。

（2）电源系统常见故障检修检测技巧

电源系统的故障主要是以是否充电来表现的，主要有不充电、充电电流过小、充电电流过大或充电电流不稳等故障。发电机异响故障的原因：发电机固定螺栓松动；发电机传动带松动或有故障；发电机轴承与轴颈配合松动或有故障。汽车硅整流发电机常见故障及分析见表 3-2。

表 3-2 汽车硅整流发电机常见故障、原因及排除方法

部位	故障现象	故障原因	故障排除方法
带轮	发摆、碰擦及异响	安装不良、带轮变形发摆	校正、重新安装
风扇	噪声	变形或带轮、前端盖碰擦	校正、重新安装
前端盖	噪声、振抖	端盖变形、轴承缺油润滑、轴承孔磨大松旷	修复或更换
定位圈	前后窜动	磨损	修换
转子总成	碰擦、烧灼、不发电	安装不良、转子轴变形与定子相碰擦、绕组烧坏、爪极松动	用万用表检测，修复或更换
定子总成	转子轴运转摆振、碰擦磁极线圈、扫膛	轴承磨损松旷、接触不良、转子轴变形、绝缘损坏	用万用表检测，修复或更换
整流端盖	轴承孔失圆、噪声、不发电	轴承润滑不良松旷、轴承孔磨损、导线松脱	修复或更换
电刷	噪声、不发电	电刷在架内卡滞、接触不良、电刷与集电环接触角不对	检修调整
整流板	不发电或发电量小	二极管击穿、接触不良	用万用表检测，修复或换件
硅二极管	不发电或发电量小	极性装反、检查方法不妥、击穿短路、断路	用万用表检测，必要时更换新件

三、起动系统故障排查方法

1. 电磁开关的结构及识别窍门

（1）电磁开关的结构

电磁开关主要由电磁铁机构和电动机开关两部分组成。电磁铁机构由固定铁心、活动铁心、吸引线圈和保持线圈等组成。固定铁心与活动铁心安装在一个铜套内。固定铁心固定不动，活动铁心可在铜套内做轴向移动。活动铁心前端固定有推杆，推杆前端安装有主接触盘；活动铁心后端用调节螺钉和连接销与拨叉连接。铜套外面安装有一个复位弹簧，其作用是使活动铁心等可移动部件复位。

（2）起动机接线柱识别窍门

四接线柱式起动机（如 QD124）共有 4 个接线柱，两个粗，两个细。它们的区分方法如下：

1）两个粗接线柱一个接蓄电池，一个经起动机外壳上的导电片接起动机内部的励磁绕组。所以，带导电片的粗接线柱应接励磁绕组，而不带导电片的粗接线柱应接蓄电池。如果把导电片去掉，单就电动机开关而言，区分这两个粗接线柱的方法是，电动机开关内部的吸引线圈经焊点接到其中的一个粗接线柱上，再经励磁绕组、电枢绕组、负电刷搭铁。所以，带一个线头的粗接线柱应接励磁绕组，不带线头的粗接线柱应接蓄电池。

2）两个细接线柱的区分方法是，带两个线头（吸引线圈和保持线圈经焊点焊接到一起后再连到细接线柱上）的细接线柱是吸拉接线柱，即电磁开关接线柱；另一个细接线柱直接连到电动机开关内部的弹片上，所以不带线头的细接线柱是点火线圈附加电阻短路开关接线柱。

（3）电磁开关的接线柱的识别

一般电磁开关绝缘盖（也叫开关盖）上有 3 个接线柱，分别是：B（或 30）接线柱、M（或 C）接线柱和 S（或 50）起动接线柱；有的电磁开关绝缘盖上有 4 个接线柱，分别是：B（或 30）接线柱、M（或 C）接线柱、S（或 50）起动接线柱和 R（或 15a）点火接线柱，如图 3-11 所示。接线柱 B 和接线柱 M 通常是 ϕ8mm 或 ϕ10mm 铜质螺栓，有接线片的为接线柱 M，是串励电动机励磁绕组供电端接线柱；剩下的一根是接线柱 B，为蓄电池的电源线接线柱。起动接线柱 S 和点火接线柱 R 通常是 ϕ4mm 或 ϕ5mm 铁质螺栓，有接线片的是起动接线柱 S，上面的电线通往起动继电器；剩下的一个接线柱是点火接线柱 R，上面接的电线通往点火线圈的附加电阻。电磁开关的外壳也是一个无形的接线柱 31，即搭铁。

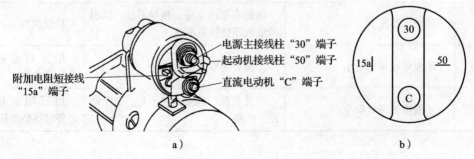

电源主接线柱 "30" 端子
起动机接线柱 "50" 端子
附加电阻短接线 "15a" 端子
直流电动机 "C" 端子

a）   b）

图 3-11　电磁开关端子位置

电动机开关由主接触盘和触点组成。主接触盘固定在活动铁心推杆的前端,两个触点分别与连接引线端子"C"和电源端子"30"的螺柱制成一体。在开关触点旁边,设有一个小铜片制成的附加电阻短路开关,并与接线端子"15A"相连,该铜片的端面应稍微偏后于电动机开关触点所在的平面,以便主接触盘接通开关触点时,短路开关能可靠接通,附加电阻能被可靠短路。电磁开关的结构如图3-12所示。

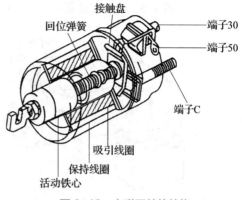

图3-12 电磁开关的结构

2. 起动系统主要元件的检测方法

(1)起动机电磁开关的测试方法

判断起动机的电磁开关工作是否正常的测试方法如下:

1)断开蓄电池负极端子。

2)拆下起动机电缆和电动机电缆,然后断开插接器。

3)检查端子S和电枢壳体(搭铁)之间的保持线圈是否导通,应导通。如果不导通,更换电磁开关。

4)检查端子S和端子M之间的牵引线圈是否导通,应导通。如果导通,则电磁开关正常;如果不导通,更换电磁开关。

(2)起动机的检测

起动机的检测分为解体检测和不解体检测两种。解体检测随解体过程一同进行。不解体检测可以在拆卸之前或装复以后进行。

在进行起动机的解体之前,最好进行不解体检测。通过不解体的性能检测,大致可以找出故障。起动机组装完毕之后也应进行性能检测,以保证起动机正常运行。在进行以下检测时,应尽快完成,以免烧坏电动机中的绕组。这里只介绍不解体检测方法。

1)吸引线圈性能测试。

①先把励磁绕组的引线断开。

②按照图3-13所示的方法连接蓄电池与电磁起动开关。

2)保持线圈性能测试。接线方法如图3-14所示,在驱动齿轮移出之后从端子C上拆下导线。

3)驱动齿轮复位测试,如图3-15所示。

4)驱动齿轮间隙的检查。连接蓄电池和电磁开关,如图3-16所示,驱动齿轮间隙的测量如图3-17所示。

5)空载测试,如图3-18所示。

①固定起动机。

②导线的连接方法如图3-18所示。

③检查起动机应该平稳运转,同时驱动齿轮应移出。

④读取电流表的数值,应符合标准值。

⑤断开端子50后，起动机应立即停止转动，同时驱动齿轮缩回。

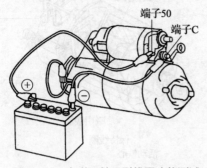

图3-13　电磁开关吸引线圈功能测试

注：驱动齿轮应能伸出，否则表明其功能不正常。

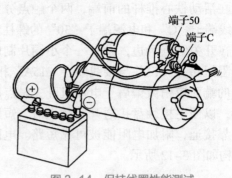

图3-14　保持线圈性能测试

注：驱动齿轮仍能保留在伸出位置，否则表明保
持线圈损坏或搭铁不正确。

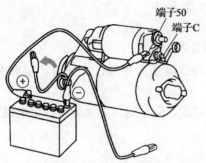

图3-15　驱动齿轮复位测试

注：拆下蓄电池负极接外壳的接线夹后，驱动齿
轮能迅速返回原始位置即为正常。

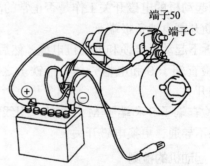

图3-16　驱动齿轮间隙检查时的接线

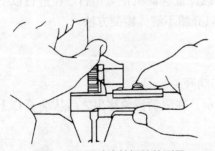

图3-17　驱动齿轮间隙的测量

注：测量时先把驱动齿轮推向电枢方向，消
除间隙后测驱动齿轮端和止动套圈间的
间隙，并和标准值进行比较。

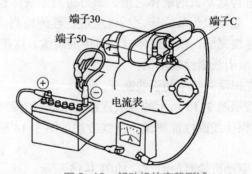

图3-18　起动机的空载测试

（3）起动电路的检查

1）起动机及其电路检查方法。

①短接蓄电池正极起动机主接线柱，如果起动机正常工作，则说明起动机的电动机正常，故障在电磁开关或控制电路；如果起动机依然存在故障，则说明故障在电动机，检查维

修或更换电动机。

②在电动机正常的情况下，继续短接蓄电池正极起动机电磁开关接线柱，如果起动机工作正常，则说明电磁开关正常，故障在控制电路，检查电路，维修或更换。

2）起动机电路的检查。

①用万用表测量起动机接线柱 30 电压，正常值应为蓄电池电压。如果没有电压或电压不符合规定，则说明蓄电池正极接线柱与起动机接线柱 30 之间电路有故障。

②断开起动机电磁开关上的线束插接器 50，将点火开关置于"START"位置，并保持住，用万用表测量线束插接器 50 插座电压，应为蓄电池电压，否则说明起动机控制电路有故障。

3）起动继电器的检查。拆下起动继电器，用万用表根据表 3-3 的内容对起动继电器进行检查，如图 3-19~ 图 3-21 所示。如果检查结果与规定值不相符，则更换起动继电器。

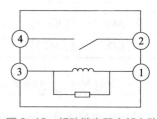

图 3-19　起动继电器内部电路

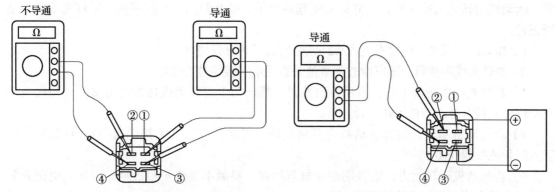

图 3-20　起动继电器线圈和开关的检查　　　　图 3-21　起动继电器工作情况的检查

表 3-3　起动继电器检查表

测量端子	检查条件	规定值
2—4	在端子 1 和端子 3 之间施加蓄电池电压	<1Ω
2—4	在端子 1 和端子 3 之间不施加蓄电池电压	≥10kΩ

4）点火开关的检查。拆下点火开关，其端子如图 3-22 所示，用万用表根据表 3-4 的内容对点火开关进行检查。如果测量结果与规定值不相符，则更换点火开关。

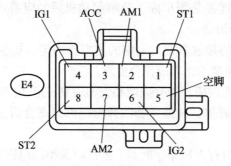

图 3-22　点火开关端子示意图

表3-4　点火开关测量表

测量端子	开关状态	规定值	测量端子	开关状态	规定值
所有端子之间	LOCK	>10kΩ	1（ST1）—2（AM1）		
			1（ST1）—4（IG1）		
2（AM1）—3（ACC）	ACC	<1Ω	6（IG2）—7（AM2）	START	<1Ω
2（AM1）—3（ACC）	ON	<1Ω			
2（AM1）—4（IG1）			6（IG2）—8（ST2）		
6（IG2）—7（AM2）					

3. 起动机常见故障判断及处理方法

起动机最常出现的故障是起动机运转无力或不转，两者检修方法相同。如接通起动开关，起动机运转无力或不转，应立即切断起动开关，打开前照灯或按喇叭，看灯光或声音是否正常。

1）如无声或无光，应检查电源线路或熔断器是否有开路处。

2）如灯光或声音弱，则应检查蓄电池是否亏电、接线是否良好。

3）若灯光或声响均正常，可用螺钉旋具（螺丝刀）将起动机接蓄电池接线柱与接电动机接线柱短接，看起动机运转是否正常。

4）若起动机不转，则为起动机有开路故障，可能是电磁开关接触盘与触点间隙不当、触点氧化或线圈开路。

5）若起动机运转无力，则说明起动机有短路、接触不良或机械故障。可能是电磁开关接触盘与触点接触不良或线圈匝间短路。

6）若起动机运转正常，可用螺丝刀将起动机电磁开关接线柱与起动机接蓄电池接线柱短接，看起动机运转是否正常。

7）若起动机运转正常，再用螺丝刀短路启动继电器，看起动机能否正常运转。若不转，则可能是点火开关内的开关触点接触不良；若运转正常，则应重点检查起动继电器、变速器档位开关或防盗控制器电路。

4. 起动系统故障的诊断方法与技巧

（1）诊断起动系统故障时应注意事项

1）检查起动机各导线连接是否牢固。分解起动机后，应清理干净各部件的油污，对花键、各支点也要加少量的润滑油。

2）保持电刷与换向器的接触紧密，电刷的磨损要均匀，接触面积要在75%以上，电刷高度应不低于5mm，电刷弹簧的弹力应符合要求。

3）换向器应无烧蚀、无沟槽。如有烧蚀和失圆现象，应用细砂纸打磨使之恢复正常。

4）检查起动机齿轮的磨损、减振弹簧的弹力，单向离合器工作是否正常以及轴承的磨损、润滑情况。

5）检查励磁和电枢绕组有无短路、断路、搭铁以及绝缘电刷的绝缘是否良好。

6）检查铜套与轴的磨损情况，如配合间隙过松应进行修复。

7）检查驱动齿轮与止推垫圈之间的间隙是否合适、起动机空转时运转是否正常。

（2）起动系统故障快速诊断的流程

起动系统故障快速诊断的流程如图 3-23 所示。

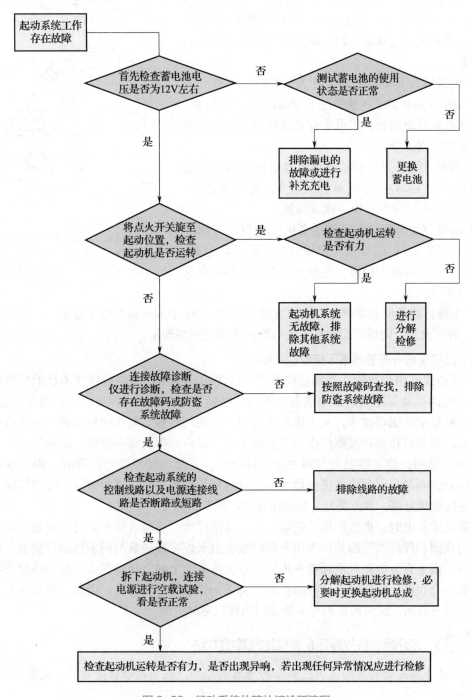

图 3-23　起动系统故障快速诊断流程

（3）用螺钉旋具快速诊断起动系统故障

当出现起动机不转故障时，应首先检查蓄电池及导线连接情况，若蓄电池存电充足，接线良好，则故障出在电动机或其控制电路部分，检查方法如下：

1）用螺钉旋具短接两起动机开关接线柱（图3-24中的1、2接线柱），若起动机不转，则故障肯定在起动机内部，应对其进行修理或更换；若起动机空转正常，则应对起动开关、起动继电器、电磁铁机构等部位分别进行检查。

2）用螺钉旋具短接起动机开关接线柱与电磁开关接线柱（图3-24中的2、3接线柱），若起动机不能转动，则故障在电磁操纵装置，应重点检查起动机开关及吸引线圈、保持线圈部分。

3）用螺钉旋具短接起动机继电器电池接线柱与点火接线柱（图3-24中的6、4接线柱），若正常起动，则故障在起动开关部分，应更换或修复。

4）用螺钉旋具短接起动继电器电池接线柱与起动机接线柱（图3-24中的6、7接线柱），若正常起动，则可判定为起动继电器故障，应重点检查继电器触点及电磁线圈部分。

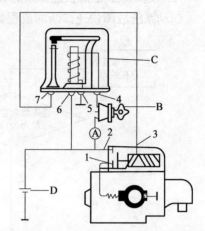

图3-24　发动机起动系统的结构图

A—起动机　B—起动开关　C—起动继电器
D—蓄电池　1、2—起动机开关接线柱
3—电磁开关接线柱　4—点火接线柱
5—搭铁接线柱　6—电池接线柱
7—起动机接线柱

5）用螺钉旋具使起动继电器电池接线柱（图3-24中的6接线柱）搭铁（注意时间不可太长），若有火花，则说明起动机与继电器间线路有断路现象。

（4）通过电磁开关的基本工作过程判断故障

1）保持线圈出现故障。当起动机的保持线圈出现断路、短路或搭铁不良的情况时，会出现起动机的驱动齿轮周期性地敲击飞轮的"哒哒"声。出现这种现象的原因是在起动时，活动铁心被吸引线圈吸过来，使主接触盘与两主接线柱接触。但在接触瞬间，由于吸引线圈断电，活动铁心仅在保持线圈的作用下保持不动，但由于保持线圈故障，活动铁心在复位弹簧的作用下退回，使主接触盘与两主接线柱分开，直流电动机断电。同时，吸引线圈又通电，将活动铁心又吸引到使主接触盘与两主接线柱接触的位置，接触瞬间，吸引线圈又会断电，使主接触盘分离，如此反复，便会出现"哒哒"声。

当蓄电池亏电时，也会出现"哒哒"声。这是因为，当蓄电池亏电时，在起动时活动铁心在吸引线圈和保持线圈的共同作用下可以被吸过来使主接触盘与两主接线柱接触，但在接触的瞬间，由于直流电动机消耗功率很大，致使蓄电池上的电压降很大，起动机保持线圈上得到的电压会很低，致使没有足够的吸引力将活动铁心保持在原位。因此，活动铁心在复位弹簧的作用下退回，此时的现象与保持线圈出现故障时类似。

专家指南　**区分起动机故障还是蓄电池故障的方法**

①如果冷车起动时起动无力，热车时很容易起动，表示起动机是好的，是蓄电池存电不足等故障。

②如起动机空转良好，而驱动齿轮与飞轮齿环啮合后电枢不转动或转动无力，表示故障在蓄电池。

③如果起动机通电后不空转或空转不自如，更不能带动曲轴，表示故障在起动机。

2）吸引线圈出现故障。当吸引线圈出现故障时，在起动时，只在保持线圈的作用下是不能将活动铁心吸过来的。在起动时，如果起动电路带有起动继电器，则只听到起动继电器触点的吸合声，而起动机没有动作。当然，此时仍要注意区分是起动机问题还是蓄电池问题。

（5）运用直观检查法判断汽车起动系统常见故障大概部位

1）根据灯光或电喇叭的声音判断汽车起动系统故障部位。汽车起动系统最常出现的故障是起动机运转无力或不转，两者检修方法相同。如接通起动开关，起动机运转无力或不转，应立即切断起动开关，打开前照灯或按喇叭，看灯光或声音是否正常。

①无光或无声。如果打开前照灯或按电喇叭时，无光或无声，则应检查电源线路及熔断器有无断路处。

②灯光或声音弱。如果打开前照灯或按电喇叭时，灯光或声音弱，则应检查蓄电池是否亏电、接线是否良好。

③灯光或声音正常。如果打开前照灯或按电喇叭时，灯光或声音均正常，可用螺钉旋具将起动机接蓄电池接线柱与接电动机接线柱短接，看起动机运转是否正常。如果起动机仍然运转无力或不转，则可以判断问题出在起动机本身。

2）判断汽车起动机故障的大概部位的方法。在起动机不转时，用螺钉旋具将起动机接蓄电池接线柱与接电动机接线柱短接后，观察起动机的工作情况。

①起动机仍然不转。如果用螺钉旋具将起动机接蓄电池接线柱与接电动机接线柱短接后，起动机仍然不能运转，则多为起动机本身内部有断路故障存在。

②起动机运转无力。如果用螺钉旋具将起动机接蓄电池接线柱与接电动机接线柱短接后，起动机运转无力，则说明起动机有短路、接触不良或机械故障。

③起动机运转正常。如果用螺钉旋具将起动机接蓄电池接线柱与接电动机接线柱短接后，起动机运转正常，再用螺钉旋具将起动机电磁开关接线柱与起动机接蓄电池接线柱短接，看起动机运转是否正常。

a. 若起动机仍不转，则可能是电磁开关接触盘与触点间接触不良或线圈匝间短路。

b. 若起动机运转无力，则可能是电磁开关接触盘与触点间接触不良或线圈匝间短路。

c. 若起动机运转正常，再用螺钉旋具短路起动继电器，看起动机能否正常运转。若不转，则可能是点火开关内的开关触点接触不良或损坏；若运转正常，则应重点检查起动继电器。

小贴士 对于串联有空档起动开关、防盗器的起动系统，应在确定这两个串联元器件良好的情况下再进行上述检查。

（6）汽车起动系统常见故障部位的诊断与速查方法

1）常见故障。各种汽车的起动电路较易出现的常见故障主要有起动机完全不工作（不

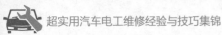

转）；起动机可以工作，但转动无力；起动机的驱动齿轮可移出与飞轮啮合，但起动机不转；起动机运转但驱动齿轮不与飞轮啮合；起动机空转等。

2）快速查找故障的部位。汽车起动系统较常发生的故障及可能发生的部位、原因及排除方法见表3-5。

表3-5　起动系统常见故障现象、部位、原因及排除方法

故障现象	故障部位	故障原因	故障排除方法
起动机不转	蓄电池	蓄电池严重亏电、蓄电池内部短路或硫化	检查充电系统，排除不充电或充电电流过小的故障，并充电；修理或更换
	线路	蓄电池至起动机间连接导线不良、连接松动、接线柱氧化或积灰，蓄电池搭铁不良	检查导线，必要时更换；清洁接线柱及接点，并紧固
	起动开关	点火开关起动档损坏	更换
	起动继电器	继电器触点氧化、线圈短路或开路	更换
	起动机	电磁开关损坏、接触盘触点氧化、电刷磨损或弹簧损坏、换向器氧化与电刷接触不良，电枢或磁场开路	检查并找出故障部位，修复，必要时更换
起动机运转无力，发动机不能起动	蓄电池	1. 充电不足 2. 蓄电池故障	1. 检查充电系统并充电 2. 修理或更换
	线路	蓄电池至起动机间接线处松动或接触不良	紧固并清理接点
	起动机	1. 电磁开关接触盘触点氧化、电刷磨损、弹簧不良 2. 换向器氧化与电刷接触不良 3. 电枢或励磁绕组短路或接触不良	1. 清洁触点，检查弹簧张力和电刷长度，必要时更换 2. 用细砂纸打磨换向器 3. 检查电枢或励磁绕组，必要时更换
驱动齿轮移出与飞轮啮合，但起动机不转	起动机	1. 电磁开关接触盘、触点氧化 2. 电刷磨损、弹簧损坏 3. 换向器氧化与电刷接触不良 4. 电枢、励磁绕组短路或开路	1. 清洁接触盘和触点 2. 更换电刷或弹簧 3. 清洁换向器 4. 检查磁场和电枢，修理或更换
起动机运转，驱动齿轮不与飞轮啮合	起动机	扭簧损坏	更换
起动机空转，发动机不能起动	起动机	单向离合器打滑	更换
发动机起动后，断开起动开关，起动机仍运转	起动机	1. 电磁开关接触盘与触点烧结 2. 传动叉弹簧损坏	1. 修理接触盘及触点 2. 更换弹簧
	起动继电器	触头烧结	修理或更换继电器
	起动开关	失效	更换起动开关

四、发动机自动起停（STT）系统

1. 发动机自动起停系统的组成

自动起停（STT）系统是发动机计算机中的一个功能，该系统运行需要相关的传感器、执行器与计算机等部件参与。但是，为了 STT 系统与车辆上其他系统工作的协调性，以及对 STT 系统的工作条件进行检测，还需要一些相关信息，如蓄电池电压、蓄电池温度、冷却液温度、转向盘转角、换档杆位置、制动踏板位置信号、制动压力信号、车外温度信号、车内温度信号。博世（Bosch）自动起停系统如图 3-25 所示。

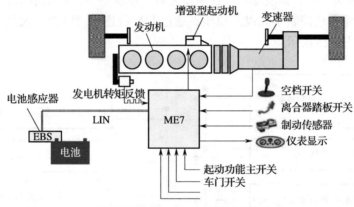

图 3-25　Bosch 自动起停系统

（1）主要组成部件

1）STT 运行开关 F416。该开关安装在变速杆右下方的开关板条上。不同车型 STT 按钮不同，当 STT 运行开关损坏时，发动机的 STT 功能失效，随后发动机控制器的故障存储器就会记录相关故障信息。

2）蓄电池监控传感器。蓄电池的电量决定发动机的再起动，它是发动机起动 / 停止运行过程的一个重要条件。蓄电池监控传感器安装在蓄电池的负极。蓄电池传感器将测得的蓄电池信号转换为以下信息：蓄电池电压、蓄电池电流和蓄电池温度。

3）起动电机。起停系统主要故障经常会出现在起动电机、蓄电池、控制单元、控制程序等方面，尤其起动电机出现故障的概率最高，所以带有起停功能的车辆对起动电机有相对较高的要求。不带起停功能的车辆在行驶中，正常就起动一次，带起停功能的车辆，在行驶过程中起动电机会频繁起动，对起动电机的质量和性能要求较高。

4）发电机。普通车辆的发电机是通过一根单独的导线使其与发动机和汽车电路相连接。而带有起停功能的车辆，其发电机是通过一条 LIN 线来进行信息传递的。信息也可以通过 CAN 线向其他一些相关的控制器传递相关信息，比如发动机控制器、加速踏板控制器。

5）蓄电池。带有起停功能的车辆对蓄电池有较高的要求，在车辆行驶过程中会频繁起动，蓄电池也需要频繁向起动电机供电，这就会加快消耗蓄电池的使用寿命，普通铅酸蓄电池满足不了这样恶劣的工作状况，所以就需要相对更为高级的蓄电池，如玻璃纤维隔板（AGM）蓄电池。

6）电压稳定器。稳压器就是一个 DC/DC 变换器。电压稳定器的作用就是在特殊工况下，将车载网络的工作电压稳定在约 12V。因为 STT 系统需要很大电流才能正常工作，会影响车上其他用电器的正常使用，它可以稳定工作电压，确保汽车上其他用电设备正常工作。

（2）自动起停系统网络拓扑图

自动起停系统网络拓扑主要包括网关、发动机控制单元、ABS 控制单元、转向助力控制单元、自动泊车辅助系统控制单元、舒适系统控制单元、（自动）空调控制单元、车载网络控制单元、仪表控制单元、蓄电池管理控制单元以及稳压器等，控制单元的主要通信方式为 CAN 通信，蓄电池管理控制单元以及稳压器通过 LIN 线连接到网关。大众迈腾 B8L 起停系统网络拓扑图如图 3-26 所示。

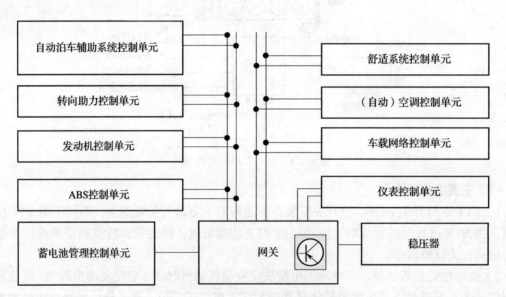

图 3-26　大众迈腾 B8L 起停系统网络拓扑图

2. 自动起停系统控制原理

（1）自动起停系统工作基本条件

当打开点火开关或发动机起动后，自动起停系统会检测系统工作基本条件是否满足，包括发动机舱盖关闭、驾驶人侧车门关闭、驾驶人侧安全带系上、起停系统没有相关故障、自动变速器控制单元不发禁止信号、空调不发起停系统禁止信号、制动系统真空压力 <-45kPa、蓄电池 SOC>80%、蓄电池温度 >3℃、发动机冷却液温度 >80℃、坡度 <10%、转向盘转角 <270°、上次停机后行驶速度超过 3km/h 持续 8s 以上、起停禁止开关未按下、环境压力 ≥80kPa，如果档位处于 R 位，行驶后，需要向前行驶速度超过 10km/h 再停止后才可以再次激活起停系统。

（2）正常状态下自动起停系统的工作过程（表 3-6）

表 3-6 正常状态下自动起停系统的工作过程

状态	手动档	自动档
发动机关闭过程	1. 驾驶人换低档并制动车辆直至其停止 2. 驾驶人挂入空档并松开离合器踏板 3. 关闭条件判定：车速为零、发动机转速低于 1200r/min、冷却液温度在 25~100℃之间、制动真空压力高于 55kPa。蓄电池能够提供发动机再次起动所需要的电能，出风口的目标温度和实际温度之差应在 8℃以下 4. 发动机关闭，组合仪表显示起停系统符号	1. 驾驶人制动车辆直至其停止 2. 驾驶人保持踩住制动踏板 3. 关闭条件判定：同手动档 4. 发动机关闭，组合仪表显示起停系统符号
发动机起动过程	1. 驾驶人已系好安全带，发动机舱盖已关闭，驾驶室车门已关闭 2. 驾驶人踩下离合器踏板 3. 发动机再次起动，组合仪表上起停系统符号熄灭 4. 驾驶人挂档、加速，继续行驶	1. 驾驶人已系好安全带，发动机舱盖已关闭，驾驶室车门已关闭 2. 驾驶人松开制动踏板 3. 发动机再次起动。组合仪表上起停系统符号熄灭 4. 驾驶人踩加速踏板，继续行驶

3. 汽车自动起停系统故障诊断与维修方法

当遇到自动起停系统故障时，维修人员可通过以下几点分析其故障原因，制定维修方案。

首先，需要全面了解车辆的基本信息，如车龄、车辆行驶里程、车辆维修保养情况、车辆行驶环境等。其次，诊断车辆故障原因，与车辆驾驶人员进行沟通，了解车辆平时使用情况，发生自动起动故障时的具体细节，包括发生故障时的路况、故障发生时间、发生频率等。

最后，制定维修方案，进行故障维修：

1）驾驶车辆进行路试，观察车辆在行驶过程中是否存在车辆驾驶人反映的自动起停故障，并详细了解汽车在起停系统发生故障时，是否同时运行大功率用电设备、室外温度、发动机温度以及仪表盘显示等。

2）根据路试情况与观察结果，与前文所述自动起停系统工作所需满足的 3 个条件进行对比，检查车辆状态是否满足上述条件，如果不能满足，则需要将车辆调试到能够满足起停系统正常启动的状态，如关闭大功率用电设备、为发动机降温等，如果在满足上述条件后，自动起停系统仍无法正常运行，则需要对其进行下一步诊断。

3）对汽车发动机起停功能故障进行诊断时，可先利用蓄电池检测仪，对蓄电池使用状况进行检测，若蓄电池整体健康状况能够达到 70% 以上，则可判定蓄电池没有问题。如果蓄电池使用情况不理想，则可通过调试或维护，将蓄电池调整至正常状态，并再次进行路试；如果在蓄电池状态正常的情况下，自动起停功能仍无法运行，则进入下一诊断环节。

4）利用汽车诊断仪，读取汽车故障码，根据所显示的故障码，追踪导致自动起停无法正常运行的原因，找出故障，制定维修方案，然后对车辆进行维修。维修完成后，再次进行路试，观察车辆自动起停功能是否能够正常使用，并在路试结束后，再次利用汽车故障诊断仪检测故障码是否增加。如果自动起停功能恢复正常，且故障码出现次数并没有增加，则可将故障码清除，完成车辆维修。

5）如果经过检测，蓄电池健康状况良好，且没有出现故障码，发动机自动起停功能仍无法正常使用，则需要根据车辆维修手册以及线路布局图，对车辆的发动机、继电器、相关线路等组件进行重点检查，然后根据检查结果对车辆进行维修。

4. 汽车自动起停功能诊断维修案例

基本情况：一辆行驶了 0.8 万 km 的奥迪 A6L 2.0T 轿车停约 5 天后，自动起停功能无法正常使用。

故障诊断：第一，车辆能够正常起动，经过路试，自动起停功能能够正常使用。第二，利用车辆故障诊断仪进行检测后，车辆没有显示任何故障信息。第三，利用万用表检测蓄电池电压，结果为 12.7V，车辆启动后，再次对蓄电池电压进行检测，结果为 13.8V，说明蓄电池电压、充电电压均正常。第四，检测蓄电池健康状态，结果显示为 93%。第五，锁住车辆，停放数天后再次检测，发现蓄电池电量大幅下降。由此判断车辆存在漏电问题，并通过万用表的电流档对静态电流进行检测。在车辆 CAN 进入休眠状态后，测量出车辆静态电流为 151mA，而此车型标准静态电流为 35mA，测量结果明显高于标准值，由此可以判定，该车存在漏电问题。第六，依次插拔熔丝，认真观察静态电流的变化情况，发现拔掉车内阅读灯的熔丝后的静态电流为 16mA，而如果插上车内阅读灯的熔丝，静态电流马上就会上升到 151mA。由此我们推断，自动起停功能故障的原因在于车内阅读灯功率过大。通过进一步检查，发现车内加装了其他用电设备，将该设备线路断开后，车内静态电流则可恢复正常。经过与车主沟通，车主反映，于半个月之间加装了此设备。

故障维修：除去加装设备，自动起停功能恢复正常，完成维修，交付车主。

第四章

电控发动机故障的排查方法与技巧

 一、发动机燃油喷射系统故障排查方法与技巧

1. 电控燃油喷射系统的检测方法与技巧

（1）发动机燃油压力的检测技巧

检测发动机燃油系统的压力可以判断油路有无故障及工作状况。检测燃油压力时，要准备一个量程为 1MPa 左右的油压表和专用的油管接头，然后可按以下方法进行检测：

1）燃油系统按相关要求卸压，接着拆下蓄电池负极电缆连接线。

2）有冷起动喷油器的，拆除油管接头螺栓，将油压表和油管一起安装在冷起动喷油器油管接头上。油压表也可以安装在燃油滤清器油管接头、分配油管进油接头，或用三通接头接在燃油管道上便于安装和观察的任何部位。

3）重新按要求连接装好蓄电池负极电缆线。

4）检测燃油系统的静态压力。

a. 用导线短接电动燃油泵的两检测插孔。接通点火开关，但不要起动发动机，使电动燃油泵运转。

b. 观察燃油压力表，其指示值应为 300kPa 左右。如油压过高，则说明油压调节器仍存有故障；如油压过低，则说明电动燃油泵、汽油滤清器或油压调节器仍存有故障。

c. 取下电动燃油泵检测插孔上的短接线，并断开点火开关。

5）测量燃油系统的保持压力。测量燃油系统静态油压后，保持 5s 左右，查看燃油表的指示值，应为 147kPa 以上，如测得的油压指示值过低，则说明电动燃油泵、油压调节器或喷油器仍存有隐患，应进一步测量电动燃油泵、油压调节器的保持压力并检查喷油器是否泄漏。

6）发动机运转时燃油压力的测量。起动发动机并使其怠速运转，用燃油压力表检测发动机怠速运转时燃油系统的压力。慢慢深踏加速踏板，并使节气门处于接近全开位置。查看节气门接近全开时，油压表指示的压力值。卸下油压调节器上的真空软管，并用手指堵住。使发动机恢复怠速运转，并查看油压表指示的压力值，其值应与节气门全开时的燃油压力相一致。

如果检测到的油压指示值过高，应检查油压调节器及真空软管；如油压表指示值过低，应检查汽油滤清器、电动燃油泵和燃油压力调节器。

由于车型不同，各种电控燃油喷射系统的燃油压力也不一样。

7）电动燃油泵最大压力和保持压力的测量。将油压表接在燃油管路上，并将出油口堵住。用一根跨接线将电动燃油泵的两个检测插孔短接，接通点火开关，持续 10s 左右（不要起动发动机），使电动燃油泵工作，同时读出油压表的压力，该压力称为电动燃油泵的最大压力，它应当比发动机运转时的燃油压力高 200~300kPa，通常可达 490~640kPa。如不符合标准值，应更换电动燃油泵。断开点火开关 5min 后再观察油压表压力，此时的压力称为电动燃油泵的保持压力，其值应大于 340kPa；如不符合标准值，应更换电动燃油泵。

8）油压调节器工作状况的检查。用油压表测量发动机怠速运转时的汽油压力，然后拔下汽油压力调节器上的真空软管，并检查汽油压力。此时汽油压力升高 50kPa 左右。如压力变化不符合要求，则说明汽油压力调节器工作不良，应更换。

9）油压调节器保持压力的测量。当燃油系统保持压力不符合标准值（低于 14kPa）时，应作此项检查。其检查方法是将油压表接入燃油管路，用一根导线将电动燃油泵的两个检测插孔短接。打开点火开关，让电动燃油泵运转 10s，然后关闭点火开关，取下导线。接着将汽油调节器的回油管夹紧（用包上软布的钳子）。5min 后观察汽油压力，该压力即为汽油压力调节器的保持压力。若该压力低于汽油系统保持压力（147kPa），说明故障不在汽油压力调节器；否则，说明汽油压力调节器有泄漏，应予以更换。

10）在测量燃油系统怠速运转时的燃油压力时，夹住油压调节器回油管，使回路停止回油，此时油压表的指示压力应比没有夹住回油管时高 2~3 倍，否则说明燃油泵泵油不足。最后将各缸喷油器电线插头拔下，接通点火开关并连续起动 15s，然后夹住油压调节器的回油管；若 30s 后油压不回落，则为油压调节器不泄漏。如果夹住油压调节器回油管，油压仍然下降，则夹住油压调节器的进油口，若此时油压不再回落，则为燃油泵单向止回阀不良，应更换燃油泵。

（2）发动机喷油器的检测技巧

1）喷油器线路试灯检视法。先检查喷油器外部线束的连接可靠性，接着用试灯检视。将 12V 的试灯接在喷油器插接器两个端子之间，然后起动发动机，观察试灯的闪亮变化情况，若试灯闪亮，则表明喷油器控制电路连接正常，否则说明线路或计算机（ECU）有故障。但试灯要视喷油器线圈电阻型号而选用。

2）动作声响监听法。可通过单独向喷油器供电的方法进行喷油器单体性能好坏检测。将 12V 电源接入喷油器接线座的一个端子上，另一端搭铁后再断开，如此重复，此时监听喷油器的动作响声。如果每次在搭铁时，能听到喷油器发出的清脆"咔嗒"声，则表明喷油器性能良好，否则应判断喷油器有故障，需进行更换。

3）比较试验法。首先起动发动机怠速运转至冷却液温度达到 85~95℃后，发动机继续在怠速工况状态，然后逐一拔下与喷油器接线座相连的插接器，观察每一气缸发动机转速和性能情况的变化。例如，当拔下某缸喷油器导线插接器时，发动机转速有明显下降的感觉，则判断该喷油器性能良好，若发动机转速和性能没有任何变化或变化极微弱，则该喷油器可能不良或出现故障了。

4）喷油器电磁线圈阻值测量法。首先断开点火开关（OFF 位置），拔下喷油器线束插头，用万用表测量喷油器两接线柱间的电阻。如正常，应能导通，并且在 20℃时，对于高电阻喷油器，其电阻值应为 12~16Ω；对于低电阻喷油器，其电阻值应为 2~5Ω。否则，说明喷油器有故障，应予以更换。

5）逐缸断火测试法。逐缸断火测试法，是用测量 CO 浓度的变化，判断哪一个喷油器漏油。因为某缸断火时，被压缩的混合气没有燃烧就排出来，应该是 HC 浓度增加，CO 值基本不变化。而有漏油的喷油器是决定 CO 浓度的主要喷油器，如果断火的那一缸测出 CO 值下降较明显，则说明该缸的喷油器漏油。直接取下喷油器，在工作压力下不加喷射电压，每分钟滴油一滴为正常；否则需清洗或更换喷油器。

小贴士

缸内直喷汽油机

缸内直喷技术，是指将喷油嘴设置在进排气门之间，将高压燃油直接注入燃烧室，平顺高效地通过均匀燃烧和分层燃烧实现了高负荷和低负荷，尤其是低负荷下的燃油消耗降低，动力还有很大提升的一种技术。

缸内直喷又称 FSI，即燃料分层喷射技术，代表着传统汽油发动机的一个发展方向。传统的汽油发动机是通过计算机采集凸轮位置以及发动机各相关工况从而控制喷油嘴将汽油喷入进气歧管。但由于喷油嘴离燃烧室有一定的距离，汽油同空气的混合情况受进气气流和气门开关的影响较大，并且微小的油颗粒会吸附在管道壁上，所以希望喷油嘴能够直接将燃油喷入气缸。各汽车厂商采用的发动机科技中，最炙手可热的技术非缸内直喷莫属。缸内直喷发动机一般由凸轮轴驱动的燃油泵为供油系统提供高压燃油，共轨喷油嘴将高压燃油直接注入气缸，点火时间就可以得到精确的控制，而且高压喷射和极细的喷嘴设计则保证了喷油量的精确计算。缸内直喷技术代替了传统 MPFI（多点电喷）技术之后，发动机在低转速下燃烧效率被进一步提升。这套由柴油发动机衍生而来的科技目前已经大量使用在大众（含奥迪）、宝马、梅赛德斯－奔驰、通用以及丰田、本田等车系上。

（3）电动燃油泵的检测

1）直观判断电动燃油泵。

①强制电动燃油泵工作。先用一根专用导线将检测插座内电动燃油泵的两个检测插孔短接，并接通点火开关，但不要起动发动机。

②直观判断。

a. 卸下油箱盖，仔细静听是否有电动燃油泵运转的响声。如听不清，可用手指捏住进油软管检查有无供油压力。

b. 如果既听不到电动燃油泵运转的响声，手在进油软管处也感觉不到有供油压力，则说明电动燃油泵未工作。应检查电动燃油泵电源熔丝是否熔断，继电器是否损坏，控制电路是否断路，如果没有发现上述故障，应检查或更换电动燃油泵。

2）在车辆上测压判断电动燃油泵的好坏。

①连接油压表。释放燃油系统中的油压，拆下蓄电池负极"–"接线柱上的导线，将检测用油压表接在燃油管路上，并堵住出口。

②强制电动燃油泵工作。装回蓄电池负极"–"接线柱上的导线，并用专用导线将故障

检测插座内电动燃油泵的两个检测插孔短接。

③观察油压表的压力指示值。接通点火开关，但不要起动发动机，持续 10s 左右，使电动燃油泵工作，并查看油压表的指示值。该压力即为电动燃油泵的最大压力，其数值应比发动机运转时的燃油压力高出 200~300kPa，一般为 490~640kPa。压力值如与规定值不符，应检查或更换电动燃油泵。

④观察油压表的保持压力值。断开点火开关，过 5min 后查看燃油压力表指示值，该压力即为电动燃油泵的保持压力，其数值应大于 340kPa。压力值如与规定值不符，应检修或更换新的电动燃油泵。

3）采用开路测阻法检测汽车电控燃油喷射系统中电动燃油泵的好坏。用万用表 $R \times 1$ 档测量电动燃油泵两接线柱间的电阻，其电阻值应为 2~3Ω。如阻值过大，说明有断路或接触不良之处；如阻值过小，说明有短路或搭铁故障。

4）采用加压观察法判断电动燃油泵的好坏。用导线将蓄电池两极与电动燃油泵两接线柱连接起来，仔细观察和听电动燃油泵有无运转声。如听不到高速运转声，说明燃油泵未工作。

燃油泵不能"干试"

无论是新燃油泵还是旧燃油泵，都不能"干试"。对于旧泵，拆下以后泵壳内仍然存有汽油，当通电试验时，一旦电动燃油泵的电刷与换向器接触不良就可能产生火花，产生的电火花可能引燃汽油，如果发生汽油爆炸，后果不堪设想。对于新泵，由于燃油泵电动机密封在壳体内，干试条件下通电产生的热量无法散去，电枢过热可能导致烧坏，因此必须将电动燃油泵浸没在汽油中进行试验。同理，当油箱内存油量过少时，禁止运转燃油泵。

2. 电控发动机疑难故障的基本检查项目

排除发动机疑难故障的时候，有时会无从下手，这时可进行基本项目的检查。

（1）点火系统的检查

拆下火花塞检查其状态和跳火强度，通过检查火花塞的间隙、颜色、电极的状态等来判断故障的真正原因。

检查点火提前角是否符合要求，点火提前角应随发动机的负荷变化而变化。检查点火提前角一般用点火正时枪，故障诊断仪也能检查点火提前角，但其准确度不如点火正时枪。

（2）燃油压力及滤清器的检查

有些新的燃油滤清器也有可能是不符合要求的，其内部滤芯可能堵塞、松动或过滤性能太差。检测燃油系统的压力要按照不同汽车维修手册的规定要求操作，要注意不能只测量发动机运行时的压力，燃油系统的预置压力和残余压力也很重要。

（3）尾气排放的检查

测量发动机尾气压力及含量（检查 CO/HC）对排除疑难故障有很大的帮助。例如，在气缸压力正常的前提下，如果发动机加速不良，而尾气压力及含量正常，可以认为混合气在气缸内燃烧状态一般不会有问题，故障多是需要加速的信号没有提供给计算机或是计算机无法控制增多喷油量。由此判断故障的原因可能是节气门位置传感器、ECU 本身故障、空气滤清器堵塞等，点火系统的故障概率很小。测量发动机尾气的步骤如下：

1）起动发动机。

2）使发动机保持转速 2500r/min 运转约 180s。

3）在怠速时，将 CO/HC 检测仪测试棒插入排气管内至少 40cm。

4）在怠速和 2500r/min 时，检查 CO/HC 排放浓度。

注意：在 3min 内完成测量。按标准测试怠速和 2500r/min 时的 CO/HC 排放浓度。

5）如果 CO/HC 浓度不符合标准，按照表 4-1 找出可能的原因，检查修理。

表 4-1　尾气与发动机故障

CO	HC	故障现象	故障原因
正常	高	怠速不良	点火正时不正确及火花塞脏污、短路或火花塞间隙不恰当、气门间隙不正确；进气和排气门漏气；气缸漏气
低	高	怠速不良（HC 读数波动）	PVC 管、进气歧管、节气门体、制动助力器管路等进气系统漏气，混合气过稀导致缺火
高	高	怠速不良（排气有黑烟）	空气滤清器堵塞；PVC 阀堵塞；ECU 故障；燃油压力调节器故障；冷却液温度传感器有问题；空气压力机有问题；喷油器故障；节气门位置传感器故障

3. 发动机电控系统故障诊断基本程序

汽车电控系统故障诊断比较完整的一般程序如图 4-1 所示。

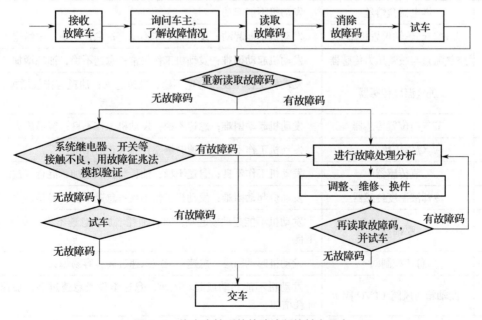

图 4-1　汽车电控系统故障诊断的基本程序

1）倾听和验证用户叙述。详细询问故障发生的时间、现象、周期、频率、当时的异常情况，导致故障的可能原因、是否经过拆卸和检查，以及对于车辆行驶性能带来的影响等，用户调查是汽车故障诊断的重要环节，也是进行初步诊断的主要依据。

2）进行外观检查。外观检查又称直观目视检查，目的在于发现并消除从外部能够看见的故障和存在的问题。主要检查发动机管、线、插接件的连接情况和老化、龟裂、变质、烧蚀、电器插头松脱、线路折断等情况。必要时可进行路试。因为用户不可能个个都是汽车行家，其对故障的描述往往带有个人心理因素和片面性。通过直观检查，以印证用户故障描述的准确性，故障是否真实存在，为下一步仪器、设备检查做准备。

3）分析电路原理。在电路图上，画出有问题的电路，然后分析电流由电源、开关、熔丝、用电器到搭铁的整个路径。通过分析电路原理，初步确定故障可能的部位及范围。

4）进行自诊断测试，读取故障码。首先使用故障诊断仪检查 ECU 存储器是否存有故障码，以确定大致的故障方位、需要检查的部位以及需要使用的工具、仪器和设备，为进一步检查做好准备。

5）进行直接检查。重点检查问题集中的电路或元器件是否正常，电路插接器或插头有无松动、脱接，导线有无断路、搭铁、错接以及烧焦的痕迹，管路有无凹瘪、折断、松脱或错接等。在直接检查中，熟悉传感器和执行器对于发动机工作性能的影响，对迅速诊断和解除故障极为重要。表 4-2 提供了这方面的详细信息。

表 4-2　汽车电控系统控制部件对发动机工作性能的影响

序号	部件名称	故障现象
1	电控单元（ECU）	发动机不能起动；发动机工作失常
2	点火线圈	发动机不能起动；无高压火花跳火；次级电压过低
3	燃油泵继电器	发动机不能起动；燃油泵不工作；喷油器不喷油
4	继电器盒熔丝	发动机不能起动
5	曲轴与凸轮轴位置传感器	发动机不能起动；发动机工作不稳定；怠速不稳；中途熄火
6	空气流量与歧管压力传感器	发动机起动困难；发动机工作失常；怠速不稳；油耗增加
7	进气温度传感器	发动机工作不良；怠速不稳；怠速熄火；油耗与排放增加；混合气过浓
8	节气门位置传感器	发动机起动困难；怠速不稳；发动机工作不良；容易熄火
9	爆燃传感器	发动机工作不稳；加速时爆燃；点火正时不准
10	氧传感器	发动机工作不良；怠速不稳；油耗与排放增加；混合气过浓
11	冷却液温度传感器	发动机起动困难；发动机工作不良；怠速不稳；容易熄火
12	喷油器	发动机不能起动或起动困难；油耗增加；怠速不稳；发动机工作不良
13	怠速控制阀	发动机起动困难；怠速不稳或怠速过高；容易熄火
14	曲轴箱通风阀（PVC 阀）	发动机不能起动或起动困难；怠速不稳或怠速过高；加速困难；油耗增加

（续）

序号	部件名称	故障现象
15	活性炭罐电磁阀	发动机工作不良；发动机怠速不稳
16	空调（A/C）开关	发动机不能起动；发动机怠速不稳；怠速熄火
17	电动燃油泵	发动机不能起动或起动困难；发动机工作不良；怠速不稳或怠速熄火；发动机回火

6）进行深入的基本检查，以查明故障。主要是对蓄电池电压、发动机起动情况、"怠速"运转情况、空气滤清器堵塞情况、进气管与气缸密封情况、点火正时、燃油压力、高压线"跳火状况"和火花塞技术状况等进行检测，以发现故障部位。按基本检查程序进行深入检查，包括下列步骤和方法：

①静态模式读取和清除故障码。

②症状确认。

③症状模拟。

④动态故障码检查。通过动态故障码检查进行故障的验证和判断，在无故障码时更为重要。

⑤电路检查与分析，以明确检查方向与部位。

⑥部件检查。通过万用表测试以确认故障点，必要时通过波形分析以确认部件的功能与状态是否正常等。

⑦调整、设定、激活或维修。

⑧实车试验。

7）使用"故障征兆表"继续诊断与排除故障。各汽车厂家的维修手册一般都列有故障征兆一览表，其中列出了故障征兆、怀疑部位和诊断次序。如果经过基本检查仍未发现问题，而故障确实存在，就应查阅该车型维修手册的故障征兆一览表，并按照表中给定的诊断次序继续检查和排除故障。

8）验证故障是否消除、电路是否恢复正常。

4. 发动机燃油喷射系统主要组成部分及配线异常时的故障

1）发动机电子控制燃油喷射系统主要组成部件及配线异常时的故障现象见表4-3。

表4-3　发动机电子控制燃油喷射系统主要组成部件及配线异常时的故障现象

序号	元器件名称	元器件异常可能出现的故障现象
1	电控单元（ECU）	发动机不能起动；发动机性能失常
2	点火线圈	发动机不能起动；无高压火花；次级电压过低
3	点火控制器（电子开关）	发动机不能起动；无高压火花；次级电压过低；怠速时闭合角乱变
4	空气流量计（L型）	发动机起动困难；发动机性能失常；怠速不稳；加速时回火、放炮；油耗增大；易产生爆燃
5	进气压力传感器（D型）	发动机起动困难；发动机性能失常；怠速不稳；油耗增大

（续）

序号	元器件名称	元器件异常可能出现的故障现象
6	大气压力传感器	发动机性能不佳；急速不稳
7	节气门	发动机不能起动或起动困难；急速不稳；发动机性能不佳
8	节气门位置传感器	发动机起动困难；急速不稳；发动机性能不佳；容易熄火
9	进气温度传感器	发动机性能不佳；急速不稳；容易熄火；油耗量增大；混合气过浓
10	冷却液温度传感器	发动机起动困难；发动机性能不佳；急速不稳；容易熄火
11	急速控制电动机	发动机起动困难；急速不稳；容易熄火；发动机失速
12	急速电动机位置传感器	发动机急速不稳；容易熄火；加速困难
13	P/N、P/S、A/C 开关	发动机不能起动；急速不稳；发动机急速时无法补偿；急速时易熄火
14	氧传感器	发动机性能不佳；急速不稳；发动机油耗增大；排气污染增大；空燃比不正确
15	曲轴箱通风阀（PCV）	发动机不能起动或起动困难；急速不稳或无急速；加速困难；油耗增大
16	EGR 阀	发动机温度过高；发动机不能起动或起动困难；发动机无力；减速熄火；产生爆燃；油耗增大
17	EGR 阀位置传感器	发动机性能不佳；急速不稳；容易熄火；排气污染增大
18	炭罐电磁阀	发动机性能不佳；急速不稳；空燃比不正确
19	爆燃传感器	发动机工作不稳；加速时产生爆燃；点火正时不准
20	磁电式点火信号发生器，霍尔式点火信号发生器	发动机无法起动；发动机工作不稳；急速不稳；间歇性熄火
21	光电式点火信号发生器	发动机无法起动；发动机工作不稳；急速不稳；容易熄火
22	曲轴位置传感器	发动机无法起动；加速不良；急速不稳；间歇性熄火
23	车速传感器	ABS 装置不工作；巡航控制不工作
24	变速器电磁阀	车辆无法行驶；变速器换档困难；行驶时变速器将锁定在某一档位（如宝马车型锁定在 3 档）
25	ABS 装置油压电磁阀	ABS 装置不工作
26	可变凸轮轴电磁阀	发动机抖动；产生爆燃；急速不稳；三元催化转化器损坏；发动机动力性能下降
27	燃油泵	发动机不能起动；运转中熄火
28	燃油滤清器	发动机不能起动；发动机运转不稳；喷油器堵塞
29	燃油压力调节器	发动机起动困难；发动机性能变坏；急速不稳；容易熄火
30	喷油器	发动机起动困难；发动机工作不稳；容易熄火；急速不稳

2）与发动机电控系统无关的典型故障及原因见表 4-4。

表 4-4　与发动机电控系统无关的典型故障及原因

故障现象	故障原因
发动机怠速运转不平稳，甚至熄火	怠速转速过低、真空管路泄漏，使怠速空燃比不当；点火系统异常；曲轴箱通风阀或通风管路堵塞；火花塞或高压导线有缺陷；废气再循环卡滞或关闭不严
发动机行驶加速时缺火	火花塞高压线有缺陷；分电器盖开裂或损坏而漏电，分火头不良；点火线圈有短路故障或有裂痕；点火线圈或点火控制电路导线松动；燃油滤清器堵塞、燃油泵泵油压力不足或燃油管有裂缝
油耗率过高	点火过迟；排气受阻；空气滤清器受阻；废气再循环处于常开状态
加速时发生爆炸	点火时间过早；燃油等级过低，抗爆性差；进气管路中有漏气处；废气再循环阀不能正常工作

5. 电控汽油喷射系统易发生故障的部位及排查技巧

（1）传感器故障

一般来说，汽车传感器出现故障的频率还是比较高的。传感器一旦出现故障，将直接影响到 ECU 信息的准确性，引起发动机的控制不正常，甚至失控。传感器出现故障的原因主要有弹性元器件失效，真空膜片破损，接触部位磨损或烧蚀以及外围线路故障等。

（2）插接器故障

插接器故障主要是恶劣环境造成的。其主要故障类型如下：

1）插接器老化失效；插头松动。

2）插头接触不良。插接器出现故障时，发动机工作不稳定，时好时坏，一般可用故障征兆模拟试验法来诊断。

（3）真空软管故障

真空软管（包括其他管道）主要由橡胶等材料制成。这些软管和管道会出现老化现象。其表现为漏气，混合气过稀，发动机起动困难或怠速不良、加速无力等故障现象。真空软管故障主要有胶管老化、管口破裂、卡子未紧固、接口松动。

（4）滤清器堵漏故障

汽车滤清器主要有空气滤清器、燃油滤清器和机油滤清器，俗称"三滤"。而"三滤"中的任何一个部件发生堵塞，都会造成发动机故障。因此，应定期进行维护和更换。

（5）燃油压力调节器失调故障

燃油压力调节器出现故障时，发动机的供油量受压力影响，会出现比较明显的故障现象。主要是发动机供油不稳、起动困难、加速无力等。燃油压力调节器发生故障的主要原因有通道堵塞、压力调节器内的膜片损坏。

（6）喷油器故障

喷油器属于易损件，易出现堵塞和卡死等现象。喷油器故障会造成发动机少数缸不工作或工作不良；另外，会导致各缸喷油器喷油量相差太大（15s 超过 8~10mL）；也会造成整个发动机工作不稳等故障。喷油器的故障主要表现在电磁线圈工作不良；喷油器卡死；堵塞磨损；滴漏雾化状况不好及外围电路故障。正常情况下，对车辆的喷油器应视使用情况定期进行清洗，一般一年不得少于一次。

（7）电磁阀故障

电磁阀故障是指用电磁线圈脉冲控制的阀门闭合故障。如电磁喷油阀、怠速控制空气补充电磁阀、点火装置的电磁线圈，以及频率计等的工作好坏，将直接影响汽车的喷油、点火、怠速、起动等工作的正常完成。用闭合角可测试电磁阀的通电时间，看电磁阀是否在正常范围内工作，如果不在正常范围内，通常需要更换。

（8）电动燃油泵工作异常

在无油或油质太差条件下工作时，电动燃油泵会磨损或烧坏。另外，电动燃油泵受空气流量传感器上的微动开关控制，若开关工作不良或动作迟缓，都会造成燃油泵供油不足，影响汽车起动性能和加速性能。另外，电动燃油泵继电器线圈的性能下降或出现短路或断路也将直接影响燃油供给而造成故障。

（9）电控单元（ECU）故障

电喷发动机电子控制单元（ECU）一旦出现故障，会造成发动机不能起动或难于起动、无高速、耗油量大等现象。ECU故障的主要原因如下：

1）焊点松脱；ECU固定脚螺栓松动。

2）电容元件失效。

3）集成块损坏；电子元器件损坏。

（10）导线连接故障

电控汽油喷射系统的连接、插接器很多，经常有连线断路或搭铁短路、插接器插头松动以及接触不良等情况发生，使发动机工作失常或不工作；也会造成传感器、执行元件的控制信号传递不良，导致发动机不能正常工作。因此，在拆装电控系统的电子元器件时，注意不可弄坏连线，并插牢插接器。有故障码指示出某传感器信号不良时，注意检查该传感器的连接和插接器是否插接良好。

> **小贴士** 有些故障码的含义是传感器故障，而实际上可能是传感器的连线或插接器出了问题。

6. 发动机排放控制系统故障排查技巧

电喷发动机排放控制系统的故障一般不能被ECU自诊断系统所识别，因此，必须定期进行检测与维修。

（1）燃油蒸发控制系统的检测

若在正常行车中，车厢内有燃油气味（夏季尤甚）或发动机怠速不稳，而ECU自诊断系统显示正常，应进行燃油蒸发控制系统的检查。具体方法如下：

起动发动机至正常工作温度，并使之怠速运转。拔下蒸气回收罐上的真空软管，用手检查有无真空吸力。当系统工作正常时，在发动机怠速运转时，电磁阀应不通，无真空吸力。

若此时有吸力，应检查电磁阀线束插头内的电源电压。有电压，为ECU故障；无电压，为电磁阀故障。使发动机转速保持在2000r/min，再次检查有无真空吸力。有吸力，说明正常；无吸力时，应检查电磁阀线束插头内的电源电压。若电压正常（通常为12V），则说明电磁阀有故障；若电压不正常或无电压，则说明故障在ECU或控制线路。

单独检查电磁阀时，可拔下电磁阀线束插头，向电磁阀内吹气，应不通气；将电源加在电磁阀两接线柱上，再向电磁阀内吹气，若通气，为电磁阀良好，否则应更换电磁阀。

（2）废气再循环控制系统的检测

废气再循环系统由ECU、三通电磁阀、废气再循环阀、废气调整阀以及废气管道和真空管道组成。当发动机怠速不稳或尾气排放超标时，应进行检修。

1）废气再循环系统的检查。起动发动机，并以怠速（冷车）运转。将手指伸入废气再循环阀，按在膜片上。加速，使发动机转速上升至2000r/min，此时废气再循环阀应不开启，手指上应感觉不到膜片的动作。若废气再循环阀的动作与上述描述不符，则说明废气再循环阀有故障，应进行检修或更换。

2）三通电磁阀的检查。拔下三通电磁阀的线束插头及真空软管，拆下三通电磁阀。当电磁阀不接电源时，A—B、A—C之间应不通气，B—C之间应通气；否则，为电磁阀损坏，应予以更换。接上电源，A—B之间通气，A—C、B—C之间应不通气；否则，为电磁阀损坏，应予以更换。

3）废气再循环阀的检查。起动发动机，并以怠速运转。拔下连接废气再循环阀和废气调整阀的真空软管。连接手动抽真空器，对废气再循环阀施以1995kPa的真空度，如图4-2所示。若这时发动机怠速性能变差甚至熄火，则说明废气再循环阀良好。若发动机性能无变化，则说明废气再循环阀损坏，应予以更换。

4）废气调整阀的检查。起动发动机运行到正常工作温度。拔下连接废气调整阀与废气再循环阀的真空软管，用手指按住真空管接口。在发动机怠速运转时应无真空吸力；当发动机转速上升到2000r/min时，应有真空吸力；否则，说明废气调整阀损坏，应进行检修或更换。拆下废气调整阀，在真空管接口处（通节气门体）接上手动抽真空器，用手指堵住连接废气的废气再循环阀真空接口，如图4-3所示。向连接排气管的进气口内施加气，同时扳动手动抽真空器，施加一定真空，手堵的接口处应能感到有真空吸力；抽真空停止后，吸力应无明显下降；放松排气管进气口施加的气压，真空吸力应随之消失。如有异常，则应更换废气调整阀。

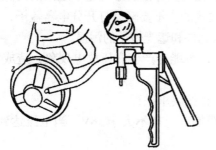
图4-2　废气再循环阀的检查

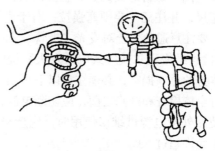
图4-3　废气调整阀的检查

🔧 二、发动机点火系统故障排查方法与技巧

1. 电子点火系统故障的排查方法与技巧

（1）电子点火系统故障检查应注意事项

1）在发动机起动和工作时，不要触摸点火线圈高压线等，以免受电击。

2）在检查点火系统电路故障时，不要用刮火的方式来检查电路的通断，否则容易损坏电子元器件。电路通断与否应该用万用表电阻档来进行检查判断。

3）进行高压试火时，应用绝缘的橡胶夹子夹住高压线来进行试验，直接用手接触高压线容易造成电击；也可将高压导线插入一只备用火花塞，然后将火花塞外壳搭铁，从火花塞电极间观察是否跳火。注意避免由于过电压而损坏电子点火控制器。

4）在点火开关接通的情况下，不要做连接或切断线路的操作。

5）在拆卸蓄电池时，必须确认点火开关和其他所有的用电设备都已关闭，才能进行拆卸。

6）安装蓄电池时，一定要辨清正负极，千万不能接错，蓄电池极性与线夹的连接一定要牢固，否则容易损坏电子设备。

（2）电子点火系统故障排查须知

现代汽车电子点火系统的故障检查，与传统触点式点火系统有许多相同之处。除了对点火线圈、火花塞、高压线、点火正时等进行检查外，还应检查点火电子组件、信号发生器（点火感应器）以及连接导线等。在故障检查诊断时须知以下事项：

1）确认点火开关和其他所有的用电设备及其开关都已断开，才能拆卸蓄电池。当安装蓄电池时，一定要辨清正、负极。负极搭铁，千万不能接错。蓄电池接线柱与线夹的连接一定要牢固，否则容易损坏用电设备。

2）发动机起动和工作时，不要用手触摸点火线圈高压线等，以免受电击。在点火开关接触的情况下，不要做连接或切断线路的操作，以免烧坏控制器中的电子元器件。

3）检查点火系统电路故障，不要用刮火的方法来检查电路的通断，因为这种做法容易损坏电子元器件，而应该用万用表电阻档来进行检查与判断。

4）在检查点火信号发生器和曲轴位置传感器时，对于磁感应式的，在打开分电器盖时注意不要让垫圈、螺钉之类的金属物掉入其内；在检查导磁转子与定子之间的间隙时，要使用无磁性塞尺，并注意不要硬塞强拉；对于光敏式的，不要轻易打开分电器盖子，若确需打开检查时，要注意避免尘土对发光二极管、光敏元件和遮光转子的污损。

5）在检查维修霍尔效应式电子点火系统时，可能会产生高压放电现象，造成对人身和点火系统本身的意外损害，必须注意以下事项：

①进行全体检查和维修之前，应切断电源，再按要求进行。

②当使用外接电源供维修使用时，应严格限制其电压不大于16V。当电压达到16V时，接通时间不允许超过60s。

③霍尔效应式电子点火系统的车辆被拖动时，应首先切断点火系统电源。

④点火线圈的负极接线柱不允许与电容器相连接。

⑤在任何条件下，只允许使用阻值为1kΩ的分火头（导电板），防止电磁干扰的1kΩ阻尼电阻线缆不得使用其他代用品替代，火花塞插头电阻值应在1~5kΩ范围之内。

6）在用干电池模拟点火信号检查电子点火控制时，测量动作要快，干电池连接的持续时间一般不要超过5s，否则可能损伤电子元器件。

7）点火是否正时对发动机的工作状况影响很大，因此，发动机工作不良或发动机拆修后，不要忽视对点火正时的检查。用逐缸断火法来检验各缸的工作情况时，应将断火缸高压线端搭铁，即用断路法，而不是用开路法断火，否则会产生最高次级电压而烧坏线路。

2. 点火系统主要部件故障的排查方法

（1）点火线圈的检测方法

1）通过外观检查点火线圈。察看点火线圈外表面，如发现胶木盖裂损、接线柱松动、滑丝、外壳变形、工作时温度过高、充填物外溢和高压插座接触不良等现象，说明其质量不良，应更换新件。

2）用兆欧表检查点火线圈绝缘性能。将点火线圈放在温度为+120℃电热烘箱中加温2h后，用500V兆欧表测量点火线圈低压接线柱与外壳间的绝缘电阻，如测得的电阻值大于200MΩ，可确认该点火线圈能正常工作一年以上；如测得的电阻值小于50MΩ，这类点火线圈在使用中会出现断火现象，如测得的电阻值小于5MΩ，应更换新件。

3）采用万用表检查点火线圈绝缘性能。用万用表$R \times 10k$档检查点火线圈绝缘性能，其方法是将万用表两表笔分别接点火线圈初级绕组接线柱和外壳，正常情况下其绝缘电阻为∞，否则应更换新件。

4）采用交流试灯检查点火线圈绝缘性能。交流试灯检测法是用交流试灯检查点火线圈绝缘性能的方法，即将试灯的一端直接接触点火线圈外壳，另一端通过220V交流电源接其初级绕组接线柱。若试灯发亮，表明初级绕组与外壳连通（搭铁），绝缘性能极差，不能使用。

5）采用万用表测电阻的方法检查点火线圈初级线圈。用万用表$R \times 1$档，测量点火线圈两低压接线柱间的电阻。初级线圈在20℃时阻值一般在1.5~4Ω范围内；若阻值很小，说明线圈内部短路；如阻值很大，说明线圈断路或接触不良。

6）采用万用表测电阻的方法检查点火线圈次级线圈。用万用表$R \times 1k$档测量点火线圈正极（+）和高压端之间的电阻，其电阻值一般为5~15kΩ。如小于上述值则为内部短路；如表针不动则为断路。

7）采用测电流的方法检查点火线圈初级线圈。将蓄电池的两极与点火线圈两低压接线柱相接（电流表串接在蓄电池正极间，如图4-4所示），正常时约有6A的电流通过线圈；若电流很大，说明线圈匝间短路；若电流很小或无电流，说明有断路或接触不良现象。

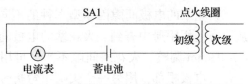

图4-4　用测电流检测点火线圈好坏方法示意图

8）采用交流试灯检查点火线圈初级线圈。将交流试灯的两触脚分别接点火线圈的正、负两接线柱，试灯应亮。如灯不亮，则为初级线圈断路。顺便也可将交流试灯的两触点分别接在附加电阻的两端，看试灯是否亮。如不亮，则为附加电阻断路。

9）采用交流试灯检查点火线圈次级线圈。将交流试灯的一触针插入高压线插孔内，另一触针接低压接线柱。如试灯暗（微）亮或不亮，表示次级线圈基本上没有短路；如发出明亮的光，表明已短路；如试灯亮，则将试灯的一触针取下，同时观察刚取下时有无火花，如无火花则表示次级线圈有短路现象存在。

（2）判断点火线圈接线是否正确的方法

1）采用电压表测量。将 0~50V 的普通直流电压表（或万用表相应档）的"+"表笔搭铁（接机体），"−"表笔接任一缸的火花塞与高压线连接处，在发动机运转时，若电压表指针向右移动，表示点火线圈接线正确，即火花塞中心电压为负。

2）采用铅笔检查判断。将任一缸的高压导线从火花塞上拔出，使高压线端头与火花塞相距约 6mm 进行跳火。然后将一只削好的铅笔笔尖置于正在跳火的间隙中，若在铅笔芯与火花塞间产生淡橘红色的火花，表示火花塞中心电极为负，点火线圈接线正确。反之，若在铅笔芯与高压线间产生橘红色火花，则火花塞中心电极为正，点火线圈接线错误，应调换点火线圈低压接线柱的接线。

3）采用氖管检查判断。用普通试电笔中的氖管靠近高压线，在汽车发动时靠近高压线端不亮，说明火花塞中心电极为负，点火线圈接线正确。

（3）火花塞的检测方法

1）采用短路的方法。在发动机怠速或低速运转时，用螺钉旋具将火花塞短路，也就是将火花塞上部的接线螺母直接与气缸接触。如果发动机的声音和振动等无变化，则说明被短路的火花塞有故障。

2）用温度感觉的方法。将发动机运转 10min 左右，立即熄火，然后用手逐一摸火花塞的瓷芯，感觉较凉的火花塞有故障。

3）采用试火的方法。当怀疑某缸工作不良时，可将该缸火花塞的接线柱上的高压线拆下来，让高压线的尾端与接线柱保持 4mm 的间隙，使高压电同时击穿高压线尾端与接线柱间隙和火花塞电阻间隙，若发动机工作状态有所好转，说明该缸的火花塞有故障。

4）检查火花塞的绝缘电阻值。现今汽车普遍采用电阻型火花塞，其绝缘电阻值为 $3~15k\Omega$。检查方法是将万用表拨到 $R \times 1k$ 档，两只表笔分别连接中心电极和高压线插头进行测量。如电阻值为无穷大，说明已断路，应予更换火花塞；如电阻值过小，则不能抑制无线电干扰信号，亦应更换火花塞。

5）检查调整电极间隙。用专用量规或厚薄规检查，若间隙值不符合规定，应用专用工具扳动侧电极来调整，方法如图 4-5 所示。

火花塞的电极间隙因车型车种的不同而异，可以从汽车使用手册中查到。火花塞的电极间隙一般可按 0.7~0.9mm 调整。火花塞间隙不当，可用一个尖嘴钳夹住旁电极根部，用另一个尖嘴钳弯折旁电极端部来调整。不允许直接敲打旁电极调整，否则会使旁电极受到损伤，若安装后掉落到气缸内，会划伤气缸壁。若火花塞偏曲或电极烧蚀成圆形，则须更换新的火花塞。火花塞的正常间隙通常为 0.9~1.2mm。

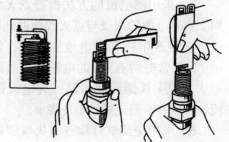

图 4-5　火花塞电极间隙的调整

火花塞间隙调理好之后，侧电极与中央电板应略成直角，如过度偏曲或电极烧蚀成圆形，则该火花塞不能再使用，应更换新品。

小贴士

火花塞裙部温度对发动机性能的影响

火花塞的热特性是表征火花塞受热能力的物理量，它主要取决于绝缘体裙部的长度。裙部越长，受热面积越大，传热距离长，散热越困难，因此裙部温度高，称为热型火花塞，它适用于低速、低压缩比、小功率发动机；反之，称为冷型火花塞，适用于高速、高压缩比、大功率发动机。而介于两者之间的称为中型火花塞。

火花塞裙部温度对发动机性能的影响主要有以下几点：

①当火花塞绝缘体裙部保持在 500~600℃时，落在绝缘体裙部的油滴能够立即烧去，这个不形成积炭的温度称为火花塞自洁温度。

②当低于自洁温度时，火花塞可因冷积炭而引起漏电，并导致不点火。

③当高于自洁温度时，炽热的火花塞裙部可引起混合气早燃或爆燃，甚至在进气行程引起燃烧，产生回火现象。

---

3. 火花塞常见故障的诊断与排除

（1）快速判断火花塞故障的方法

1）短路法。在发动机怠速或低速运转时，用螺丝刀将火花塞短路，也就是将火花塞上部的接线螺母直接与气缸体连通，如果发动机的声音和抖动等无变化，则说明被短路的火花塞有故障。

2）感觉温度法。让发动机运转 10min 左右，熄火后用手逐一摸火花塞的瓷芯，感觉温度较低的火花塞有故障。

3）试火法。也称为吊火法，当怀疑某一缸火花塞工作不正常时，可将该缸火花塞接线柱上的高压线拆下来，让高压线的尾端与接线柱保持 4mm 左右的间隙；使高压电同时击穿高压线尾端与接线柱间隙和火花塞电极的间隙；若发现机工作状况有所好转，则说明该缸的火花塞有故障。

4）使用周期法。进口汽车一般行驶 16 万 ~20 万 km 为火花塞的使用周期，达到使用寿命后应更换。根据使用周期可判断火花塞是否应更换。

5）直观检查法。直接观察火花塞有无裂纹、破损、电极严重变形等，若有，则说明火花塞性能变差，应更换。

（2）火花塞故障诊断及排除

1）火花塞绝缘部分呈浅棕色，这种情况说明发动机工作正常。

2）火花塞电极处沉积黑色烟灰状物较多，这种情况表示发动机点火时机过早或过燃、混合气稀、汽油辛烷值低、气缸过热等。

3）火花塞电极附近有积炭和机油沉淀物，这种情况可能是由气缸、活塞过度磨损，气门、气门导管磨损，气门油封失效等造成的。若汽车需要继续行驶，当火花塞电极上有油状物沉积时，可临时改用较热型火花塞。要及时查明原因，如气缸压力符合要求，需检查空气滤清器、曲轴箱通风装置是否堵塞，混合气是否过浓，发动机润滑油是否过多等。

4）火花塞电极有少许积炭但无机油沉积物。这种情况产生的原因可能是火花塞使用时间较长或电极间隙调整不当、发动机长时间怠速或低负荷运转、发动机润滑不符合要求等。

5）火花塞电极变圆且绝缘体有损伤疤痕、裂纹。这种情况说明发动机有爆燃，可能点火时机过早，气缸体过热，汽油辛烷值过低，气缸盖、火花塞等处松动漏气等。

6）火花塞电极绝缘部分呈白色且有褐色斑点。这种现象可能是由发动机早燃引起的，也可能是混合气过稀、进气道漏气，造成火花塞受热不均匀等。

7）火花塞电极绝缘烧熔。其原因可能是长时间点火过早或燃烧室内积炭过多，气门间隙不足、冷却系统工作不良等。

8）火花塞的火花弱。将火花塞间隙适当调小，如电火花略有好转，说明点火线圈有故障或点火系统器件性能差。也可能是火花塞质量低或装配不当，清洁火花塞方法不当，造成火花塞电极的绝缘材料损坏等。

①火花塞失效的三种常见表现。火花塞的正常使用寿命是行驶 2 万～3 万 km。火花塞失效通常有以下三种表现：

a.发动机的怠速转速偏低，而且抖动。

b.发动机运转时，排气管发出"突突"的响声。这种响声的出现是由于火花塞不点火，未燃混合气进入排气管，被正常气缸排出的废气热量点燃，造成排气管内的压力升高，而排气出口处的空间增大，由于压力突然释放，所以形成响声。

c.尾气成分超标。由于混合气无法正常点燃，形成不完全燃烧，所以尾气排放往往超过标准。

②火花塞的更换。在更换新火花塞时，应注意将新、旧火花塞外部螺纹的长度比较一下。若新火花塞的螺纹太短，会使火花塞间隙位于缸盖凹陷处，电弧将难于甚至不能点燃混合气；若过长，过多暴露的火花塞底部会过热，造成早燃，而凸进燃烧室的螺纹会积炭，火花塞末端甚至可能碰撞活塞顶。某些型号的火花塞有密封圈，有的则没有。如果拧下的旧火花塞有密封圈，那么新更换上的火花塞也应装密封圈。

4. 电控点火系统故障检查注意事项与基本方法

（1）电控点火系统故障检查注意事项

1）在检查点火系统电路故障时，不要用刮火的方式来检查电路的通断，否则容易损坏电子元器件。电路通断与否应该用万用表电阻档来进行检查判断。

2）进行高压试火时，应用绝缘的橡胶夹子夹住高压线来进行试验，将高压导线插入一只备用火花塞，然后将火花塞外壳搭铁，从火花塞电极间观察是否跳火。注意避免由于过电压而损坏电子点火控制器。

3）在点火开关接通的情况下，不要做连接或切断线路的操作。

4）在拆卸蓄电池时，必须确认点火开关和其他所有的用电设备都已关闭，才能进行拆卸。

5）安装蓄电池时，一定要辨清正负极，千万不能接错，蓄电池极性与线夹的连接一定要牢固，否则容易损坏电子设备。

6）在用干电池模拟点火信号检查点火控制时，测量动作要快，干电池连接的持续时间一般不要超过5s。

7）关于拆卸蓄电池连接线的注意事项。由于蓄电池可以吸收电感性负载通、断电瞬间所产生的浪涌电压，有效保护电子元器件。因此，只有在切断点火开关的前提下，才可拆下蓄电池连接线。绝对不能在发动机运转时，或接通点火开关的情况下，拆下蓄电池连接线。此外，检修过程中，拆开蓄电池负极电缆之前，一定要注意先读取存储器中的故障码。

8）关于带电作业的注意事项。在检修过程中，只要点火开关接通，就绝不可断开任何电控系统设备和连接线，或插、拔集成电路的芯片。

9）关于使用检测仪表的注意事项。应使用高阻抗仪表，绝对不容许用万用表或 $R \times 100$ 以下的低电阻档测量小功率晶体管，以免过电流烧坏晶体管。

10）关于使用试灯的注意事项。不容许用试灯测试任何微型计算机和传感器。

11）关于防止人体静电的注意事项。在检测微型计算机（简称"微机"）或更换芯片时，操作人员要防止人体静电对元件的损伤。可将金属带一头缠在手腕上，另一头搭铁（夹在汽车车身上）。

12）关于使用电弧焊的注意事项。在进行焊接时，或温度超过80℃时，应先拆下对温度敏感的元件（如 ECU 和继电器等）。

（2）点火系统故障诊断与检修的基本方法

电控点火系统故障诊断与检修的基本方法有：替换判断法、经验判断法、点火示波器判断法三种。

1）替换判断法。当怀疑某点火元件有故障时，就以该备件替换，然后看其有无好转，从而判定故障所在。

2）经验判断法。由于通常不可能备有各种备件，因此常常依靠经验进行判断。在检查排除时必须注意以下几点：

①搭铁可靠，电源供电充足，连接良好。

②当使用其他电源作为辅助启动电源时，电源电压不得超过16V，且使用时间不得过长。

③更换点火元件，严禁混用，一定要更换同型号点火元件。

④谨慎操作，防止人为损坏传感器和集成电路。

3）点火示波器判断法。点火示波器是一种专门用来检测点火系统状况的仪器，它能对点火系统的点火电压、火花持续时间及二次最大输出电压等进行绘图，然后与标准的曲线比较，迅速查找出故障。

5. 电控点火系统故障排查方法与技巧

汽车上采用的微机控制点火系统主要有无分电器式和直接点火式两大类。

（1）微机控制点火系统故障检测诊断方法

微机控制点火系统故障排查方法主要有直观诊断法、自诊断系统诊断法和仪器诊断法等。

1）直观诊断法。微机控制点火系统一般工作可靠性高，除个别元件损坏外，多数故障是由电路故障（如短路、断路、插接器接触不良等）原因造成，而与微机控制系统无关。而直接检查容易发现电路方面的故障。

直观诊断应针对与故障现象相关部位、部件及其连接导线进行外观检查。看各个插接器插接是否到位或污损而引起接触不良，看导线是否有断开、磨损而引起导线间或对搭铁短路烧坏，看各个传感器和执行器是否有零件松动、变形、磨损越位、丢失、卡死等机械故障。

其次，检查点火器、点火线圈温度是否正常，发动机工作过程中是否有异响等。

2）自诊断系统诊断法。微机控制点火系统一旦出现故障，微机便会自动记录发生的故障，并以故障码的形式储存在存储器中。与此同时，仪表板上的发动机故障警告灯闪亮，提醒驾驶人注意。根据所读取的故障码，在随车"维修手册"故障码表中查找故障原因和可能产生故障的部位，去检查相应的元件或线路，一般可很快将故障排除。具体方法如下：

①按规定步骤读取故障码。当微机控制点火系统一旦出现故障，仪表板上的发动机故障指示灯便会点亮，以提醒驾驶人注意。不同车系读取故障码的方法不同。

②根据故障码，确定故障的具体部位和原因，并予以排除。根据故障码，从故障码表查出其故障的含义、类别和范围，再以此为依据进行具体、全面检查，发现故障并排除。

检查范围除了点火系统的点火控制器、点火线圈、配电器、高压线、火花塞以外，还应包括与微机控制点火系统相关的各类传感器，如曲轴位置传感器、空气流量传感器、节气门位置传感器、冷却液温度传感器、爆燃传感器、氧传感器以及ECU等。

③进行路试检查，确定故障并排除。当故障检测完成后，进行路试检查。路试中，当点火开关旋至接通位置发动机不起动时，故障警告灯点亮，而当起动发动机后警告灯应熄灭。否则，说明还存在故障。若出现原来的故障码，说明尚未修好；若出现新故障码，则说明又发生了新故障，需要继续修理。

④清除故障码。当故障排除后，存储器中的故障码不会自行消除。当再次读取故障码时，这些故障码会和新的故障码一起显示出来。因此，应及时清除故障码。

3）仪器诊断法。仪器诊断法是指采用万用表、解码器、正时灯、点火分析仪、示波器、发动机综合分析仪等故障诊断手段，诊断内容包括对故障元器件的性能参数的检测，对各个主要测试点信号或对整个点火系统进行检测，进行各种特性曲线分析以及波形曲线的定性定量分析等，从而对故障做出快速而准确的判断。

小贴士 ｜ **利用专用仪器诊断**

根据所读取的故障码，查找故障原因和可能发生故障的部位。厂家都为微机控制点火系统提供专门的检测仪器，如点火控制器测试仪、计算机系统测试仪等。这些仪器可检测出系统内各部位的电阻和电压，从而可判断出故障。

4）常规方法。这种方法也是先将中央高压线拔出进行跳火，看有无火花来确定点火系统是否正常。检查时为防止喷油器喷出燃油过多，每次测试不得超过2s。

如果火花正常，应重点检查点火器与发动机电子控制单元（ECU）间的点火反馈信号（IGF信号）是否正常；如果火花不正常，应重点对点火系统中的各元件进行检查，检查方法同无触点点火系统。

（2）微机控制点火系统故障诊断的一般流程与诊断步骤

1）微机控制点火系统故障诊断的一般流程。微机控制点火系统故障诊断的一般流程如图 4-6 所示。

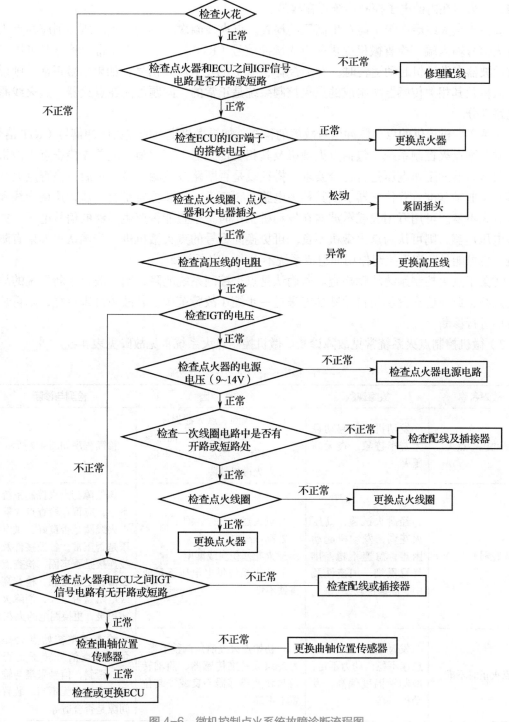

图 4-6　微机控制点火系统故障诊断流程图

2）微机控制点火系统故障诊断步骤。

①划分故障区域。首先确定故障发生在高压电路部分还是发生在电子控制部分。其方法是从分电器盖上拔下中央高压线，并使其端部距缸体 5~7mm，然后起动发动机，观察是否跳火，如果火花强烈，则可断定故障在高压电路部分。若无火花或火花很弱，则说明包括点火线圈、点火器在内的电子控制系统存在故障。

②关于点火线圈次级不能产生高压的检查。点火线圈次级不能产生高压，则应在点火器的点火信号输入端，检查微机提供的点火脉冲信号（IGT 信号）是否正常。检查时可用万用表或示波器在发动机起动运转时，看是否有 5~10V 的点火触发信号，如果信号正常，则说明点火微机及其相关传感器所组成的点火控制系统是正常的，问题可能在点火器、点火线圈及其电路部分。

③关于微机提供的点火脉冲信号故障的检查。如果微机提供的点火脉冲信号（IGT 信号）不正常，则点火控制系统（包括点火微机及其相关传感器）有故障。应首先检查点火微机及其相关传感器的工作电压是否符合要求，搭铁线是否断路或接触不良。然后再检查点火基准传感器（曲轴基准位置传感器）及其相关电路是否正常，安装位置是否合适，连接导线和插接件有无不良。可用万用表或示波器在发动机工作时，检查能否产生足够的信号电压。如果信号电压足够，则可认为点火微机不良。可更换同型号的点火微机进一步确认。如果有防盗系统，也可能是防盗系统起作用而造成系统不点火，应予排除。

④关于点火控制系统故障检查。若确认是点火控制系统故障，则一般自诊断系统的故障灯会点亮，此时应充分利用自诊断功能来进一步缩小故障范围。若故障灯未点亮，则再从其他方面进行诊断。

3）微机控制点火系统常见故障诊断。微机控制点火系统常见故障见表 4-5。

表 4-5　微机控制点火系统常见故障

故障名称	故障现象	故障原因	检测与诊断
发动机不点火	发动机不能起动且无着车迹象，查无高压火	1. 点火线圈、点火器损坏 2. 点火基准传感器、曲轴转角与转速传感器及其电路不良 3. 点火微机故障	诊断程序如图 4-7 所示
火花弱	经跳火试验，高压火花弱，发动机起动困难，怠速不稳，排气冒黑烟，加速性及中、高速性较差	1. 点火器、点火线圈不良 2. 高压线电阻过大 3. 火花塞积炭或漏电 4. 点火系统供电电压不足或搭铁不良	该故障与点火控制系统关系小，应重点检查点火器和点火线圈是否良好，供电电压是否正常，各插接件及导线连接是否牢固，检查点火器搭铁是否可靠，检查高压线电阻是否过大，消除火花塞积炭，更换漏电的火花塞
点火正时不准	发动机不易起动，怠速不稳，动力不足，冷却液温度偏高，发动机爆燃	1. 初始点火提前角调整不当 2. 点火基准传感器、曲轴转角与转速传感器不良或安装位置不正确	检查调整初始点火提前角。检查信号转子是否变形、歪斜，信号采集与输出部分安装有无不当，装置的间隙是否合适等

（续）

故障名称	故障现象	故障原因	检测与诊断
点火性能随工况发生变化	如低速正常，高速时失速；温度低时正常，温度高时不正常；刚起动时正常，工作一段时间后出现故障等	1. 点火基准传感器、曲轴转角与转速传感器安装松动 2. 电路插接器接触不良 3. 点火器稳定性差 4. 点火线圈局部损坏或软击穿和高压线电阻值过大等	检查各有关部件安装有无松动；电路连接是否牢固、可靠；检查点火器和点火线圈温度是否异常；检查或更换高压线、火花塞等

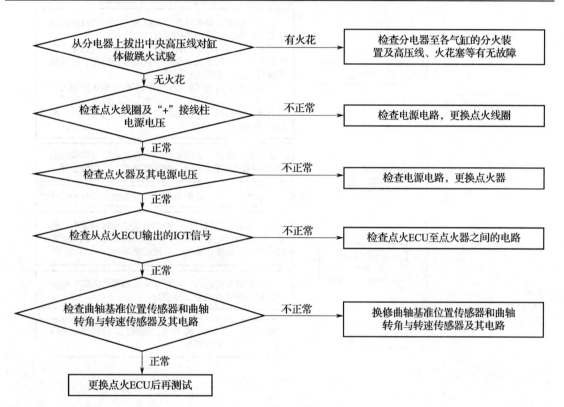

图 4-7 发动机不点火的故障诊断程序图

 三、发动机电控系统故障排查方法与技巧

1. 传感器故障的排查方法与技巧

（1）汽车传感器分类

汽车发动机、底盘、车身系统应用着多种传感器，按被测量、能量关系、功能、输出信号、信号转换关系、工作原理的不同，把传感器进行了分类，如图 4-8 所示。

（2）传感器检测方法

当汽车电子控制系统产生故障时，通过自诊断测试，指明某传感器有故障或怀疑某传感

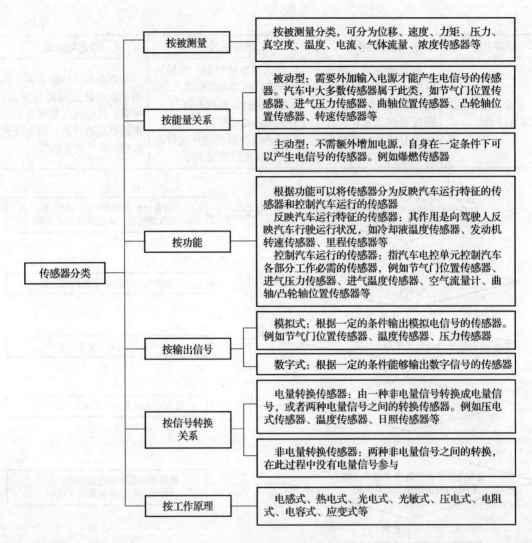

图 4-8 汽车传感器的分类

器有故障时，只是提供了故障的性质和范围，最终确定是传感器还是执行器，还是相应的配线的故障，需要进一步检查配线、插头、ECU 和相关部件，才能准确找到故障原因。使用万用表测量传感器线束插接器相关端子间的电压或电阻，可以有效地检测传感器是否存在故障。检测传感器时，应该按照以下程序进行：

1）自诊断测试。利用故障诊断仪确认被怀疑的传感器是否有故障码，并在数据流中加以强化判断。

2）外部检查。为防止不是因为传感器本身故障而导致的传感器误判，要首先对怀疑的传感器部位进行外部检查，查看传感器的导线和连接的管路是否脱开、传感器是否有脏污、水泡、腐蚀、氧化、接触不良、变形等情况。

3）线束检测。检测传感器与 ECU 之间的线束有无短路、断路或搭铁故障。用高阻抗万用表电阻档，测量传感器与 ECU 两连接线束的电阻值（传感器信号端、地线端分别与对应 ECU 的两端子间电阻），线路应导通，若不导通或电阻值大于规定值，说明传感器线束存在断路或插接器插头接触不良，应进一步检查或更换。

4）电源电压的检测。为防止传感器由于没有供给电源而不能正常工作，应对外部电源进行检查。例如，霍尔式曲轴位置传感器如果没有 12V 或 5V 电压的供给，传感器是不会有信号输出的。

5）本体检查。主要是外观检查和电阻检查，不用连接外部电路。电阻的检测：将点火开关置于"OFF"位置，拆下传感器插接器，用数字式高阻抗万用表 $R \times 1$ 档，测试传感器两端子的电阻值。将测得的值与标准值比较，若不符合标准，则应修理或更换传感器。

6）输出信号检测。传感器输出信号的检测可以使用万用表的电压档或电流档进行，当点火开关置于"ON"位置时，检测传感器的输出信号电压，将测得的值与标准值比较，若不符合标准，则应修理或更换传感器。

　　小贴士　　使用汽车专用万用表对输出信号只是作简单的判断，更精确地判断输出信号可以使用示波器来进行。

①模拟直流信号。如节气门位置传感器，用万用表直流电压量程检测即可满足要求。

②模拟交流信号。ABS 轮速传感器、磁电式曲轴位置传感器，用汽车专用万用表交流电压量程检测即可满足要求。

③脉宽调制信号 / 频率调制信号。虽然可以使用万用表，但结果不够准确，要想看清具体的变化过程，必须使用示波器。例如，三菱汽车用的卡门涡式空气流量传感器，在怠速时，输出信号为 22~32V，此电压为频率调制信号的平均电压，但用示波器就可以很方便地看出空气流量传感器信号的频率和幅值是否符合标准。

7）维修与更换。对传感器进行以上检测后，可以基本确定其好坏。更换传感器时，要严格按照操作规程操作。操作时关闭点火开关，且不可带电操作，否则容易损坏其他电子部件。安装时要轻拿轻放。

8）检验。维修与更换传感器后，要切记用故障诊断仪消除故障码并重新试车，模拟故障出现状况，如果在试车过程中故障现象没有重复出现，检查故障码也没有重新出现，说明判断准确，安装正确，传感器检修操作完成。

（3）发动机用传感器常见的故障及原因

1）空气流量计常见的故障是信号电压过高或过低。若空气流量计或其电路发生故障，如信号电压过高或过低、信号电压在测量范围内不正确，如果 ECU 并没有判断出来有故障，将会引起发动机失速。但是如果 ECU 将其与凸轮轴位置传感器信号和节气门位置传感器信号计算出的值相比较相差较大时，ECU 将判定其有故障，失效保护系统使 ECU 根据起动信号和节气门位置传感器信号按固定的喷射时间控制发动机工作。此时发动机的性能大大下降，电控单元在控制点火提前角时会忽略空气流量信号。

2）进气歧管绝对压力传感器无信号或信号不正确，会使喷油控制失常，将造成发动机不能起动、起动困难、怠速运转不柔和、加速时发抖、发动机失速、燃油消耗过大等故障。

进气歧管绝对压力传感器常见的故障原因有，连接进气歧管绝对压力传感器的真空管路接头处或传感器内部有泄漏，使信号电压不正常或无信号输出；进气歧管绝对压力传感器插接器端子或其内部电路接触不良或断路，使传感器信号不正常或无信号输出；进气歧管绝对压力传感器压敏元件或相关部件失常而使信号电压不正常。

3）曲轴和凸轮轴位置传感器的常见故障及原因。发动机转速与曲轴位置传感器有故障时，会造成发动机不能工作或发动机起动后立即熄火。发动机转速与曲轴位置传感器的常见故障有，传感器插接器或内部线路接触不良或断路而使传感器信号弱或无信号输出；传感器感应线圈有短路或搭铁而使传感器信号弱或无信号输出；传感器安装松动或间隙不当而使传感器信号弱或无信号输出。

4）节气门位置传感器的常见故障及原因。节气门位置传感器故障是信号不正确或无信号输出，可能会造成发动机无怠速或怠速不稳、加速困难或不能加速、发动机油耗和排气污染增加等故障。

节气门位置传感器的常见故障如下：

①传感器滑片与电阻接触不良而使信号中断或时有时无。

②传感器电阻或内部电路有断路或短路，使其无信号电压输出或信号电压不正确。

③传感器滑片和电阻及相关零件松动和变形，使信号电压不准确。

当节气门位置传感器或其电路发生故障时，ECU 将始终接受节气门处于全开或全关状态信号，无法对喷油量进行精确控制。此时，失效保护系统中，通常按节气门开度为 0° 或 25° 设定标准的节气门位置传感器。

5）冷却液温度传感器的常见故障及原因。常见故障有起动困难，性能失常，怠速不稳，油耗增大，加速时回火、爆燃等。

主要的故障原因有发动机冷却液温度传感器故障（电阻值不符合标准）；发动机冷却液温度传感器插接器接触不良，传感器断路或短路；冷却液温度传感器表面有水垢。

6）进气温度传感器的常见故障及原因。当进气温度出现故障时，发动机 ECU 能够检测到故障信息，并能使发动机进入故障应急状态运行。此时发动机可能会出现热车难起动，排放超标等故障。

主要的故障原因有进气温度传感器感受温度部分脏污，使传感器热敏元件感受进气温度变化的灵敏度下降，从而导致其电阻值不能反映实际的进气温度；进气温度传感器内部线路接触不良而使传感器无信号或信号不正常；进气温度传感器热敏元件性能不良而使信号不正常；进气温度传感器线束插头接触不良，断路或短路。

> **小贴士**　当进气温度传感器或其电路发生故障时，失效保护系统给 ECU 提供设定的进气温度信号，通常按进气温度为 20℃ 控制发动机工作，防止混合气过浓或过稀。

7）氧传感器的常见故障及原因。氧传感器一旦出现故障，将使电子燃油喷射系统的计算机不能得到排气管中氧浓度的信息，因而不能对空燃比进行反馈控制，会使发动机油耗和排气污染增加，发动机出现怠速不稳、缺火、喘振等故障现象。因此，必须及时地排除故障或更换氧传感器。故障的原因主要有下列几种：

①中毒。氧传感器铅中毒是使用了含铅汽油，在高温下，铅附着在氧传感器的表面，使之不能产生正常的信号。

②积炭。氧传感器铂片表面积炭后，不能产生正常的电压信号。产生积炭，主要表现为油耗上升，排放浓度明显增加。此时，若将沉积物清除，就会恢复正常工作。

③氧传感器内部线路接触不良或断路而无信号电压输出。

④氧传感器陶瓷元件破损而不能产生正常的电压信号。氧传感器的陶瓷硬而脆，用硬物敲击或用强烈气流吹洗，都可能使其碎裂而失效。因此，处理时要特别小心，发现问题及时更换。

⑤氧传感器加热器电阻丝烧断或其电路断路，使氧传感器不能迅速达到正常工作温度。

8）爆燃传感器的常见故障及原因。引起的主要故障现象有加速时产生爆燃，为防止爆燃的发生，ECU 将点火提前角推迟，发动机功率有所下降；油耗升高；发动机运转不稳；不能达到最高车速；点火正时不准。常见的故障原因有线束或插接件（此传感器电路断路或短路）和爆燃传感器失效。

2. 执行器故障排查方法及技巧

（1）执行器的功用与分类

1）执行器的功用。执行器又称为执行元件，是电子控制系统的执行机构。执行器的功用是根据电控单元（ECU）的指令完成具体的操作动作。

2）执行器的分类。执行器可分为动作类和非动作类两种：动作类执行器主要有各种电动机和电磁阀等；非动作类执行器主要有灯泡、点火线圈和加热电阻等。电动机分为普通直流电动机和步进电动机两种。电磁阀分为直动式和旋转式两大类。

汽车执行器种类较多，根据执行器在车上的部位进行分类，如图 4-9 所示。

（2）执行器检测方法

当汽车电子控制系统产生故障时，通过自诊断测试，指明某执行器有故障或怀疑某执行器有故障，也可以利用万用表来判定，检测方法同传感器，即采用测量执行器线束插接器相关端子间的电压、电阻和工作状态的方法来进行检查。检测执行器的程序如下：

1）自诊断测试。利用故障诊断仪确认被怀疑的执行器是否有故障码，并在数据流中加以强化判断。

2）外部检查。为防止不是因为执行器本身故障而导致误判，要首先对怀疑的执行器部位进行外部检查，查看执行器的导线和连接的管路是否脱开以及执行器是否有脏污、水泡、腐蚀、氧化、接触不良、变形等情况。

3）线束检测。检测执行器与 ECU 之间的线束有无短路、断路和搭铁故障。

4）电源电压的检测。为防止执行器由于没有供给电源而不能正常工作，应对外部电源进行检查。

5）本体检查。主要是外观检查和电阻检查，不用连接外部电路。针对能够进行电阻测量的执行器，如电动机、电磁阀等执行器，可以用万用表的电阻档直接测量，从而判断执行器是否正常。

6）控制信号检测。控制信号的检测可以使用万用表的电压档或电流档进行，但使用汽车专用万用表对输出信号只是作简单的判断，更精确地判断输出信号可以使用示波器来进行。

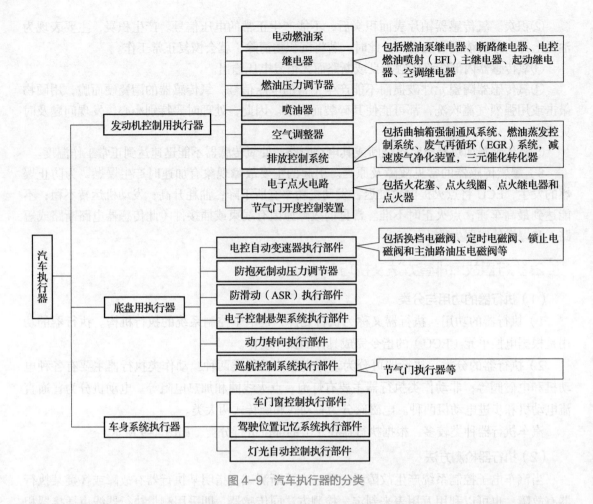

图4-9　汽车执行器的分类

7）工作状态的检查。按照执行器的工作条件，提供相应的电源电压，查看执行器的工作情况是否正常。

8）维修与更换。对执行器进行以上检测后，可以基本确定执行器的好坏。更换执行器时，要严格按照操作规程操作，切忌蛮干。要关闭点火开关，且不可带电操作，否则容易损坏其他电子部件。安装时要轻拿轻放。

9）检验。维修与更换执行器后，要切记用故障诊断仪消除故障码并重新试车，模拟故障出现状况，如果在试车过程中故障现象没有重复出现，检查故障码也没有重新出现，说明判断准确，安装正确，执行器检修操作完成。

3. 发动机电控单元自诊断的功能与故障识别

（1）发动机 ECU 自诊断功能

1）发现故障。输入微处理器的电平信号，在正常状态下有一定的范围，如果此范围以外的信号被输入时，ECU 就会诊断出该信号系统处于异常状态。例如，发动机冷却液温度信号系统规定在正常状态时，传感器的电压为 8~48V（-50~139℃），超出这一范围即被诊断为异常。

> **小贴士**　如果微处理器本身发生故障，则由设有紧急监控定时器（WDT）的时限电路加以监控；如果出现程序异常，则定期进行的时限电路的再设置停止工作，以便采用微处理器再设置的故障检测方法。

2）故障分类。当 ECU 工作正常时，通过诊断用程序检测输入信号的异常情况，再根据检测结果分为不导致故障的轻度故障、引起功能下降的故障以及重大故障等。并且将故障按重要性分类，预先编辑在程序中。当 ECU 本身发生故障时，则通过 WDT 进行重大故障分类。

3）故障警告。一般通过仪表板上警告灯的闪亮来向车主警告。在装有显示器的汽车上，也有直接用文字来显示警告内容的。

4）故障存储。当检测故障时，在存储器中存储故障部位的故障码，一般情况下，即使点火开关处于断开位置，ECU 和存储部分的电源也保持接通状态而不致使存储的内容丢失。

> **小贴士**　当断开蓄电池电源或拔掉熔丝时，由于切断了 ECU 的电源，存储器内的故障码才会被自动消除。

5）故障处理。在汽车运行过程中如果发生故障，为了不妨碍正常行驶，由 ECU 进行调控，利用预编程序中的代用值（标准值）进行计算以保持基本的行驶性能，待停车后再由车主或维修人员进行相应的检修。

> **小贴士**
> ### 发动机 ECU 自诊断系统的备用功能
> 所谓备用功能（又称应急保护功能），是指当电控汽车的 ECU 出现故障，而且该故障能够对电控汽车构成较大威胁时，为了保护电控汽车不受进一步损害而自动启用的保护措施。
> 当备用功能启用后，正常运行功能被关闭，ECU 用存储器中预先设定的参数代替传感器检测的信息来控制发动机，使发动机继续运行。如果故障被排除，正常功能立即投入使用，备用运行功能自动关闭。
> 例如，若冷却液温度传感器损坏，ECU 将按预先设定的温度（起动时 20℃以及运行时 80℃）进行燃油控制和点火控制。

（2）发动机 ECU 怎样识别传感器故障

发动机 ECU 对传感器故障的识别主要有电压型故障和时间型故障两种。

1）电压型故障的识别。传感器的输出一般为电压信号，通常将传感器输出电压信号作为故障诊断参数。当传感器内部发生短路或断路，或传感器与 ECU 之间的线路发生搭铁或断路时，其输入 ECU 的信号电压超出正常范围。

若 ECU 接收传感器异常电压信号持续超限一定时间，则将其判断为故障，并将对应故障码存入 ECU 的随机存储器（RAM）内。如发动机冷却液温度传感器在 −30~139℃时，正常的电压参数为 0.1（139℃）~4.8V（−30℃）。当测得的故障诊断参数为 0V 或 5V，说明冷却液温度传感器与相关电路存在故障。

2）时间型故障的识别。由于传感器信号电压一般都保持在某一时间范围内，当时间超过一定时限将被 ECU 辨认为故障的情况。ECU 根据传感器信号变化的快慢、保持高于或低于某一值的时间是否超过某一时限，判定传感器是否存在故障。

> **小贴士**
>
> 如氧传感器信号电压在过量空气系数 λ<1 时，信号电压应为 1000mV；λ>1 时，信号电压应为 100mV；λ=1 处发生阶跃。
>
> 当在加速工况下，该信号电压保持低于 600mV 的时间达到 15s，ECU 认为该传感器信号电压偏低，判其为故障；在减速工况下，该信号电压保持高于 110mV 的时间达到 15s，ECU 认为该传感器电压偏高，判其为故障。
>
> 当传感器输出的信号电压在正常范围内，而且从时间上也检查不出其存在的故障时，ECU 采用多种推理方法或计算方法进行识别。

（3）发动机 ECU 怎样识别执行器故障

对执行器的故障识别，一般是在 ECU 驱动电路中增设专用检测回路，监测执行器的工作情况。例如，在正常情况下，ECU 每输出一个点火信号，电子点火器内的点火监测回路就及时收到一点火正常反馈信号 IGF。当电子点火回路中的功率晶体管由于某种原因不能发出正常的点火电压信号时，ECU 也就得不到点火正常反馈信号 IGF，一般 ECU 在连续 6 次得不到 IGF 的情况下，就会判定点火系统出现故障。

（4）发动机 ECU 本身的故障识别

在 ECU 内，为了实现对自身的监测，设有相应的监控回路。当 ECU 检测到系统有故障时，将以故障指示灯提醒驾驶人。

> **小贴士**
>
> ECU 正常运行时，ECU 的运行程序会对监视器内的计算器定时进行清零处理。这样，监视器中计数器的数值永远不会出现因计数满而溢出的现象。但当 ECU 出现故障时，ECU 便不能对这个计数器进行定时清零，致使此监视计数器出现溢出，在其输出端输出一高电平，据此可判定 ECU 故障。

4. 维修汽车电控单元（ECU）的注意事项

1）防潮湿。在给轿车进行清洁和冲洗时，应特别注意不要让水进入 ECU，在湿润季节应注意防止潮气进入 ECU，以免受潮湿而损伤或损坏其中的印制电路板及元件，而产生不良影响。

2）防断电。当电控单元的电源切断后，存储在 ECU 记忆体中的一些信息将会自动丢失，而当重新接通 ECU 的电源后，如果不进行 ECU 与控制元件的匹配，ECU 将失去对执行元件的控制，使汽车不能正常运行。

3）防静电。由于 ECU 上的电子元件对静电十分敏感，当人体所带的静电达到一定程度时很容易使其烧坏。因此，在对 ECU 进行维护修理作业时，必须在手腕上系一根金属线，另一端与车身或车架相连（搭铁），可使人体产生的静电导出，避免对 ECU 造成损伤。

4）防强振。强烈振动很容易使电控单元中的线路及电子元件产生故障或损坏，因此，在拆卸或安装 ECU 的过程中，禁止敲击或粗暴作业，ECU 在移动或运输中要轻拿轻放，防止甩落现象的发生。

5）防丢失。在判明故障之前，不能将蓄电池搭铁线拆去，否则，ECU 的记忆诊断数据会自行消失。所以，务必在拆线前先研究和处理完诊断数据，然后才可拆线进行其他检查，以防止数据信息丢失。

6）防接触不良。ECU 的常见故障往往是由插线接触不良引起的，所以要经常进行检查，确保各导线插头、接线柱、插接器的清洁和接触可靠性。

小贴士　对于某些电控装置微机系统无法采用计算机检测仪进行故障码的读取或进行数据的分析的车辆，往往采用检测微机各端脚工作电压的方法来判断其工作情况。但因这种检测工作通常是在没有断开微机线束插头的情况下进行的，而大部分汽车电控装置的微机都安装在较为隐蔽的位置（如仪表台内部等），这就给检测工作带来了极大的不便。为了解决这一问题，许多汽车生产厂家设计了多种专用的检测工具，微机专用连接器就是其中的一种。常用微机专用连接器的类型及使用方法如下：

①"T"形线束的微机专用连接器。如图 4-10 所示是一种采用 3 组线束插头的"T"形线束的微机专用连接器，插头 A 与 C 与微机插座相同，插头 B 则与微机线束插头基本一样，A、B、C 三组插座通过导线进行相互间的连接。使用微机专用连接器时，只要拔下微机线束，把微机与线束分别与插头 A、B 相连接，此时微机就会通过专用连接器与线束进行连接，维修人员就可以通过微机连接及微机端脚分布相同的插头 C 对微机的各个端脚电压进行检测了。

②检测箱式汽车电脑专用连接器。如图 4-11 所示为检测箱式汽车电脑专用连接器示意图。该连接器是将连接插头 A、B 的线束接到另一个专用的检测箱内，然后通过检测箱中与微机插座各式各样端脚相对应的检测孔对微机的各个端脚电压进行检测。

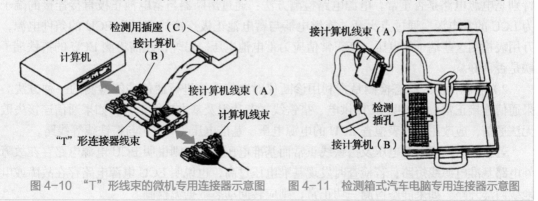

图 4-10　"T"形线束的微机专用连接器示意图　　图 4-11　检测箱式汽车电脑专用连接器示意图

5. 发动机电控单元（ECU）故障的类型与主要原因

依据电控单元（ECU）故障发生的部位，可分为 ECU 外围电路故障和 ECU 内部故障。

1）ECU 外围电路及故障。外围电路有电源电路、传感器信号电路和执行器驱动电路。

外围电路故障主要是指ECU电源电路故障，一旦电源电路不正常，ECU便无法正常工作。

2）ECU内部故障又可分为电源电路故障、输出动力模块故障、存储器故障、ECU进水和受潮故障等。

①电源电路故障。由于浪涌电压的存在，许多元器件易出故障，最常见的是出现贴片电容、贴片电阻、贴片二极管甚至某些重要芯片的周边外围保护电路连同印制板上的铜布线一起烧坏。

②输出动力模块故障。输出动力模块上较大的驱动电流极易导致功率板发热，这是ECU中最易发生故障的部分；某些汽车喷油器不喷油，突然熄火，其终极原因往往是功率驱动电路发生击穿。

③存储器故障。由于在运行过程中浪涌电压的冲击，程序存储器中出现某些字节丢失的现象，导致汽车发动机或其他被控制对象出现运转失常；或者由于事故发生后，EEPROM中的内容被改写为异常状态，导致系统暂时故障。

如可编程存储器（EEPROM）出现问题时，可进行更换。更换时，利用写入器（又称为烧录器），先从带有程序的良好芯片中读出程序，然后写入一个同型号的空白芯片，最后将复制芯片装入ECU。

> **小贴士** 有的汽车厂家规定芯片的复制次数（3~7次），超过规定的次数便不能使用，也有的厂家通过加密手段使芯片无法复制。

6. 电控单元的故障检测方法及注意事项

（1）电控单元故障的检测方法

当电控单元（ECU）工作不正常时，首先检测ECU的外围电路是否正常，然后按照静态检测和动态检测程序进行检测。

1）外围电路的检查。在怀疑ECU本身有故障之前，应当先检查并确认ECU的外围电路特别是电源电路是否正常。电源电路检测方法：通过熔断器与蓄电池正极直接连接的端子称为ECU的常电源，通过点火开关或继电器与蓄电池正极连接的端子为ECU的条件电源，用万用表检测这些端子的电压，其正常值应为蓄电池电压。另外，还需检测ECU的搭铁端子搭铁是否良好。

2）静态检测。静态检测是指利用诊断仪对电控系统进行通信功能检测的一种方法。如果通信连接正常，则表明ECU供电、搭铁线、芯片组及基本功能正常；如果通信连接失败或无法通信，应改用万用表检查ECU的电源电压、基准电压（+5V）与搭铁线等线路。

若检查时发现电源电压及搭铁线正常而基准电压过低，则说明ECU电源电路存在故障或外电路基准电源线短路；若检查时发现基准电压过高，也说明ECU电源电路存在故障或电源地线内部开路。如果静态检测一切正常，则应转向动态数据流检测。

如果怀疑其有故障，通常采用测量其线束插接器相关端子间电压和电阻的方法来进行检查。但在测量之前，应首先检查电控单元外观有无明显的损坏，外围元器件是否脱焊或变质，若一切完好，再对电控单元（ECU）进行测量。

3）动态检测。动态检测是指在起动系统处于工作状态时，利用诊断仪读取数据流观察传感器信号是否正确的一种方法。

①如果丢失了某一信号，可断开传感器，利用信号模拟器根据信号性质模拟发出信号再次检测，如果检测结果正常，说明外部线路或传感器本身故障。

②如果没有数据显示，则应检查接口电路焊接情况。若焊接良好，则是ECU发生了输入信号处理电路故障。

③如果属于输入数据流检测正常而输出功能不良的情况，则通过静态检测元件功能逐一试验输出功能，同时可用万用表和试灯监测试验结果（万用表接在驱动电路前，试灯接在驱动电路后）。

④如果万用表监测结果正常而试灯不亮，说明ECU驱动电路存在问题；如果万用表监测结果不正常，则说明ECU输出信号处理电路存在故障。

小贴士　在经过静态检测和动态检测能确认ECU基本工作正常后，接下来应进行各项参数的信号分析。如果参数相差过大或输入信号和输出信号正常而ECU工作不正常，应检查或更换EEPROM（有些车型可更换）。另外，若ECU在断电后放置一段时间再次检测又能恢复正常，则说明ECU程序不稳定或存在缺陷。

（2）用万用表检测电控单元电压和电阻的注意事项

1）检测前，应先检查发动机微机控制系统及其他微机控制系统和电气系统各熔断器、熔丝及有关导线连接器是否良好。

2）在点火开关处于接通（ON）位置时，蓄电池电压应不低于11V，电压过低会影响测量结果。

3）必须使用高阻抗的万用表（阻抗应大于10MΩ/V），低阻抗的万用表会损坏ECU。最好使用汽车专用万用表进行检测。

4）必须在ECU和线束连接器处于连接的状态下测量ECU各端子的电压。并且万用表的表笔应从线束插头的导线一侧插入，测量各端子的电压。

5）测量ECU各端子电阻时，应在关闭（OFF）点火开关，拆下ECU的线束插接器后进行，否则会损坏。

6）若要脱开ECU的导线连接器测量各控制线路，则应先拆下蓄电池负极搭铁线。不可在蓄电池连接完好的状态下脱开ECU导线连接器，否则可能损坏ECU。

7）检测时，应先将ECU连同导线一同拆下，在导线连接器处于连接的状态下，按照车型ECU技术要求的检测顺序，分别在点火开关关闭（OFF）、开启（ON）及发动机运转状态下测量ECU各端子与搭铁之间的电压。也可以脱开ECU导线连接器，测量各控制线路的电阻，从而确定控制线路是否正常。

7. 发动机ECU损坏的主要原因及检测技术

（1）发动机ECU损坏的主要原因

ECU损坏的原因主要是环境因素、电压超载和不规范的操作等，主要有以下几种：

1）供电电压超出正常范围（大于16V）或蓄电池接反并起动车辆。

2）输出电压过大（短路）或电磁感应电压过高。

3）输入信号电压过高（一般应低于5V）。

4）ECU进水、潮湿，造成线路短路或腐蚀。

5）外部线路短路，导致线路电流过载（一般搭铁线烧断）。

6）受高压静电冲击（电焊或错误拆装）。

7）强烈的外力冲击造成ECU外壳损伤、变形及线路板破裂。

8）ECU内部元件（电阻或电容）老化或程序设计缺陷。

（2）发动机ECU损坏的检测技术

1）ECU内部检查。在经过静态检测和动态检测能确认ECU基本工作正常后，接下来应进行各项参数的信号分析。如果参数相差甚远或输入信号和输出电路正常而ECU工作不正常，应检查或更换ECU。

2）运用ECU端子电压诊断发动机ECU故障。用数字万用表电压档检测蓄电池的电压，电压值应大于或等于11V，否则应将蓄电池充电后再进行测量。

将ECU从车上拆下，但保持其导线插接器与ECU处于连接状态。将点火开关转至"ON"位置，将数字万用表置于电压档。依次将数字万用表红表笔从导线插接器的导线一侧插入，测量ECU各端子与搭铁之间电压。

记录各ECU端子与搭铁之间的电压值，应与车型的标准值进行比较。如果所测的电压值与标准值不符合，说明ECU或其控制线路有故障，则检修发动机控制线路或更换ECU。

测量结果应与标准值比较，若测得的电压与标准值基本相符，表明电控单元工作正常；若某一端子或几个端子数值偏差较大，相对误差大于20%，则应怀疑ECU是否损坏。

若电压有误差但差别不是太大，此时不妨再配合测电阻或电流来做进一步判定。若与标准值差别很大，说明ECU或控制线路有故障。

3）运用ECU端子电阻诊断发动机ECU故障。从汽车上拆下ECU。断开ECU导线插接器。将数字万用表置于欧姆档，测量发动机导线插接器各端子之间的电阻。

记录下所测得的电阻值，并将其与车型标准值进行比较，如果所测数值与标准值相符合，但是车辆依然有故障，则更换ECU。

> **小贴士**
>
> 若ECU内部某些元器件断路或击穿，可通过测量ECU线束上各端子对地间的电阻来判定。
>
> ①用万用表测量导线插接器各端子间电阻值。注意不要触碰电控单元的接线端子，应将测笔从导线侧插入导线插接器中测量。
>
> ②测量电阻值与标准值比较，以便确定ECU控制线路工作是否正常。

8. 发动机电控单元的故障检修技巧

（1）ECU故障的诊断方法

发动机微机控制系统中，ECU是系统的核心部件。当电控系统出现故障，有些可由故障码直接显示，而有些故障须在检测相关电气部件和线束无故障时才能确认。

ECU故障的诊断方法主要包括故障自诊断和人工诊断法两种。

1）故障自诊断。ECU具有"故障自诊断"，也都具备对整个电控系统的故障诊断能力。

130

诊断中，根据输出的故障码，可方便地判断出 ECU 是否有故障。

2）人工诊断法。当电控系统某些装置出现故障时，先读取故障码，再按照读取的故障码病状关联表，利用专用仪器或数字式万用表，对有故障的电气装置或线束进行检查。人工诊断的步骤如下：

①检查 ECU、电气元件的插接器、搭铁线连接与接触情况。

②检查传感器、执行器等电气元件的特性参数值，看是否在规定值之内。

③测量 ECU 插接器和电气元件插接器线束之间的电阻，检查是否有断路或接触不良。

④测量 ECU 插接器端子与车身（搭铁）之间的电阻，检查是否有短路搭铁故障。

以上各项检查若都正常，可初步诊断 ECU 有故障。

（2）ECU 故障的检测

当初步确定 ECU 有故障后，可按下述方法对 ECU 进一步检验。检验前，应备齐插接器端子位置图和定义表、ECU 插接器端子的标准电阻值和电压值以及相关技术资料。

1）检测 ECU 各端子间的工作电压。将万用表选择在直流电压档，并选择合适的量程，在蓄电池充足电的情况下接通点火开关或在发动机运转时，用万用表测量 ECU 各端子的工作电压或信号电压，其值应符合标准，否则，说明 ECU 相应部分有故障。

2）检查 ECU 各端子间的工作电压。将万用表选择在直流电压档，并选择合适的量程，在蓄电池充足电的情况下接通点火开关或在发动机运转时，用万用表测量 ECU 各端子的工作电压或信号电压，其值应符合标准，否则，说明 ECU 相应部分有故障。

3）换件对比检验。如初步诊断结果是 ECU 有故障，在条件允许时，可用此车型的 ECU 备件或同型号发动机的 ECU 进行换件试验，能更迅速准确地判定 ECU 是否损坏。如换件后工作正常，说明原 ECU 有故障。

（3）电路故障检测

电控系统电路常见故障是断路或短路，诊断时应使用高阻抗数字万用表的电阻档或电压档进行检测诊断。

1）选择测点。需要把线束插接器端子作为测点时，应拆开线束插接器。如果必须在线束插接器处于插接状态时测量参数（如传感器输出信号电压），则应先将线束插接器上的橡胶防水套向后取出。将万用表测量表笔从后端以适当角度插入并触及端子进行检查，不可对端子用力过大，如图 4-12 所示。

2）断路故障检测。检查线路断路故障时，应先脱开 ECU 和相应传感器的插接器，然后测量插接器相应端子间的电阻，以确定是否有断路或接触不良故障。图 4-13 为断路故障检查示意，打开三个线束插接器 A、B、C 中的任意两个，分别测量端子 1-1 和 2-2 之间的电阻。若电阻值为 0Ω，说明两测点间无断路；若电阻值为 ∞，说明两测点之间断路。

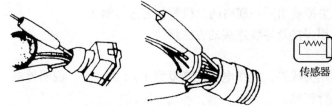

图 4-12　插接器处于插接状态时的检查

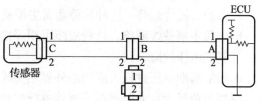

图 4-13　断路故障检查示意

3）短路故障检测。检查线路搭铁短路故障时，应拆开线路两端的插接器，然后测量插接器被测端子与车身或搭铁线之间的电阻值。如果电阻值为0Ω，说明有短路故障；如果电阻值较大（电阻值>1MΩ）为无故障。

（4）发动机ECU晶体管的故障检修

1）发动机ECU晶体管的更换。

①将发动机ECU多孔导线插接器插上，起动发动机，使用万用表电压档连接到要确认的印制线，显示5V则为基准电压。

②用万用表测试晶体管，如果发现集电极C与基极B的正反向电阻值无穷大，则说明晶体管已经断路；如果发现集电极C与发射极E之间的电阻值为零，则说明晶体管已经被击穿。此外还需要测量晶体管附近相连的其他晶体管和二极管。

2）准确替换发动机ECU的晶体管。

①型号。查看晶体管上的信号，通过晶体管对应表确定与之相配的晶体管。

②电阻。晶体管的基极一般都串有电阻，基极电阻值要与原晶体管的电阻值相近。

> **小贴士**　晶体管的基极是靠电流的大小控制的，ECU电压值固定，因此需要利用电阻来控制电流。如果电流过大会烧坏晶体管，电流过小则不能将其触发。

③测量。利用万用表的二极管测量档测量晶体管的属性。根据晶体管特性，应该只有一个引脚相对于另外两个引脚单向导通，具备这个属性则可确定是晶体管，只有一对引脚单向导通的是场效应管，相对另外两个引脚导通的引脚是晶体管的基极。

> **小贴士**　①将替换的晶体管焊接到电路板上，焊接时要注意焊锡应尽可能少，避免过热，焊接完后要用万用表测量各引脚，应不能相互导通。
> ②替换完后，在ECU板裸露的情况下将其连接到车辆线束插头中，起动发动机，检查相应功能是否正常，同时用手触摸晶体管，如果有些热为正常，如果烫手说明存在故障。同时观察发动机故障指示灯是否点亮，并进行路试验证ECU工作情况。

（5）发动机ECU故障的排除

从原则上讲，ECU只能更换不能修理，对于芯片及程序故障，最好更换同型号ECU。但有些ECU的故障是可以通过更换元器件的方法进行修复的，这类故障主要包括以下几种情况：

1）电源故障。ECU电源故障有两种情况：一是主电源故障；二是基准电压故障（5V）。

①ECU主电源故障。造成这种故障的原因有两个：

a.保护二极管短路。这种故障通常去掉或用同一规格的二极管代替进行解决。

b.电源主搭铁线断路。这种故障可用焊接及导线连接的方法解决。

②基准电压故障。

a.如果基准电压过低，应切断外界相关线路，观察电压能恢复到（5±0.1）V，说明外电路传感器负荷过大，此时要逐一查找进行排除。

b. 如果基准电压不能恢复到（5±0.1）V，则应更换电压调整模块。

c. 如果基准电压过高（大于8V），则应检查电源模块搭铁线及线路板搭铁线，找到具体故障点，应修复搭铁线或更换模块。

2）输出动力模块故障。可找到相对应动力模块检测其输入及输出信号电压，确认模块损坏后，可更换相同或基本参数相同的模块，如点火模块、空调控制模块、喷油控制模块及风扇控制模块等。

3）电容和电阻损坏。有些电容采用的是电解电容，当ECU使用过久后，很容易造成电容器失效，此时可用相同容量耐压16~25V的电容进行更换。

4）ECU进水和受潮故障。ECU在进水或受潮后可进行干燥处理。干燥方法是首先用酒精进行冲洗，然后再将ECU装入一个大密封袋内用真空机进行抽真空，保持24h干燥后装车试用。

（6）ECU电阻检测法

电阻检测法是利用万用表的欧姆档，通过检测线路的通与断、电阻值的大与小，以及通过对元器件的检测，来判别故障原因和故障部位。此种方法主要用于元器件和铜布线路的检测。

1）检测元器件。除了常规的电阻、二极管、晶体管等外，一些集成电路也可以采用测其电阻的方法进行检测。对于集成电路来讲，如引脚功能结构相同、外电路结构相似，那么正常情况下，其对搭铁电阻是十分接近的，因此可以使用数字万用表对其进行正、反向（调换表笔方向）测量，然后将测量值进行比较，找出故障点。这种测试方法对于一些找不到芯片资料，而元件外部连线结构形式相同的集成电路来说是一种很好的测量方法。

2）检测铜布线路。铜布线路很长，弯弯曲曲，为了证实它的两端焊点是相连的，可用万用表$R \times 1$档对其两端点进行电阻值的测量，零欧姆说明是铜布线路良好，无穷大说明是铜布线路发生断路故障。

铜布线路开裂、因腐蚀而造成的断路是经常发生的故障。开裂可能是因为受外力的影响而造成的，而ECU进水是造成铜布线腐蚀断路的主要原因。很多车辆的ECU安装于驾驶室的地板下或侧面踢脚板的旁边，在一些特殊情况下，ECU内很容易进水，如不及时处理，铜布线在水汽的作用下会逐渐腐蚀，直至故障完全表现出来。

（7）电控单元波形检查法

波形检查法是采用汽车专用或通用示波器，对ECU的相关引脚或ECU内的关键点的波形进行测量，确认其是否正常运行。例如，对于89C51来说，石英晶体振荡器输入端正常状态为标准正弦波，其ALE端为1/6时钟频率的脉冲波。其他微处理器也有类似功能引线。对于外围元件也可以使用此种方法进行测量，比如一个点火线圈不工作，在排除ECU外部相关元件及连接线路的可能性后，可以使用示波器直接测量点火器的信号输入端（IN1~IN4）。正常状态下，四个输入端的信号形状应该是相同的，所不同的是时间轴上的差异，这一点采用双踪示波器可以直观地观察到。通过对输入信号的测量，可知问题出在哪个元件上，是ECU还是点火器，根据诊断结果进行下一步的维修。不仅如此，示波器还可以直接观察各种传感器的输入信号、A/D转换器的信号、ECU的输出信号及各种驱动器输入/输出信号等。因为它能真实地再现信号的形状，真正做到有的放矢。

（8）电控单元信号注入波形检查法

信号注入法是采用函数发生器（信号发生器）给电路输入信号，在输出端观察执行器的动作情况，或在输出端连接示波器或万用表，根据示波器指示的波形和万用表显示的信号电平大小来判断故障范围。采用该方法一般应对电路的结构有了比较深层次的了解，对相应的功能电路的输入/输出信号的正常波形要有所了解，这样在车辆不工作的状态下，人为地模拟相关的信号，才能对车辆相关电路进行故障判断。另外，该方法需要有专门的仪器设备，引线较多，操作麻烦，但对于解决一些疑难问题来说是一种很好的方法。

9. 发动机电控系统常见故障的一般诊断方法

发动机电控系统常见故障的一般诊断方法见表4-6。

表4-6　发动机电控系统常见故障的一般诊断方法

故障现象	检查元件顺序	故障现象	检查元件顺序
发动机不起动	1. 发动机/电源电路的连接 2. 熔断器/油泵/发动机控制继电器 3. 燃油/滤清器状况 4. 进气/真空系统泄漏 5. 发动机管理系统连线 6. 油压/供油量/油压调节器 7. 喷油器 8. 空气流量传感器 9. ECM及其接线	急速不稳定	1. 急速控制装置 2. 进气/真空系统泄漏 3. 发动机/电源线路的连接 4. 发动机管理系统连线 5. 节气门装置 6. 节气门位置传感器 7. 冷却液温度传感器 8. 进气温度传感器 9. 空气滤清器 10. 空气流量传感器 11. 油压/供油量/油压调节器 12. 喷油器 13. ECM及其接线
冷车起动困难	1. 发动机/电源电路的连接 2. 熔断器/油泵/发动机控制继电器 3. 燃油/滤清器状况 4. 进气/真空系统泄漏 5. 冷却液温度传感器 6. 急速控制装置 7. 空气滤清器 8. 空气流量传感器 9. 油压/供油量/油压调节器 10. 喷油器 11. 节气门装置 12. 发动机管理系统连线 13. 发动机转速传感器/凸轮轴位置传感器 14. ECU及其连线	急速不正确	1. 进气/真空系统泄漏 2. 发动机/电源线路的连接 3. 发动机管理系统连线 4. 急速控制装置 5. 节气门位置传感器 6. 空气滤清器 7. 空气流量传感器 8. 冷却液温度传感器 9. 节气门装置 10. 喷油器 11. ECU及其连线

（续）

故障现象	检查元件顺序	故障现象	检查元件顺序
暖车起动困难	1. 发动机 / 电源电路的连接 2. 熔断器 / 油泵 / 发动机控制继电器 3. 燃油 / 滤清器状况 4. 进气 / 真空系统泄漏 5. 发动机管理系统连线 6. 空气流量传感器 7. 冷却液温度传感器 8. 发动机转速传感器 / 凸轮轴位置传感器 9. 油压 / 供油量 / 油压调节器 10. 喷油器 11. 空气滤清器 12. ECU 及其连线 13. 爆燃控制	怠速时断火	1. 进气 / 真空系统泄漏 2. 冷却液温度传感器 3. 空气滤清器 4. 空气流量传感器 5. 发动机 / 电源线路的连接 6. 发动机管理系统连线 7. 喷油器 8. ECU 及其接线
超速时喘抖	1. 发动机 / 电源电路的连接 2. 发动机管理系统连线 3. 冷却液温度传感器 4. 油压 / 供油量 / 油压调节器 5. 节气门位置传感器 6. 喷油器 7. 空气流量传感器 8. 爆燃传感器 9. ECM 及其接线	CO 含量过高	1. 空气滤清器 2. 氧传感器 3. 燃油蒸气净化罐 / 废气循环阀 4. 节气门阀 / 连接软管 / 连接装置卡住 5. 节气门位置传感器 6. 冷却液温度传感器 7. 发动机 / 电源电路的连接 8. 发动机管理系统连线 9. 油压 / 供油量 / 油压调节器 10. 喷油器 11. 空气流量传感器 12. ECM 及其接线
加速中爆燃	1. 爆燃控制 2. 发动机管理系统连线 3. 空气流量传感器 4. ECM 及其接线	CO 含量过低	1. 进气 / 真空系统泄漏 2. 氧传感器 3. 燃油蒸气净化罐 / 废气再循环阀 4. 空气滤清器 5. 节气门位置传感器 6. 冷却液温度传感器 7. 汽油滤清器 / 油泵 8. 油压 / 供油量 / 油压调节器 9. 喷油器 10. 空气流量传感器 11. ECU 及其连线 12. 发动机管理系统连线
恒速时断火	进气 / 真空系统泄漏		

四、电控柴油机故障的排查方法与技巧

1. 电控柴油机维修注意事项

1）柴油机的蓄电池电容量不足时，不能用快速起动电源来进行起动，但可以采用蓄电池辅助起动。

2）在进行柴油机的故障检查过程中，不能随便拔插电器接头及元件，而应在点火开关关闭后进行，并注意不要直接用万用表表笔在插接头前端进行相应的测量，而应采用专用接头或按技术手册要求进行测量。此外，还应注意接头及元件的保洁，不要让水、燃油或灰尘进入。

3）不能直接对装备电控柴油机的车辆进行电焊工作，需将控制单元拆除后才能进行这些方面的作业，冬天还应注意人体静电对电器元件的损害。

4）如需要对燃油系统进行拆卸时，一定要在柴油机停机一段时间后才能进行管路和器件的拆卸，具体时间因车型、柴油机型号和电控系统的不同而不同。在组装时，要注意保持接头的清洁及紧固后的密封性，根据拆卸情况进行排空。对于部分柴油机要逐段进行排空，首先是油箱到滤清器，然后是滤清器到油泵，即将泵体上的排气塞或排气口旋开，用手动真空泵将泵体内的气体排空。

5）不能用传统的方法对新型电控柴油机进行故障诊断，应由通过系统专业知识培训的技师，应用合适的诊断设备、专用工具进行电控柴油系统的故障诊断。同时在故障诊断前需要详细阅读柴油机制造厂的操作指南和技术说明。

6）电控柴油机系统故障诊断多采用逆源诊断法，先使用诊断设备找出故障的可能原因，然后从外围设备到控制单元逐步寻找故障所在的部位，最后加以解决。

7）不能随意切断ECU电源。在发动机运行过程中，电控系统出现故障时，自诊断系统会存储相应的故障码，以便维修人员在维修时，利用诊断仪器或随车自诊断系统读取故障码，进而根据故障提示信息查找故障原因和部位。若在读取故障码前拆开蓄电池电缆线或拆下主熔丝，就会切断ECU的电源，存储在ECU随机存储器中的故障码便会自动消除。若想获得故障码，对能够起动且故障经常出现的发动机而言，只要接通电源重新起动发动机，还可以重新获取故障码，但也浪费时间；而对于故障间歇性出现或根本无法起动的发动机，切断ECU电源后将导致难以再获取甚至无法获得故障码，这也就失去了一个很重要的故障信息。因此，在维修电控发动机时，若需要拆开蓄电池电缆线，必须先按规定的程序读取故障码。

ECU电源一般不受点火开关控制，关闭点火开关不会切断ECU电源。

8）不能随意断开与蓄电池电压相同的供电线路。当点火开关处于接通（ON）位置时，无论发动机是否正在运转，此时绝不可拆下蓄电池电缆线或熔丝。因为突然断电将会使电路中的线圈产生自感电动势而出现很高的瞬时电压（有时高达近万伏），从而使ECU及传感器等微电子器件严重受损。

　除蓄电池电缆线外，其他凡是与蓄电池电压相同的供电线路（如直流电动机、燃油泵等线路），在点火开关处于接通位置时，也都不能拆除；否则，也同样会使相关的线圈产生自感而烧坏 ECU 或传感器。

9）必要时必须切断电源。由于电控发动机的燃油系统多采用电动燃油泵，若在检修燃油系统时不切断电源，就有可能会在检修过程中无意接通电动燃油泵电路，使电动燃油泵工作，高压燃油会从拆开的燃油管路中以高压喷出，造成人身伤害或引发火灾。因此，在对电控发动机燃油系统进行检修作业之前，应先切断电源，其方法是关闭点火开关，或拆开蓄电池电缆线，或拔下主熔丝。

10）不可随意采用切断 ECU 电源的方法清除故障码。发动机维修完毕后，必须清除存储在 ECU 中的原故障码；否则，发动机故障虽已被清除，但故障码却仍储存在 ECU 中，驾驶室仪表板上的故障指示灯仍将点亮，驾驶人无法确定是有新的故障发生，还是旧故障码未清除所致，容易引起误解。

　对大多数电控发动机而言，拆开蓄电池电缆线或拆下主熔丝，使 ECU 断电 30s 以上即可清除故障码。但是必须注意，汽车防盗密码、音响密码、石英钟等信息也存储在 ECU 中的随机存储器中，采用断电清除故障码的方法，上述存储在 ECU 中的临时信息也将一起被清除掉，从而导致音响锁码等。一般来说，应按维修手册要求的方法清除故障码，不知道有无防盗密码和音响密码，或不知道密码是什么，切忌随意切断 ECU 电源。

11）不要出现过压或蓄电池极性接反。在进行车辆维修时，不允许蓄电池以外的其他电源（如专供起动用的起动电源）直接起动发动机，在装复蓄电池时注意其正、负极性不能接反，否则，供电电压过高、反向通电均会使 ECU 或其他电控元件损坏。

12）在对电控系统进行测试时，除特殊指明外，只能使用高阻抗数字式（不能使用指针式）万用表进行 ECU 及传感器测试，严禁用试灯测试与 ECU 相连接的电器元件，禁止用搭铁试火的方法进行电路检测，以免损坏 ECU 或其他电控元件。

13）不能盲目进行拆检。电控系统的工作可靠性高、使用中出现故障的概率小、多数故障是由于线束插接器接触不良造成的，这句话本身是正确的，但必须注意，"工作可靠性高"并不是说"绝对可靠"，"出现故障的概率小"并不是说"绝对不出现故障"，"多数故障是因为连接不良造成的"并不是说"全部故障是因连接不良造成的"。有些维修人员，尤其是驾驶人，由于对上述"正确语言描述"的片面理解，当发动机故障指示灯点亮时，便根据自己的主观臆断，在点火开关打开、甚至在发动机运转过程中，将一些电控元件的线束插接器拆开、插上进行试验，殊不知，这样每拆开一个传感器的线束插接器，ECU 便会记录一个故障码，这会导致人为故障码与实际故障码混淆，给故障诊断带来不必要的混乱。尤其是缺乏电控发动机维修知识或经验的人员，由于盲目操作导致发动机无法起动，再由专业人员维修时，读取的故障码有几个甚至几十个，也只能按读取的故障码一个一个地排除，既费时又费力。因此，非专业维修人员不要进行盲目拆检。

14）不能盲目采用换件法诊断故障。当怀疑某个电控元件有故障时，用新的元件（或无故障车的同一元件）取代旧件以验证该电控元件是否有故障，这是目前在维修电控系统中多数维修人员都采用过的方法。但必须注意，换件法是建立在已经获得初步诊断结论后所采用的验证方法，否则换了一堆零件下来，即使故障修复了，也不知道准确的故障部位在哪里。

> **小贴士**　换件法对诊断传感器、执行器等自身故障非常有效，但电控系统发生故障多是由外部元件或线路损坏造成的，如果在此情况下采用换件法是比较危险的，极易因故障车的外围故障而导致新电控元件的损坏，增加损失。因此，采用换件法诊断电控系统故障时，只能将故障车电控元件换到其他同类型无故障车上试验，而不能将其他无故障电控元件装在故障车上进行试验。

15）必要时拆开喷油泵或喷油器线束插接器。在维修中，使发动机运转但又不想起动发动机（如检测气缸压力等）时，必须拆开喷油泵或喷油线束插接器，以免发动机误起动或喷油器误喷油造成事故。

16）注意燃油系统清洁。在拆开燃油系统前，必须先清洁相关部件及相邻区域；拆下的燃油系统部件必须放置在清洁的平面上，并用不带绒毛的布等遮盖好；安装前，必须保证零部件的清洁；维修中，如有柴油滴漏，应及时擦拭干净；燃油系统拆开后，尽量不使用压缩空气作业，尽量不移动汽车，以免污物进入燃油系统。

2. 电控柴油发动机采用的主要传感器

电控柴油发动机采用的主要传感器及作用见表4-7。

表4-7　柴油机电控系统中的主要传感器及作用

传感器类型		作用
温度传感器	燃油温度传感器	向ECU提供燃油温度信号，一般设置在第二级燃油滤清器盖内。ECU将根据燃油的温度变化调节给单体式喷油器的脉宽调制（PWM）信号，因为燃油随着温度升高而膨胀，将会导致发动机功率降低
	冷却液温度传感器	用于向ECU提供发动机冷却液温度信号，该传感器可以用于触发自动降低发动机功率的保护功能，像机油压力和机油温度超限一样，当冷却液温度超限时也会使发动机停机。许多重型货车还利用该传感器对冷却风扇进行控制
	进气温度传感器	向ECU提供进气管内的空气温度，ECU将根据进气温度调节喷油脉宽调制信号，以控制排放
	机油温度传感器	始终向ECU指示发动机的机油温度。通常，ECU及发动机保护功能可以提供像机油压力过低时同样的保护特性。当机油温度超过正常的安全限值时，首先会将仪表板上的黄色警告灯点亮，当机油温度进一步升高到预设的最高温度限值时，将会触发发动机停机功能，之后，发动机将像机油压力超限后一样停止运转。许多电控发动机在起动时，特别是在寒冷气温状态下，该传感器信号将使ECU进入快怠速控制，有些发动机的ECU在这种情况下是根据冷却液温度传感器的输入信号进行快怠速控制的。该信号会使ECU改变喷油PWM时间，以控制发动机冷态时的白烟排入。当机油温度或冷却液温度达到预设限值或发动机运转规定时间之后，发动机的怠速转速将自动恢复到正常

（续）

传感器类型		作用
位置传感器	加速踏板位置传感器	在加速踏板下面安装一个电位计或变阻器，该传感器用于向 ECU 传送驾驶人所希望提供的油量。加速踏板位置传感器从 ECU 接受 5V 基准直流电压，当驾驶人踩下加速踏板时，加速踏板位置传感器向 ECU 反映加速踏板踩下的百分比，加速踏板位置传感器输出的电压信号在 0.5~4.5V 之间变化
压力传感器	调节滑套位置传感器	喷油定时的基准信号
	针阀升程传感器	喷油定时的基准信号
	冷却液液位传感器	用于监测散热器上水室或膨胀罐中冷却液液位。通常该传感器信号与 ECU 的发动机保护系统相系，当冷却液液位过低时，会使发动机停止运转。此外，当该传感器测到冷却液液位过低时，发动机将不能起动，并使仪表板上的警告灯点亮
	空气流量传感器	发动机控制单元利用空气流量计测得的进气量来计算喷油量和废气再循环率
	共轨压力传感器	共轨压力传感器的作用是以足够的精度，在相应较短的时间内，测定共轨中的实时压力，并向 ECU 提供电信号
	燃油压力传感器	一般监测第二级燃油滤清器出口处燃油压力，该传感器压力用于诊断目的
	进气歧管压力传感器	进气歧管压力传感器提供的信号用于检查增压压力，发动机控制单元将实际测量值与增压压力图上的设定值进行比较，若实际值偏离设定值，发动机控制单元通过电磁阀调整增压压力，实现增压压力控制
	机油压力传感器	向 ECU 通报发动机机油主油道压力，当机油压力低于期望值时，ECU 将启用降低发动机转速和功率的保护功能，来调节发动机的转速和功率。当监测到危险的机油低压力时，ECU 将使登记表板上的红色警告灯闪亮，向驾驶人发出警告信号，有些发动机或汽车还可能伴有蜂鸣声。如果 ECU 设有停机保护功能，当机油压力低于限值 30s 后会使发动机自动停机，有些系统可能还设有手动延时按钮，按下该按钮后，发动机的运转时间将延长 30s，以便驾驶人能够将汽车安全地停靠到路边
	冷却液压力传感器	一般用于大排量发动机，严密地监测水泵和气缸体内冷却液的压力
	大气压力传感器	向发动机控制单元提供一个瞬时环境空气压力信号，此值取决于海拔高度，有了该信号，发动机控制单元可以计算出一个控制压力和废气再循环的空气压力修正值
	曲轴箱压力传感器	通常用于矿山、电站和船舶的大排量发动机上，该传感器直接监测曲轴箱内的压力。在二冲程发动机上，该传感器用于监测发动机气缸体中曲轴箱的空气压力
速度传感器	发动机转速传感器	发动机转速传感器产生的信号记录发动机转速和准确的曲轴位置，利用此信息，发动机控制单元计算出喷油始点和喷油量
	气缸判别传感器	凸轮轴每转一圈向 ECU 提供一个信号，ECU 据此确定哪个气缸的活塞处于压缩冲程上止点（TDC）
	车速传感器	该传感器一般安装在汽车变速器输出轴上，向 ECU 提供汽车速度信号。该值还用于进行巡航控制、车速限制和通过发动机压缩制动保持最高预设车速的自动控制，而且在发动机进行高强度压缩控制时，发动机冷却风扇离合器会自动进入接合状态，以实现发动机风扇制动，这可以使发动机增加 15~33.5kW 的减速制动，使车速降低

3. 共轨式柴油电控系统高压油泵故障的排查方法

共轨式柴油电控系统高压油泵故障检测见表 4-8。

表 4-8　共轨式柴油电控系统高压油泵故障检测

故障诊断步骤	故障现象									
	起动困难	怠速问题	发动机间歇性熄火	功率不足	油耗过高	发动机熄火	发动机转速不变	发动机满负荷冒白烟	发动机不能熄火	发动机故障灯亮
自诊断系统	●	●	●	●	●	●	●	●	●	●
废气再循环		●	●	●	●					
进气系统					●					
制动开关		●	●				●			
发动机转速传感器	●	●	●	●	●	●				
发动机油压力开关损坏	●				●					
喷油器			●							
油泵 ECU	●	●	●			●			●	
车速传感器		●	●							
预热时间控制	●									
发动机 ECU 主继电器	●									
海拔高度传感器						●				
回油管接头									●	
空调器		●								
发动机气缸压力	●					●				
柴油滤清器									●	
离合踏板（开关）		●	●							
涡轮增压限压阀				●	●					
油路中有空气									●	
油量控制电磁阀	●	●				●			●	
机油温度				●						
发动机控制（几个阀门）						●				
喷油器针阀位置传感器	●					●				
加速踏板位置传感器		●	●					●		
供油提前电磁阀				●						
发动机 ECU		●	●			●				

（续）

故障诊断步骤	故障现象									
	起动困难	怠速问题	发动机间歇性熄火	功率不足	油耗过高	发动机熄火	发动机转速不变	发动机满负荷冒白烟	发动机不能熄火	发动机故障灯亮
油箱无油/通风装置			●			●				
油箱通风装置								●		
进气温度传感器				●						
柴油温度传感器				●						
发动机冷却水温传感器		●		●						
涡轮增压器				●	●					
防盗系统	●									

4. 柴油机电控系统常见故障

（1）控制单元

电子控制单元虽然一般比较可靠，不易出问题，但有时也难免出现故障。例如某集成块损坏，控制单元固定螺栓松动，某电子元件焊接头松脱，以及电容元件失效等。

（2）接插件

自动控制系统的电路引线有很多接插件，常常因为时间长，插件老化，或由于多次拆卸造成接头松动或接触不良，造成柴油机工作不稳定，时好时坏。

（3）传感器

由于传感器的零件损坏，如弹片弹性失效、真空膜片破损、回位弹簧断裂或脱落，都将不能及时、准确地反映柴油机工况，从而使得电控系统失控或控制不正常，柴油机工作不协调，甚至不能工作。如速度传感器失效、加速踏板传感器失效、燃油温度传感器失效等都会引起柴油机工作不正常。

（4）执行机械

电磁阀工作是由所控制单元产生的电脉冲控制的，有时候因电磁线圈工作不良而造成柴油机工作不正常。此外，如供油齿杆、执行机构活塞、伺服阀卡死，伺服阀电路失效等都会引起柴油机的故障。

第五章

底盘故障的排查
方法与技巧

 一、自动变速器故障排查方法与注意事项

1. 自动变速器维修注意事项

1）自动变速器发生故障与发动机、电控系统和自动变速器有关，因此应确认故障在自动变速器内部具体部件后，方可对其进行拆卸检修。

2）举升或支撑车辆，若只需顶起汽车前端或后端，必须用三角木塞住车轮。

3）拆检电气元件，应先拆下蓄电池负极搭铁线。拆下蓄电池负极搭铁线后，可能导致音响系统、防盗系统等锁死，并可引起某些系统设定参数的消失，因而在断电前必须做好有关记录。

4）更换熔丝时，新熔丝必须具有相当的电流强度，不能用超过或低于规定电流值的熔丝；检查电气元件应使用量程合适的数字万用表，以免损坏零件。

5）分解自动变速器之前应对其外部进行彻底清洗，以防脏物污染内部零件。因为即使是细小的杂物，也会引起自动变速器液压系统的故障。

6）拆卸自动变速器时，所有零件应按顺序放好，以利装复。特别是分解阀体总成时，其阀门应与弹簧放在一起。

7）对分解后的自动变速器各零件进行彻底清洗，各油道、油孔用压缩空气吹通，确保不被堵塞。建议用自动变速器油（ATF）或煤油清洗零件，清洗后用风干的方式使其干燥。

8）总成装配前，仔细检查各零件与总成，发现损坏零件应更换。若总成损坏应分解检修。

9）一次性零件不可重复使用，如开口销、密封元件等。

10）衬套因磨损需更换时，配套零件必须一同更换。

11）滚针轴承和座圈滚道磨损或损坏应予更换。

12）更换新的离合器、制动器摩擦片时，在装配前必须将其放入自动变速器油中浸泡至少 15min。

13）所有密封圈、旋转件和滑动表面，在装配前都要涂抹自动变速器油。

14）可利用润滑脂（黄油）将小零件粘在相应的位置上，以便组装。

15）所有滚针轴承与座圈滚道都应有正确的位置和安装方向。

16）在密封垫或类似零件上不能用密封胶。

17）各零件、总成按拆卸的相反顺序进行装配；螺钉应按规定力矩拧紧。

18）所有拆装过程应尽量使用专用工具。

19）检查软管与电线端子，确保连接正确可靠。

20）检修电子控制系统时应注意的问题。汽车电控自动变速器 ECU 系统对高温、高湿度、高电压是十分敏感的。因此，检修电控自动变速器 ECU 系统时应注意以下各项：

①严禁在发动机高速运转时将蓄电池从电路中断开，以防产生瞬变过电压将 ECU 和传感器损坏。

②当电控自动变速器出现故障，电控警告灯点亮时，不能将蓄电池从电路中断开，以防 ECU 中存储的故障码及有关资料信息被消除。只有通过自诊断系统将故障及有关信息资料调出并诊断出故障原因后，方可将蓄电池从电路中断开。

③当诊断出故障原因，对电控自动变速系统进行检修时，应先将点火开关关闭，并将蓄电池搭铁线拆下。如果只检查电控系统，则只需关闭点火开关即可。

④尽量不要打开 ECU 盖，因为 ECU 即使坏了，修理难度也较大。若进行修理，装回盖时应注意其密封性能应良好。

⑤在车身上进行电弧焊时，应先断开 ECU 的供电电源。在靠近 ECU 或传感器的地方进行车身修理作业时，更应特别注意。

21）注意灰尘及污物造成的故障。当变速器机械系统积尘或污垢较多时，对机械系统的影响最大，它会造成机械系统不灵活甚至卡死现象。这些故障经仔细清洁处理后，就可以得到解决。对于需要解体的自动变速器，在拆卸前要对变速器外壳进行一次彻底的清理，以防外部污物在解体时污染变速器内部精密液压元件。

22）加注变速器油的要求。当自动变速器被拆修以后，要采用新的、厂家规定牌号的自动变速器油将其加满。

2. 自动变速器故障的诊断原则

（1）分清故障部位和性质

分清故障是由发动机电控系统还是由自动变速器液压控制系统、电控系统引起的，或是由机械系统（液力变矩器或行星齿轮机构）引起的，只有分清了故障部位和性质，才能有针对性地去查故障根源，进行排除。

（2）先简后难、逐步深入的原则

按故障的难易程度，先从最简单、最容易检查的部位入手，如开关、拉杆、自动变速器油状况等，从那些最易于接近的部位、易被忽视的部位和影响较大的因素开始，最后再深入到实质性的故障。

（3）充分利用自动变速器各检验手段

充分利用自动变速器各检验手段（基本检查、失速试验、油压试验、换档延迟试验、道路试验和手动换档试验等）为查找故障提供思路和线索。通过这些检验项目的检测，一般可以发现自动变速器的故障所在。

（4）拆检故障应是故障诊断的最后程序

不要轻易分解液力自动变速器，因为在原因不明的情况下盲目解体，不但不能确诊故障原因和部位，还可能在分解过程中出现新的故障。

（5）充分利用电控自动变速器的故障自诊断功能

自动变速器的电控单元（ECU）内部有一个故障自诊断电路，它能在汽车行驶过程中不断地监测自动变速器控制系统各部分的工作情况，并能检测出控制系统中的大部分故障，将故障以码的形式记录在 ECU 中。

维修人员可以按照特定的方法将故障码从 ECU 中读出，为自动变速器控制系统的检修和故障诊断提供依据。

（6）在进行检测与诊断前，应先查阅相关资料

在进行检测与诊断前，应先阅读有关故障检测指南、使用说明书和维修手册，掌握必要的结构原理图、油路图、电控系统电路图等有关技术资料。

3. 自动变速器的故障诊断方法

（1）向用户询问

向用户询问的内容包括故障产生的时间、症状、情况、条件，如何发生的，是否已检修过以及动过什么部位等。有时用户不一定都能说清楚，可邀请他们一起在适当的路段上进行实际的行车观察（注意，行车观察前先检查车况和变速器油液），在行车观察中再次提出询问，作为验证和补充用户的叙述。若车况或路况不允许进行行车观察，只好做一些初步的外观检查，同时提出有关的查询问题。应当注意到有些用户限于技术水平和叙述能力，所回答的内容只能作为诊断故障的参考。

（2）基本检查

基本检查的目的是确定自动变速器是否能在正常前提条件下进行工作。通常首先检查自动变速器油液位及其品质，自动变速器油液位过低会导致变速器离合器结合不良，如果自动变速器油液位低于标准值，应全面检查是否存在外部泄漏。确认自动变速器油液位正常之后，检查自动变速器油的品质是否正常。确认自动变速器油状态正常后，还应确认蓄电池线缆清洁且连接牢固、与变速器有关的熔丝无熔断现象、线束接地点干净、牢固且安装位置正确、线束没有损伤、线束插头接插良好、系统元件不存在明显的损伤等。

基本检查可能不仅仅包含以上检查，具体检查时也应扩展至整个车辆的相关系统，如发动机控制系统、制动系统等，具体参考相应维修资料。对自动变速器进行基本检查的项目见表 5-1。

表 5-1　对自动变速器进行基本检查的项目

项目	检查内容
检查自动变速器油品质	拔出 ATF 油尺，用鼻子闻自动变速器油有无烧焦味以及观察颜色是否变黑，若有烧焦味或发黑必须及时更换
检查 ATF 油位	1. 如果 ATF 油位过低，说明自动变速器油不够，液压控制系统的油压达不到要求，造成自动变速器传动的功率不足 2. 如果 ATF 油位过高，说明自动变速器油过多，汽车行驶过程中自动变速器内部的旋转部件高速搅动变速器油，在油中产生气泡，从而降低了液压控制系统的油压，降低了变速器的效率
检查变速杆位置是否正常	将变速杆从"P"位拨到其他各位置，同时观察仪表档位指示灯能否显示一致。同时确保只有在"P"位或"N"位才能起动发动机，而在其他位置不能起动发动机

（3）油液检查

检查变速器油的状态十分重要，油液的气味和状态就可以表明自动变速器的工作状态。检查变速器油中是否有金属或摩擦材料的颗粒，可将油滴到白色的吸水性良好的纸巾上查看。滴在纸巾上的油如果被快速吸收，说明变速器油状况良好。如果吸收缓慢，且在纸巾上有明显的沉淀物，则说明变速器油状况不良。如液压油有焦味并且呈棕黑色，说明已经变质了，见表5-2。

表5-2 油液检查

油的状态	变质原因
油变成深棕色或棕褐色	没及时更换油或由于重负荷运转，某些部件打滑或损坏造成变速器过热
油中有金属屑	单向离合器或轴承严重损坏
油中有胶状油膏胶质	变速器油温长期过热
油有烧焦味道	油温过高，油面过低，冷却器或管路堵塞导致离合器或制动器摩擦片烧蚀
油呈牛奶状的粉红色或牛奶状的棕色	受到水或发动机冷却液的污染

（4）机械系统的测试

机械操纵系统和液压控制系统故障的区别要通过机械系统的测试来进行；机械系统的测试包括失速试验、油压试验、换档迟滞试验、道路试验和手动换档试验等几项内容，因厂家不同，内容又有一定的差异。通过这几项试验，可以准确地判断出自动变速器机械系统的故障发生部位。

手动换档试验，就是将电控自动变速器所有换档电磁阀的线束插头全部脱开，由测试人员手动进行各档位的试验，此时计算机不能通过换档电磁阀来控制换档，自动变速器的档位取决于变速杆的位置。

要区分故障是电子控制系统引起的，还是由机械操纵系统和液压控制系统引起的，可以通过电控自动变速器的手动换档试验来鉴别。

注意：不同车型的电子控制自动变速器在脱开换档电磁阀线束插头后的档位和变速杆的关系都不完全相同。

失速试验的目的是通过测量变速器在 D 位和 R 位时发动机的最高转速，来分析判断发动机和自动变速器的性能及工作状况。测试时左脚踩紧制动踏板，右脚将加速踏板踩到底，迅速读出稳定时发动机的转速值，该转速称为失速转速。将所测得的失速转速与维修手册数据对比，看是否符合规定。如果失速转速偏低，可能是发动机动力不足，变矩器内导轮的单向离合器打滑；如果失速转速偏高，可能是离合器、制动器或单向离合器打滑或烧蚀，主油压过低。

油压试验是在自动变速器工作时，通过测量液压控制系统各回路的压力来判断各元件的功能是否正常，目的是检查液压控制系统各管路及元件是否漏油及各元件（如液力变矩器、蓄压器等）是否工作正常，是判别故障在液压控制系统还是在机械系统的主要依据。通过测试，将故障诊断仪上的压力读数和油压测试表上的读数与维修手册上的数据进行对比。如果压力读数和维修手册的标准数据相差很大，参考维修手册的要求进行处理。

道路试验是诊断、分析自动变速器故障的最有效的手段之一。此外，自动变速器在修复之后，也应进行道路试验，以检查其工作性能，检验修理质量。自动变速器的道路试验内容主要有检查换档车速、换档质量以及检查换档执行元件有无打滑等。

换档迟滞试验就是测出汽车自动变速器的迟滞时间，根据迟滞时间的长短来判断主油路油压及换档执行元件的工作是否正常。迟滞时间的大小取决于自动变速器油路油压，油路密封情况以及离合器和制动器的磨损情况。换档迟滞时间过长的可能原因有自动变速器油液面过低、油泵磨损、油滤清器破裂、调压阀故障；过短的可能原因有主油压过高、离合器间隙过小。

（5）故障自诊断测试

如果电控自动变速器在初步检修后仍存在故障，可通过电子控制单元自诊断系统进行故障自诊断测试，调出故障码，帮助寻找故障发生部位。排除故障以后要记住清除故障码。不同公司生产的不同车型，其故障自诊断方法不尽相同。

（6）电控系统测试

电控系统测试主要是根据系统电路图检查线束导线以及各插接件是否有断路、短路、搭铁和接触不良的故障，检测各种传感器、执行器是否损坏和失效。

（7）按故障诊断表检测

当按上述诊断步骤未发现异常，或者根据前述几个诊断步骤的结果很难准确判断具体的故障部位时，则为疑难故障。对疑难故障的诊断，一般可根据制造厂家提供的故障诊断表采取逐项排除法查找故障部位。

（8）采用对号入座检查法判断汽车自动变速器故障

对号入座检查法是根据观察到的故障现象，到故障检修一览表中找出相应的故障元件，并用好的元件替换来检修故障的一种方法。由于这种方法简便、可行，故尤其适用于初学者。

1）变速器漏油。

故障现象：

变速器内的油液从变速器盖，前、后轴承盖或其他部位渗漏出来。

故障原因：

①油液加注过多。

②壳体破裂。

③密封衬垫变形或损坏。

④放油螺塞松动或滑扣。

⑤加油螺塞松动或滑扣。

⑥变速器的通气孔堵塞，使变速器内压力增加、温度升高，造成各密封部位渗漏。

⑦变速器盖、轴承盖固定螺钉松动。

诊断与排除：

①检查各紧固螺钉是否松动。若松动，予以紧固。

②检查变速器油量是否过多。若过多，应按规定放出多余的油液。

③检查通气孔是否堵塞。若堵塞，要加以疏通。

④检查加油螺塞、放油螺塞是否松动、滑扣。若松动，加以紧固；若滑扣，视情况进行修理或更换。

⑤观察变速器漏油处并检查漏油处纸垫、油封的完好情况。如有损坏，应予以更换。

⑥若经上述检查后仍漏油，应将变速器拆下，检查变速器壳体有无裂纹、砂眼、气孔等。若破裂或有砂眼、气孔，应予以修理或更换。

2）挂档后不能行驶。

故障现象：

无论变速杆放在哪个位置，汽车都不能行驶。冷车时可行驶一段路程，热车后汽车便不能行驶。

故障原因：

①自动变速器无油。

②变速杆与手动阀之间的连接松动，手动阀保持在空档位置。

③油泵进油滤网堵塞。

④主油路严重堵塞。

⑤油泵损坏。

诊断与排除：

①检查自动变速器内有无油液。其方法是：拔出自动变速器的油尺，观察油尺上有无油液。若油尺上没有油液，说明自动变速器内的油液已漏光。对此，应检查油底壳、油液散热器、油管等处有无破损而导致漏油。如有严重漏油处，应修复后重新加油。

②检查自动变速器变速杆与手动阀摇臂之间的连杆或拉索有无松脱。如有松脱应予装复，并重新调整好变速杆的位置。

③拆下主油路测压孔上的螺塞，起动发动机，将变速杆拨至 D 位或 R 位，检查测压孔内有无油液流出。

④若主油路测压孔内没有油液流出，应打开油底壳，检查手动阀摇臂轴与摇臂间有无松脱，手动阀阀芯有无折断或脱钩。若手动阀工作正常，则说明油泵损坏。应拆解自动变速器，更换油泵。

⑤若主油路测压孔内只有少量油液流出，油压很低或基本上没有油压，应打开油底壳，检查油泵进油滤网有无堵塞。如无堵塞，说明油泵损坏或主油路严重泄漏，应拆卸分解自动变速器，予以修理。

⑥若冷车启动时主油路有一定的油压，但热车后油压即明显下降，说明油泵磨损，应更换油泵。

⑦若测压孔内有大量油液喷出，说明主油路油压正常，故障出在自动变速器中的输入轴、行星排或输出轴，应拆检自动变速器。

3）车辆起步困难。

故障现象：

发动机起动后，变速杆无论挂入任何档位，汽车都无法起步或起步困难。

故障原因：

①自动变速器油液过多或过少。油液过多，油面过高，运动件搅动油液产生气泡，油中混入空气使油压下降；同样，油液过少，油面过低，油泵吸入空气使油压下降。油压不足导致执行元件打滑，车辆起步困难。

②离合器打滑（离合器烧蚀、离合器片磨损严重、工作压力不足）。

③阀体主油路调压阀损坏（漏油、卡住）。

④车锁棘爪损坏（控制杆卡住）。

⑤液力变矩器损坏（导轮打滑、单向离合器有故障），导致输入转矩不足而使车辆起步困难。

⑥油泵吸油滤油网堵塞。

⑦制动器拖滞。

诊断与排除：

①首先检查自动变速器油量是否正常。

②进行失速试验，检查离合器是否烧蚀。

③用时滞试验检查液力变矩器。油压试验，检查各油路油压，以判断油泵、主调压阀、节气门及油控系统故障。

④根据以上检测试验分析，再进行针对性拆卸检修。

4）自动变速器润滑油容易变质。

故障现象：

①更换后的新自动变速器油使用不久即变质。

②自动变速器温度太高，从加油口处向外冒烟。

故障原因：

①自动变速器油牌号不符合规定。

②换油不彻底，仅仅更换油底盘内的油，而未更换液力变矩器和散热器中的油。

③发动机冷却液进入自动变速器冷却油路。

④汽车使用不当，经常超负荷或不正常行驶。

⑤自动变速器散热器或管路堵塞、散热器的限压阀卡滞等。

⑥离合器或制动器间隙过大、过小，运动件配合间隙过小。

⑦主油路油压过低，致使离合器或制动器在接合过程中打滑。

⑧液力变矩器有故障。

诊断与排除：

①查问汽车行驶情况。若汽车经常超负荷运行或不正常驾驶（经常拖车或经常加速、超速行驶等），应改变汽车行驶状况，按规定要求行车。

②如果行驶正常，应检查油面和油质。若油面过低，应按规定补充加油。若因混入其他液体而变质，则可能是自动变速器散热器破裂使发动机冷却液进入自动变速器冷却油路，对此，应更换散热器。若混有黑色固体颗粒，则为换油不彻底或离合器、制动器烧片所致。对前者，应进行循环换油，对后者，应拆检自动变速器。

③若油面高度和油质正常，应检测油温。让汽车以中速行驶5~10min，待自动变速器达到正常工作温度后，在发动机运转过程中检查自动变速器散热器的温度。在正常情况下散热

器的温度可达 60℃。

④若油温正常，应检测主油路油压。若主油路油压过低，应检查调压电磁阀及线路，调整节气门拉线，检修油泵、阀体及相应油路。

⑤若油温过高，应检查自动变速器冷却系统。拆下进油管，中速运转发动机或自动变速器，若散热器无油流出或流量较小，说明散热器或管路堵塞，也可能是散热器限压阀（旁通阀）卡滞在常开位置。

⑥若冷却系统正常，则可能是运动件配合间隙过小，使油温升高；也可能是离合器或制动器间隙过小或过大，使压盘和摩擦片经常处于摩擦状态而导致油温过高。对此，应拆检自动变速器，调整各间隙，如有必要，更换相应零部件。

⑦若以上检查均正常，则可能是液力变矩器损坏，应更换液力变矩器。

5）自动变速器升档过迟故障。

故障现象：

①在汽车行驶时，升档车速明显高于标准值，升档前发动机转速偏高。

②须采用松油门提前升档的方法才能使自动变速器升入高档。

故障原因：

①节气门拉线或节气门位置传感器调整不当。

②主油路油压或节气门油压太高。

③传感器故障。

故障诊断及排除：

①电控自动变速器应进行故障诊断。检查、调整节气门拉线或节气门位置传感器，测量节气门位置传感器电阻，如不符合标准应更换。

②测量怠速主油路油压，若油压太高，应通过节气门拉线或节气门位置传感器予以调整。

③换档阀工作不良。应拆卸阀体检查，必要时更换。

6）自动变速器打滑。

故障现象：

①起步时踩下加速踏板，发动机转速升高很快但车速升高很慢。

②行驶时踩下加速踏板加速，发动机转速升高但车速没有很快提高。

③平路行驶正常，但上坡无力，且发动机转速很高。

故障原因：

①液压油油面太低。

②液压油油面太高，运转中被行星排剧烈搅动后产生大量气泡。

③离合器或制动器摩擦片、制动带磨损过甚或烧焦。

④油泵磨损过甚或主油路泄漏，造成油路油压过低。

⑤单向超越离合器打滑。

⑥离合器或制动器活塞密封圈损坏，导致漏油。

⑦减振器活塞密封圈损坏，导致漏油。

故障诊断及排除：

①检查其液压油的油面高度。若油面过低或过高，应先调整至正常后再做检查。

②检查液压油的品质。若液压油呈棕黑色或有烧焦味，说明离合器或制动器的摩擦片或制动带有烧焦，应拆修自动变速器。

③路试，以确定自动变速器是否打滑，并检查出现打滑的档位和打滑的程度。若自动变速器升至某一档位时发动机转速突然升高，但车速没有相应地提高，即说明该档位有打滑。打滑时发动机的转速愈容易升高，说明打滑愈严重。

7）换档冲击过大故障。

故障现象：

①起步中由停车档或空档挂入倒档或前进档时，汽车振动较严重。

②行驶中，在自动变速器某个档位或全部档位升档的瞬间，汽车有较明显的冲击。

故障原因：

①发动机怠速过高。

②节气门拉索或节气门位置传感器调整不当。

③升档过迟。

④主调压阀故障。

⑤换档执行元件打滑。

⑥油压电磁阀不工作。

⑦计算机故障。

故障诊断及排除：

①检查发动机怠速。若怠速过高，应按标准予以调整。

②检查节气门拉索或节气门位置传感器的调整情况。如不符合标准，应重新予以调整。

③道路试验。如果有升档过迟的现象，则说明换档冲击大的故障是升档过迟所致。如果在升档之前发动机转速异常升高，导致在升档的瞬间有较大的换档冲击，则说明离合器或制动器打滑。

④检测主油路油压。如果怠速时的主油路油压高，则说明主油路调压阀或节气门阀有故障，可能是调压弹簧的预紧力过大或阀芯卡滞所致；如果怠速时主油路油压正常，但起步进档时有较大的冲击，则说明前进离合器或倒档及高档离合器的进油单向阀阀球损坏或漏装。对此，应拆卸阀板，予以修理。

⑤检测换档时的主油路油压。在正常情况下，换档时的主油路油压会有瞬时的下降。如果换档时主油路油压没有下降，则说明减振器活塞卡滞。对此，应拆检阀板和减振器。

⑥电子控制自动变速器如果出现换档冲击过大的故障，应检查油压电磁阀的线路以及油压电磁阀工作是否正常、计算机是否在换档的瞬间向油压电磁阀发出控制信号。如果线路有故障，应予以修复；如果电磁阀损坏，应更换电磁阀；如果计算机在换档的瞬间没有向油压电磁阀发出控制信号，说明计算机有故障，对此，应更换计算机。

8）不能升档故障。

故障现象：

①行驶途中自动变速器只能升1档，不能升2档及高速档。

②可以升2档，但不能升3档或超速档。

故障原因：

①节气门拉线或节气门位置传感器调整不当。

②车速传感器故障。

③2 档制动器或高档离合器存在故障。

④换档阀卡滞或档位开关故障。

故障诊断及排除：

①电控自动变速器应先进行故障诊断。检查调整节气门拉线和节气门位置传感器；检查车速传感器；检查档位开关信号。

②如果控制系统无故障，应拆检自动变速器，检查换档执行组件是否打滑。

③用压缩空气检查各离合器、制动器油缸或活塞有无泄漏。

9）无前进档故障。

故障现象：

倒档正常，但在 D 位时不能行驶。

故障原因：

①前进离合器打滑。

②前进单向超越离合器打滑。

③前进离合器油路泄漏。

④选档手柄调整不当。

故障诊断及排除：

①检查调整选档手柄位置。

②测量前进档主油路油压。若油压太低（说明主油路油压低），拆检自动变速器，更换前进档油路上各处密封圈。

③检查前进档离合器，如果摩擦片烧损或磨损过度应更换。

④若主油路油压和前进离合器均正常，应拆检前进单向超越离合器。

10）无倒档故障。

故障现象：

汽车在 D 位能行驶而倒档不能行驶。

故障原因：

①选档手柄调整不当。

②倒档油路泄漏。

③倒档及高档离合器或低档及倒档制动器打滑。

故障诊断及排除：

①检查并调整选档手柄位置。

②检查倒档油路油压。若油压太低，说明倒档油路泄漏，应拆检自动变速器。

③如果倒档油路油压正常，应拆检自动变速器，更换损坏的离合器或制动器摩擦片或制动带。

11）跳档故障。

故障现象：

汽车行驶中，自动变速器出现突然降档现象，降档后发动机转速升高，并产生换档冲击。

故障原因：

①节气门位置传感器故障。

②车速传感器故障。

③控制系统电路故障。

④换档电磁阀接触不良。

⑤电控单元故障。

故障诊断及排除：

①对电控自动变速器进行故障诊断。

②测量节气门位置传感器。

③测量车速传感器。

④拆下自动变速器油底壳，检查电磁阀连接线路端子情况。

⑤检查控制系统各接线端子电压。

12）无锁止故障。

故障现象：

汽车行驶中，车速、档位已经满足离合器锁止条件，但锁止离合器仍没有锁止作用；油耗增大。

故障原因：

①电磁阀故障。

②变矩器中锁止离合器损坏。

故障诊断及排除：

①检测电磁阀。若损坏，更换或维修电磁阀。

②变矩器中锁止离合器损坏。

（9）采用整车比较测量法判断汽车自动变速器故障

整车比较测量法是通过比较故障车速系统与同类型正常车来判断故障的一种方法。这种方法对于检修无图样和资料的汽车最为有效。具体方法如下：

1）数据比较。将故障车自动变速系统上怀疑有故障部分所测得的波形、电压、电阻和电流等数据与正常车相应的数据进行比较，差别较大的部位就是故障所在部位。

2）现象、响声和操作比较。对于一些难以判断的故障现象，也可使用比较法检查。具体方法是将故障车自动变速器工作时的现象、响声和操作中出现的情况与正常车进行比较，就能很容易地发现故障车的差异或缺陷，从而确定故障现象。

3）对换比较。

①对于一些较难确认故障部位的汽车，也可以将估计有故障的变速系统的部件取下与正常车对换。若正常车依旧能正常工作，说明判断错误；若汽车不能正常工作，则证明判断正常。当然，也可以把能正常工作的车上的部件对换或连接到被检测的汽车上，若后者开始正常工作，由此就可证明故障出自被更换下来的（或替换下的）部件中。

②有时会遇到这样的情况，即把有故障的汽车中变速部位各部件一一对换或连接到正常的汽车上却都表现正常；反过来把正常的汽车上的各部件一一改接或对换到有故障的汽车上也都表现正常，但把原来属于被检测车的各部件重新装复后却又出现故障。这种情况一般是因所修故障车的电路设计不完善，允许元器件参数变动的范围过窄引起的。

对比检查法在检修新型汽车自动变速器时经常采用，它可克服无资料、无图样的困难。

还可用于对一些杂牌不常见汽车电控自动变速器的修理。

液压系统异常造成的起步异常故障的原因

①有关的速比电磁阀堵塞、卡滞、泄漏。

②有关的换档阀卡滞、泄漏；换档阀弹簧异常；换档阀装配不当。

③手动阀卡滞、泄漏、弹簧异常；手动阀装配调整不当。

④单向阀、方向选择阀等异常。

⑤油路泄漏、油泵损坏或调压阀异常。

（10）主要部件的诊断

1）变矩器的诊断。

①导轮总成在两个方向自由转动。导轮离合器始终自由转动，将导致低速时加速性能不良。若低速时加速性能不良，应首先确定排气系统未阻塞，且当起步时变速器挂1档。如果在空档时发动机能自由加速到高转速，则可假设发动机和排气系统正常。

②导轮总成在两个方向始终保持锁止。导轮离合器始终锁止，将导致高速时加速性能不良。检查在前进档和倒档时是否性能较差，以确定导轮是否始终自由转动。目视检查变矩器，可能会发现变矩器因过热而出现蓝色。

2）离合器片的诊断。

复合材料片：擦干离合器片，并检查是否有以下情况：点蚀、剥落、分层——胶粘的离合器材料裂开或分离、磨损、开裂、烧焦、衬面内嵌入碎屑或金属屑。如果出现上述任何情况，则更换复合材料离合器片。

钢制离合器片：擦干离合器片，检查离合器片是否因过热而变色。如果表面光滑，即使变色仍可继续使用。如果离合器片变色并带有灼斑，或表面磨损，则更换离合器片。

下列情况可能导致离合器片烧损：

①离合器或压盘使用不当。

②发动机冷却液或水掺入变速器油中。

③离合器活塞开裂。

④密封件损坏或缺失。

⑤管路压力过低。

⑥阀体故障，如阀体表面不平、通道之间有孔隙、气门系固定件安装不正确、单向球阀安装位置错误、阀故障。

⑦密封环磨损或损坏。

（11）发动机冷却液／水进入变速器

如果变速器中进入防冻剂或水，则执行以下操作：

①拆解变速器。

②更换所有橡胶密封件。冷却液会腐蚀密封件材料，而导致泄漏。

③更换表面为复合材料的离合器片总成。可从钢质中心部位分离衬面材料。

④更换所有尼龙零件——垫圈。

⑤更换变矩器。

⑥彻底清洗并重新组装变速器，使用新的衬垫和机油滤清器。

⑦在正确修理或更换变速器冷却器后，冲洗冷却器管路。

⑧若可行，检查油冷却器管路中的橡胶软管部分是否损坏。

4. 无级变速器检修注意事项

无级变速器（CVT）的故障维修与自动变速器的故障维修在电子控制方面有诸多的共同特征，但对于机械液压系统的故障检修是大不相同的。

在 CVT 维护保养时，不同厂家生产的 CVT 保养维护周期也是有区别的，变速器油的使用也有所区别，有的使用专用变速器油；同时，当其发生故障需要牵引时，不同厂家牵引要求也是不一样的，可详见各车型的维修手册。

检修无级变速器时应注意如下事项：

1）发动机处于运转状态，对轿车进行维修保养作业前务必将变速杆挂入 P 位，并拉紧驻车制动器，防止发生事故。

2）车辆静止，变速杆挂入 D 位后，切勿因一时疏忽打开节气门（例如在发动机舱内作业时不慎用手碰开节气门）。若发生此种情况，轿车将立即起步行驶，即使拉紧驻车制动器也无法阻止轿车移动。

3）不允许用超声波清洗装置来清洗液压控制单元和 CVT 控制单元。

4）当档盖已取下或未加注变速器油时，绝不可起动发动机或拖动车辆。

5）无级变速器机械系统维修注意事项如下：

①拆卸前，应将无级变速器的外部清洗干净，防止灰尘和泥土进入油道或阀体等部位。

②拆下的零件要按顺序摆放好。

③若拆卸后停放时间较长，则应将摩擦片等浸放在无级变速器油中。

④安装新离合器摩擦片前，应将新离合器摩擦片完全浸泡在无级变速器油中至少 30min。

⑤检测离合器摩擦片、钢片和压盘是否磨损、损坏或变色。如果摩擦片和钢片磨损、损坏或变色，则应更换；如果压盘磨损、损坏或变色，则应检测离合器压盘与钢片之间的间隙，然后成套更换。

5. 无级变速器电控系统的常见故障及原因

（1）无级变速器和自动变速器在电控故障方面的异同

尽管无级变速器和自动变速器结构不同，但在电控故障诊断方面有相同之处。

传感器和空档开关易发生故障部位几乎是一样的，无级变速器内的传感器，大都和控制单元装在一起，成为控制单元的组成部分，有了故障必然和控制单元一起更换。

自动变速器最常见的故障是离合器和制动器打滑、烧蚀和换档冲击。而无级变速器只有起步离合器、前进档离合器和倒档制动器，而且工作容积都较大，行驶中改变车速靠的是控制链条与链轮或钢带与钢带之间的接触压力，所以，除了起步挂档冲击外，不会有其他换档冲击，链条和链轮的寿命较长，不用维修。大部分传感器和控制单元是一体的，有故障只能更换控制单元总成。

（2）空档开关受潮后引发的故障

汽车涉水或用高压水枪洗车时使无级变速器的空档开关受潮，会造成起动正常，但起动后须等 10~20s 后方可正常行驶。用吹风机热风烘干后，故障即可排除。如果不及时用吹风机热风烘干，还会发生其他故障导致空档开关报废。

（3）油温传感器短路引发的故障

无级变速器油温传感器自身或连接线路短路，会造成传感器输出信号过高。往往是变速器的油温正常，用诊断仪读数据流却反映变速器油温过高，而控制单元的自诊断系统却无法发现。无论是离合器或制动器打滑造成的变速器油温过高，还是油温传感器或连接线路短路造成的传感器输出信号过高，发动机都会通过推迟点火提前角和减小节气门开度来降低发动机输出功率，无级变速器控制单元会通过控制换档压力调节电磁阀的电流，进而减小传动比，使车速上升变得缓慢。

在用诊断仪读取变速器油温数据流的同时，用红外线测温仪直接检测变速器冷却器进油管的温度（此处为变速器的实际油温），如果数据流显示的变速器的油温过高，应重点检查变速器的油温传感器和连接线路是否发生短路。

（4）电磁阀的检测

1）密封性检测。用 400kPa 的压缩空气代替液压油对电磁阀进行密封性检测，如果密封不良，表明电磁阀柱塞磨损，则应更换。如果压力调节电磁阀柱塞磨损，将造成离合器和制动器工作油压过低，若不及时更换，离合器和制动器会因在工作时始终处于滑摩状态，而发生早期磨损。

2）电阻值检测。只要有电磁阀的故障码，必须对电磁阀进行电阻值检测。通过对电磁阀进行电阻值检测，可确定其是否发生短路或断路。

3）电磁阀是否卡滞的检测。通过带有 100~1000Ω 电阻的导线与蓄电池正负极相连，如果每次相连时能听到"咔"声，说明电磁阀工作正常，没有发生卡滞现象。

专家指南　无级变速器和自动变速器液压控制系统故障的异同

尽管无级变速器和自动变速器的控制阀滑阀的名称、作用和工作原理大都不同，但在故障诊断方面却有可借鉴之处，在故障诊断方法上也有相同之处。这是因为无级变速器在液压控制方面和自动变速器一样也存在着滑阀和蓄压器活塞卡滞的故障。

6. 双离合自动变速器一般故障维修思路

1）仪表显示"Tiptronic 功能失效——无法正常换档"：检查变速器上部变速杆拉索底座上的防松垫片（由于内应力的存在，防松垫片可能丢失）。

2）驱动力不足：首先应检查变速器油是否过少，然后再检查机械部分及控制部分。

3）存在故障码的故障：应借助诊断仪进行故障引导查询，协助维修。

4）存在"与变速器无关的"故障：如"ABS 信号缺失"，而 ABS 控制单元内也存在同样的故障。此时应将检查对象转至 ABS。

5）4000~6000r/min 之间在所有档位都存在脉冲式杂声：检查变速器油高度或更换油泵。

6）存在蠕行、颤抖，油压补偿不正常，升档延迟：更换双离合器。

7）在拐弯时车辆进入紧急模式：由于变速器油液面过低引起。

7. 双离合自动变速器故障诊断技巧

对不同类型双离合变速器（DSG），维修人员需要对车主详细询问，了解车辆性能不良或出现故障的预兆、症状、现象，再驾车体验车主的表述，最后进行故障分析与检修。

（1）确定故障是否出在发动机的方法

通过路试（或失速试验）来进行判断。起动发动机使其达到正常工作状态，驾车在不同工况的路面上分别挂 D 位或 R 位行驶，变化加速踏板即进行高低档的变化，对照发动机转速与车速进行分析。

1）在良好的路面上急速变化加速踏板，观察发动机转速变化，如果发动机转速变化迟钝，升档慢、车速低，应该是发动机动力不足。如发动机转速变化迅速，升档慢、车速低，故障应该在变速器。

2）在不同工况的路面上变化加速踏板，观察发动机输出功率，若发动机输出功率不足，则汽车在任何车速时加速性能都差，应修理发动机。若双离合器打滑，则汽车在低速行驶时加速性能差但高速行驶时正常。

（2）故障在 DSG 时，确定故障是在电控系统还是在变速机构内的方法

确定故障是在变速器机械部分还是在电气元件或 ECU 的方法是通过诊断仪器和人工换档试验两种方法来互补判断。

1）用智能诊断仪确认电气系统是否有故障。一般若是 DSG 电气系统有故障，打开点火开关，仪表 DSG 故障指示灯会点亮，用诊断仪直接读取故障码，同时用诊断仪读取数据流、波形进一步分析，可以确定故障点及故障元件。

2）用人工换档试验的方法来确定故障是在变速器机械部分还是在电气元件或 ECU，可断开变速器的电磁阀接线插头，支起驱动轮或行车路试，可参考下述方法进行：

①发动机熄火，断开电控变速器（ECT）或（ECT）熔断器。

②把变速器换入每一个档位，变速器操作应符合以下要求：在驻车档锁上；在倒档向后行驶；在空档不移动；当变速杆在 1~2 位时换入 1 档；当变速杆在 D 位时可以换入超速档。需要说明的问题是进行上述操作的目的是检查换档位置及档位是否一致，若变速器档位与换档位置不同，或在某档位时变速器打滑，则故障出在变速器机械部分，否则，故障可能出在电控系统内部。

8. 双离合自动变速器实现自我保护的故障分类

在以下故障类别中，变速器可进行对应的功能替代，以实现变速器的自我保护。

1）故障比较轻微，不影响行驶安全，可通过替代程序继续行驶。

2）档位显示处某些档位位置闪烁，当前无法选择该档位。为避免损坏变速器，控制单元将阻止挂入该档位。

3）档位显示处完全亮起并闪烁，表明变速器处于紧急运行状态（滑阀箱存在故障）。

4）无法识别挂入的档位，能明显地感觉到行驶性能和换档性能发生变化。此时存在严重故障，需维修变速器。

二、电控动力转向系统故障排查方法与技巧

1. 维修注意事项

动力转向控制模块、扭矩传感器、电机转动传感器集成在动力转向电机总成中，其中任何一个部件出现故障均需进行整体维修和更换，不能单独进行维修。

更换新的动力转向电机总成以及相关维修可能会影响到部件定位、故障指示灯点亮等情况，需要使用诊断仪对电动助力转向系统（EPS）进行设置。

当出现助力转向系统故障灯点亮，或者无故障灯亮但转向异常时，应使用诊断仪记录相应故障码后进行维修。

2. 电动转向系统故障排查方法与技巧

（1）电动转向系统转向力的检查

转向力的检查有助于判断电动助力转向系统的工作情况。

1）汽车停放在水平路面上，转向盘放置在平直向前位置。

2）检查轮胎充气压力是否符合规定的要求。

3）起动车辆。

4）通过相切方向钩住转向盘上的弹簧秤测量转向力。转向力标准：至少 35N（弹簧秤 3.5kg）。

（2）电动转向系统检修时操作注意事项

1）当处理电子部件时：

①避免撞击电子部件，如EPS控制器和EPS电动机。如果这些部件跌落或遭受严重撞击，则应换新。

②不要将任何电子部件暴露在高温或者潮湿的环境中。

③不要触碰插接器端子，以防变形或因静电引起故障。

2）当处理机械总成时：

①避免撞击转向管柱或者转向机总成，特别是电动机或者转矩传感器，如果这些部件遭受严重撞击，则应换新。

②当移动管柱或者转向机总成时，不要提拉线束。

3）当断开或重新连接插接器时：必须确认钥匙置于 OFF 位置。

3. 电动转向系统故障诊断与排除

电动助力转向系统常见故障及排除方法见表 5-3。

表 5-3　电动助力转向系统常见的故障现象、故障原因及排除方法

故障现象	故障原因	排除方法
转向沉重	插接件未插好	插好插头
	线束接触不良或破损	更换线束
	转向盘安装不正确（扭曲）	正确安装转向盘

（续）

故障现象	故障原因	排除方法
转向沉重	转矩传感器性能不良	更换转向器
	转向器故障	更换转向器
	电动机转速传感器故障	更换电动机转速传感器
	车速传感器性能不良	更换车速传感器
	主熔丝和线路熔丝烧坏	更换熔丝
	EPS 控制器故障	更换 EPS 控制器
在直行时车总是偏向一侧	转矩传感器性能不良	更换转向器
转向力不平顺	转矩传感器性能不良	更换转向器
转动转向盘时费力	轮胎气压不正确	调整胎压
	轮胎规格不正确	更换轮胎
	转向横拉杆卡滞或磨损	调整或更换横拉杆
	中间转向轴磨损或卡滞	调整或更换中间转向轴
	转向机磨损或卡滞	调整或更换转向机
转向盘回正性差	转向横拉杆接头和球节卡滞	润滑转向横拉杆接头和球节
	悬架系统存在磨损或损坏的部件	调整或更换相应部件
	中间轴接头过紧或松动	调整或更换中间轴接头
	滑柱轴承、球节或车桥卡滞	调整或更换相应部件
	检查转向机卡滞	调整或更换相应部件
	车轮定位不正常	调整定位参数
	检查转向柱卡滞	调整或更换相应部件
转向时转向盘喘振 / 颤动	前悬架系统存在磨损或卡滞的部件	调整或更换相应部件
	转向传动机构外转向横拉杆现磨损或卡滞状况	调整或更换相应部件
	中间轴磨损或卡滞	调整或更换相应部件
	转向机磨损或卡滞	调整或更换相应部件
	转向柱磨损或卡滞	调整或更换相应部件
	动力转向辅助电机过热	查找原因并按要求进行处置
动力转向系统异响	悬架磨损	调整或更换相应部件
	动力转向机安装不正确	调整或更换

（续）

故障现象	故障原因	排除方法
动力转向系统异响	外转向横拉杆安装不正确	调整或更换
	外转向横拉杆磨损或卡滞	调整或更换
	中间轴安装不正确	调整或更换相应部件
	中间轴磨损	更换中间轴

知识链接　电控动力转向系统组成

①电控式电动助力转向系统（以下简称电动助力转向系统），是在机械转向机构的基础上，增加信号传感器、电控ECU和转向助力机构。

②信号传感器包括转矩传感器、车速传感器及转向角传感器等。通过这几个传感器，获取作用在转向盘上的操纵力、转向角及汽车车速信号，从而为确定助力控制命令提供信息。

③电控ECU包括检测电路、微处理器、控制电路等。检测电路将传感器的信号进行整形放大后输入微处理器，然后微处理器计算出最优化的助力转矩。控制电路将来自微处理器的电流命令输送到电动机驱动电路。

④转向助力机械包括助力电动机、电磁离合器及减速传动机构。助力电动机一般采用直流电动机，其电流大小由微处理器来控制，可根据不同的车速得到相应的助力特性。通过减速传动机构，将电动机的动力传给转向器。电磁离合器则作为安全装置确保系统在发生故障时，断开电动机与减速传动机构，中断动力传递，使系统从电动助力转向状态转入人力—机械转向状态。

专家指南　电动助力转向系统的重新设定

1）需要对电控转向系统进行重新设定的情况：

①转向盘转角传感器的更换。

②转向机的更换。

③动力转向辅助电机的更换。

④转向柱的更换。

⑤转向传动机构内、外转向横拉杆的更换。

2）电控转向系统的重新设定方法。不同车辆调整方法可能稍有差异，下面以科鲁兹车型为例进行说明。

条件：前桥已测量并设置、发动机运行、车速为0km/h、内部转向盘转角传感器激活。

①通过转向盘使前轮处于正中前方位置。

②用故障诊断仪，执行"配置/复位功能"和"转向盘转角传感器对中"程序。

③从中央位置向左缓慢转向90°。

④缓慢转回中央位置，然后再向右缓慢转向90°。

⑤缓慢转回至中央位置。

⑥再次执行转向运动。

⑦对中程序完成。

三、防抱死制动系统（ABS）故障排查方法与技巧

1. 检修 ABS 的注意事项

ABS 与普通制动系统是不可分的，普通制动系统一旦出现问题，ABS 就不能正常工作，因此，要将二者视为整体进行维修。不能只把注意力集中于 ABS 的传感器、微机和液压调节器上。

1）注意指示灯的工况。维修 ABS 时，要特别注意红色制动灯和琥珀（黄）色指示灯的点亮情况。正常情况下，一旦接通点火开关，红色制动灯应先亮，紧接着琥珀（黄）色 ABS 灯再亮，几秒后，发动机正常运转，两个灯都应熄灭。在这一段时间内，计算机对整个系统进行自检，如果一切正常就将灯熄灭。灯如果不灭，则说明系统有故障。如指示灯红灯亮，表明故障在常规方面；黄灯亮表明故障在防抱功能方面。如指示灯也出现故障，应该拔下 ABS 继电器，测常规制动功能。

2）卸压操作。维修 ABS 液压控制装置时，切记要先泄压，再按规定进行修理，以免高压油喷出伤人。其方法是关闭点火开关，连续踏动制动踏板 30~40 次，直至感觉制动踏板无阻力为止。

3）一般来说，ABS 已十分完善、可靠耐用。该系统多是电气故障，而电气故障往往又是由于线路插头及传感器传感头脏污、松动或接触不良造成的，所以排查故障时应首先从这些方面开始查起。

专家指南

①ABS 使用一定时间后，制动盘磨损严重需要更换时，应注意新旧制动盘的区别。因为一些 ABS 齿圈就装在制动盘上，和不带齿圈的制动盘外表很相似，此时应注意把齿圈换下装在新制动盘上。当修理工作完毕后，可按规定消除故障码。试车时，可在 60km/h 以上车速时进行几次制动，如果制动警告灯不亮，说明 ABS 工作正常。制动时，只要踩下制动踏板，ABS 会自动进入制动状态。此时制动踏板会有些振动或听到微弱的噪声，这都是正常现象。

②拆卸制动衬块。在检修中一般需要更换制动衬块，更换时，应按照随车资料所规定的排气顺序进行，一般是先拧松放气螺钉，再压轮缸的活塞，将油管内的制动油排除，然后再取下制动衬块。

③注意传感器的安装位置。不同车型的 ABS 传感器的安装位置是不一样的，维修安装时应加以区别。

一般传感器的齿圈压在轮毂上，也有的安装在差速器或变速器内，或者万向节的一侧，还有的传感器齿圈就安装在制动盘上，与不带齿圈的制动盘无两样，因此在更换控制盘时，如果换上未装齿圈的制动盘，就会使 ABS 失去作用。

4）ABS 控制单元对过电压、静电非常敏感，如有不慎就会损坏控制单元中的芯片，造成 ABS 失效。因此，点火开关接通时不要插拔控制单元上的插接器；在车上进行电焊之前，要戴好防静电器（也可用导线一头缠在车体上），拔下控制单元上的插接器后再进行电焊；给蓄电池进行专门充电时，要从车上拆下蓄电池电缆后再进行充电。

5）维修转速传感器时要十分小心。拆卸时注意不要碰伤传感器头，不要将传感器齿圈当撬面，以免损坏。安装时应先涂覆防锈油，安装过程中不可敲击或用蛮力。一般情况下，传感器气隙是可调的（也有不可调的），调整时应用无磁性塞尺（如塑料或钢塞尺），当然也可用纸片。

6）检测仪表的选择。检测 ABS 中的微机控制器用的万用表，其内阻应大于 $10k\Omega$，最好使用数字万用表。

7）蓄电池电压与轮胎方面。

①蓄电池电压低时，系统将不能进入工作状态，所以要注意对蓄电池的电压进行检查。

②不能混用不同规格的轮胎，以免影响防抱死控制效果。

8）制动液至少每隔两年更换一次，最好是每年更换一次。这是因为 DOT3 乙二醇制动液的吸湿性很强，含水分的制动液不仅使制动系统内部产生腐蚀，而且会使制动效果明显下降，影响 ABS 的正常工作。注意不要使用 DOT5 硅酮制动液。更换和存储的制动液及器皿要清洁，不要让污物、灰尘进入液压系统。制动液不要沾到 ABS 控制单元和导线上。

> **小贴士**　汽车防抱死制动系统（ABS）属于微机控制方式。国内外各种类型的汽车，尤其是各型号轿车，均以标准配置的方式将 ABS 作为车辆的安全自动保护装置。

如图 5-1 所示是一种汽车防抱死制动系统在车辆上的典型分布情况，其他型号的车辆虽然与此有一定的差别，但车轮传感器安装位置均在车轮部位。汽车 ABS 主要由传感器、ABS 控制器、执行机构构成。

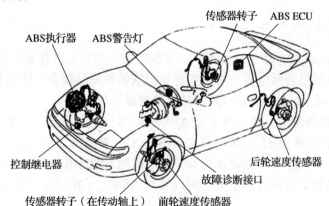

图 5-1　汽车 ABS 在车辆上的典型分布情况

2. ABS 故障诊断与检查方法

（1）初步检查

1）检查蓄电池的电压、容量是否在规定范围内，并检查正负极柱和导线连接是否牢靠。

2）检查与 ABS 有关的熔丝、继电器是否完好，插接是否牢靠。

3）检查驻车制动器是否完全释放。

4）检查制动主缸液面高度是否达到要求。

5）检查电控系统各插接器的插接是否松动或接触不良。

6）检查系统各部的搭铁是否良好。

7）检查常规制动系统的工作情况。

若通过初步检查不能确定故障位置，应进行其他诊断和检查。

（2）利用故障自诊断系统判断故障

可通过故障警告灯的闪烁频率或故障解码器提取故障码，查阅维修手册中故障码的含义，并进行故障排除；最后清除故障码。

> **小贴士**
>
> 以下的情况是 ABS 的正常反应，而不是故障现象。
>
> ①发动机起动后，踩下制动踏板，制动踏板可能会有弹起，这表示 ABS 已发挥作用；反之，发动机熄火，踩下制动踏板，踏板会有轻微下沉现象，这表示 ABS 停止工作，这些都是正常现象。
>
> ②当踩下制动踏板后，同时转动转向盘，即可感到轻微的振动，这并非故障。因为在车辆转向行驶时，ABS 工作循环开始，会给车轮带来轻微的振动，继而传递到转向盘上形成振感。
>
> ③汽车行驶制动时，制动踏板不时地有轻微的下沉现象，这是由道路表面附着系数变化引起的正常现象，并非故障。
>
> ④高速行驶时，如果急转弯，或是在冰雪路面上行驶时，有时会出现 ABS 故障指示灯点亮的情况，这说明在上述工况中出现车轮打滑现象，而 ABS 产生保护动作，这同样也不是故障现象。

3. ABS 故障检修方法

1）首先应对 ABS 的外观进行检查，如导线的插头和插接器有无松脱、制动油路和泵及阀有无漏损、蓄电池是否亏电等。对这些容易出现的故障且检查方法简单的部位先行检查，确定无异常时，再做系统检查，这样对迅速排除故障有利。

2）遇制动不良故障时，应先区分是 ABS 机械部分（制动器、制动主缸、制动管路等）不良还是 ABS 电子控制系统的故障。方法是拆下 ABS 继电器线束插接器或 ABS 制动压力调节电磁阀线束插接器，使 ABS 制动压力调节器电磁阀不能通电工作，让汽车以普通制动器工作方式制动，如果制动不良故障消失，则说明是 ABS 电子控制系统有故障，否则，为 ABS 机械部分的故障。

3）ABS 电子控制系统故障多出现于线束插接器或导线头松脱、车速传感器不良等。应先对这些部件和部位进行检查，而制动压力调节器等故障相对较少，ABS 的控制器（ECU）

故障更少，所以一般情况下，不要轻易去拆检 ABS ECU 和制动压力调节器。此外，在检查线路故障时，不要漏检熔断器。

4）在需拆检 ABS 液压控制器件时，应先进行泄压，以避免高压油喷出伤人，尤其是有蓄压器的 ABS。比如，一些制动压力调节器与制动主缸一体的整体式 ABS，蓄压器中的压力高达 180MPa。

卸压的方法是关掉点火开关，然后反复踩制动踏板 20 次以上，直到感觉踩制动踏板力明显增加（无液压助力）时为止。

5）通常在检修如下部件时需进行泄压：制动压力调节器的各部件、制动轮缸、蓄压器、后轮分配比例阀、电动油泵、制动液管路、压力警告和控制开关。

ABS 采用电子液压控制，因此在 ABS 正常工作情况下出现表 5-4 所列现象是正常的，并不是故障。

表 5-4　ABS 的正常工作情况

现象	说明
系统自检声音	起动发动机后，有时候会从发动机舱中传出类似碰击的声音，这是 ABS 进行自检的声音，并非故障
ABS 起作用时的声音	1. ABS 液压单元内电动机的声音 2. 与制动踏板振动一起产生的声音 3. ABS 工作时，因制动而引起悬架碰击声或轮胎与地面接触发出"吱嘎"声 注：ABS 正常工作时，轮胎仍有可能发出"吱嘎"声
ABS 起作用，但制动距离长	在积雪或是砂石路面上，有 ABS 的车辆的制动距离有时候会比没有 ABS 车辆的制动距离长，因此须提醒驾驶人在上述路面行驶时应加倍小心

4. ABS 故障诊断流程及偶发性故障的维修要点

（1）ABS 故障诊断流程

1）确认故障情况和故障症状。

2）对 ABS 进行初步检查。

3）利用诊断仪读取 ABS 自诊断的故障情况，初步确定故障的部位。

4）根据读取的故障情况，利用必要的工具如检测盒、万用电表等对故障部位进行深入的快速检查，确诊故障的部位和故障原因。

5）排除故障。

6）ABS 故障排除后，清除故障码。否则，尽管 ABS 故障已经排除，且系统恢复正常，但 ABS 控制单元的存储器仍然记忆着原故障情况。

7）检查 ABS 故障警告灯是否仍然持续点亮。如果故障警告灯仍然持续点亮，则说明系统中仍有故障存在，或故障已经排除，而故障码未被删除，应继续排除故障或重新清除故障码。

8）当 ABS 故障警告灯不再点亮后，进行路试，确认 ABS 恢复正常。

（2）偶发性故障的维修要点

在电子控制系统中，在电气回路和输入输出信号的地方，可能出现瞬时接触不良问题，从而导致偶发性故障或在 ECU 自检时留下故障码。如果故障原因持续存在，那么只要按照故障码检查表就可以发现不正常的部位，不过有时候故障发生的原因会自动消失，所以不容易找出问题的原因。在这种情况下，可按下列方式模拟故障，检查故障是否再现。

1）当振动可能是主要原因时。将插头轻轻地上下左右摇动；将线束轻轻上下左右摇动；将传感器轻轻地上下左右摇动；将其他运动件（如车轮轴承等）轻轻摇动。

如果线束有扭断或因拉得太紧而断裂，就必须更换新件，尤其是传感器在车辆运动时因为悬架系统的上下移动，可能造成短暂的断/短路。因此检查传感器信号时必须进行实车行驶试验。

2）当过热或过冷可能是主要原因时。用吹风机加热被怀疑有故障的部件；用冷喷雾剂检查是否有冷焊现象。

3）当电源回路接触电阻过大可能是主要原因时。打开所有电器开关，包括前照灯和后除霜开关。

如果此时故障没有再现，就必须等到下次故障再出现时才能诊断维修。一般来说，偶发性故障只会越变越糟，不会变好。

专家指南　汽车主动稳定牵引控制系统车轮速度传感器故障的检测

汽车主动稳定牵引控制系统又称为驱动防滑控制系统，目前高档汽车上应用较多。

（1）车轮速度传感器故障的检测

汽车主动稳定牵引控制系统的车轮速度传感器常见故障多为电磁线圈断裂或输出波形异常。

汽车主动稳定牵引控制系统车轮速度传感器为电磁式。

1）电阻值的检测。车轮速度传感器在20℃时的电阻值在1~15kΩ之间，传感器电磁线圈与传感器外壳之间应绝缘，传感器与转子之间的间隙为0.85mm左右。故可以用万用表检测其电阻值，用厚薄规检查其间隙是否合格来判断其好坏。

2）电压的检测。汽车车轮速度传感器输出信号可以用万用表进行检测，将待测量车轮转动1/2~1圈，使用万用表的AC mV档检测输出电压，其值应大于或等于42mV。

3）示波器检测波形。汽车车轮速度传感器输出信号可以采用示波器进行检测，其峰值电压应大于或等于120mV P-P。车轮转速较低时，输出电压也较低；随着车轮转速的升高，输出电压也会升高。

（2）主动稳定牵引控制系统车轮速度传感器常见故障的处理方法

当汽车主动稳定牵引控制系统车轮速度传感器出现故障时，可采用万用表或示波器检测波形情况，故障的处理方法见表5-5。

表5-5　车轮速度传感器出现故障时的电压或波形现象、原因与排除方法

检测到的现象	故障原因	故障排除方法
波形太小或没有检测到波形	车轮速度传感器本身已经损坏	更换新的、同规格的车轮速度传感器
	车轮速度传感器与转子之间的间隙过大	对车轮速度传感器与转子之间的间隙进行适当的调整

（续）

检测到的现象	故障原因	故障排除方法
波形太小或没有检测到波形	车轮速度转子齿折断或变形	更换新的、同规格的车轮速度转子
	车轮速度传感器顶端的突出部分有金属异物附着	对金属异物进行彻底的清理
波幅偏差太大	轮毂偏摆或偏移太大	修理或更换新的、同规格的配件
	主动稳定牵引控制系统搭铁出现了问题	应进行修理
波形中出现噪声或波形发生了畸变（波形变形）	车轮速度传感器出现了断路现象	修理或更换新的、同规格的车轮速度传感器
	车轮速度传感器安装位置发生了移动	对车轮速度传感器的安装位置进行适当的调整并固定牢固
	转子齿缺损或断裂	更换新的、同规格的车轮速度转子

5. 电控驻车制动系统故障的排查方法与技巧

新一代奥迪 A6L 轿车装备了电控驻车系统（EPB），它用按键取代传统的驻车制动手柄，常规的更换制动摩擦片的方法已经不适用，甚至不能拆下制动摩擦片，必须借助故障诊断仪才行。

（1）使用具有 CAN 功能的诊断仪进行维修

如果采用手工的方式更换电控驻车系统的摩擦片，有可能损坏制动钳内的机械装置。维修 EPB 的制动摩擦片必须使用安装有特殊软件的原厂诊断仪，将诊断仪连接到汽车仪表台下方的诊断座上，诊断仪通过诊断座与电控驻车系统的控制模块进行数据交换。按压诊断仪上的按键，以操纵驻车制动器的执行器动作，并通过执行器来调整摩擦片的间隙并使其定位。

如果采用金奔腾 CS-528 故障诊断仪，需要具备 CAN/OBD16 适配器。用它维修奥迪轿车的驻车制动器，应选择 "A6L" 菜单和功能 "53"（驻车制动器），然后查询—记录—删除故障码，再选择 "04"（基本设定）功能，输入通道号 "007"（拆卸）或 "006"（安装），才能进行电子机械式驻车系统的拆装。

（2）驻车制动器不能自动解除故障的排除

装备电控驻车系统的奥迪 A6L 轿车，在挂档并加油起步时，有时会出现驻车制动器不能自动解除的现象。该车驻车电控单元（J540）通过 CAN 数据总线与发动机控制单元（J220）、自动变速器控制器（J217）、舒适系统控制单元（J393）、仪表系统控制单元（J285）、安全气囊控制单元（J234）等联网，从中获得发动机转速、加速踏板位置、所挂档位、制动开关、安全带锁等信息，作为执行该功能的依据。

自动解除电控驻车制动器的前提条件

系好安全带，踩住制动踏板，挂入 D 位或 R 位，然后踩加速踏板起步。如果这些条件未满足，J540 将不执行驻车制动器的自动解除功能。在实践中，常见乘员没有系好安全带引起这种故障现象。

有的 2007 年 6 月以前生产的 E70 宝马轿车，出现电控驻车制动器不能释放的现象，调取故障码为"600E ECU 继电器"或"6011 ECU 电动机回路"。解决办法是更换电控驻车系统控制模块，其零件号是 34436779451。

（3）激活"AUTO HOLD"（自动驻车）功能的方法

为了提高驻车的安全性和舒适性，大众迈腾舒适型轿车在原有电控驻车系统的基础上，增加了"AUTO HOLD"（自动驻车）功能，使汽车在等待绿灯或在坡道上停车时能自动启用四轮制动，并让自动变速器处于 D 位或N位，无须一直脚踩制动踏板或使用驻车制动器来保证汽车处于静止状态。当需要改变静止状态时，只需轻踩加速踏板，即可解除制动。这一配置对于常年在城市里驾驶的车主非常实用，也让那些斜坡起步时经常发生"溜车"危险的车主欣喜有加。

大众迈腾轿车电控驻车系统由 ABS 控制单元（J104）、驻车系统电控单元（J540）、离合器位置传感器（G476）、驻车制动开关（E538）、自动驻车开关（E540）、后轮制动钳以及一些指示灯组成。

激活大众迈腾"AUTO HOLD"功能的方法是，按位于副仪表台中央控制面板上的开关，开关内的指示灯点亮（有"AUTO HOLD"字样）后，便会启动自动驻车功能。不过激活这一功能必须满足下列条件：驾驶人侧车门关闭、系好安全带以及发动机处于运转状态。其中，要求驾驶人侧车门关闭以及系好安全带，是为了保障驾驶人始终控制"AUTO HOLD"功能，而不是偶尔按此开关而启动了该功能；要求发动机运转，则是为了保证电子控制系统有足够的动力，这样能够保证驻车系统电控单元（J540）在上述状态下提供安全驻车。如果发动机熄火，会自动转换到电子驻车制动，即转换到通过位于两后轮的驻车电动机运转来实施制动。

EPB 电控单元初始化方法

以别克新君越轿车为例，其电子驻车控制单元的初始化方法如下：
① 将点火开关置于 ON 位置，踩住制动踏板。
② 向下按住电子驻车制动开关 5~6s。
③ 释放电子驻车制动开关。
④ 短暂按下电子驻车制动开关。
⑤ 拆下电子驻车制动控制单元的熔丝，然后重新装回。

6. 驱动防滑系统（ASR）在使用维护中的注意事项

驱动防滑系统（ASR）的作用是在汽车驱动过程中，防止驱动车轮发生驱动滑转。

1）拆装 ASR 中的电气元件和线束插头时，应先断开点火开关，否则容易损坏系统元件。

2）注意防止高电压损坏系统元件，不能用起动器直接起动（未装蓄电池）发动机，也不要在蓄电池与汽车电气系统相连接的情况下对蓄电池充电。

3）对汽车进行烤漆等作业时，温度会很高，应将电控单元从车上拆下。检修时不要带电作业，注意与电控单元隔离（拆下电控单元线束插头），同时避免电控单元外壳受到碰撞和敲击。

4）注意防止水汽、油污等污染电控单元，线路端子注意防氧化、防潮湿、防腐蚀，不要随意用砂纸打磨系统中各插头的端子，否则容易造成端子表面镀金或镀银层脱落。

5）注意保护轮速传感器，不要使其受到机械撞击和油污、灰尘等污染，不可敲击转速传感器，避免铁磁碎屑沾到传感器上，若发现铁磁碎屑要及时清除。

6）很多 ABS、ASR 中都有供压力调节所需压力的蓄压器，所以，对其液压系统检测前，要首先使蓄压器内的高压完全释放，以免高压制动液喷出伤人。一般高压释放的方法是，先断开点火开关，反复踩下和放松制动踏板，直到制动踏板变得很硬为止。此外，要注意在制动系统完全装复之前，切不可接通点火开关，以免电动液压泵通电运转。

7）使用过程中若制动踏板变软，应按照要求的方法和顺序，对制动系统排气。在排气前须检查储液罐的液位，必要时应先向储液罐补充制动液。

8）更换轮胎时，应选用汽车生产厂家推荐的轮胎。如果换用其他型号的轮胎，应该选用与原车所用轮胎的外径、附着性能和转动惯量相近的轮胎，但不能混用不同规格的轮胎。

小贴士

混合动力汽车制动系统和传统汽车制动系统的区别

现以典型的丰田普锐斯混合动力汽车的 THS-Ⅱ制动（第二代再生制动）系统为例，介绍混合动力汽车的制动系统。

丰田普锐斯混合动力汽车的 THS-Ⅱ制动系统属于电子控制制动（electronically controlled brake，ECB）系统。THS-Ⅱ制动系统可根据用户踩制动踏板的程度和所施加的力计算所需的制动力。然后，此系统施加需要的制动力（包括再生制动力和液压制动系统产生的制动力）并有效地吸收能量。

THS-Ⅱ制动系统的组成包括制动信号输入、电源和液压控制部分，取消了传统的真空助力器。正常制动时，总泵产生的液压力转换成液压信号，不直接作用在轮缸上，通过调整作用于轮缸的制动执行器上液压源的液压获得实际控制压力。

ECB 的 ECU 和制动防滑控制 ECU 集成在一起，并和液压制动系统一起对制动进行综合控制，液压制动系统包括带电子控制制动力分配（electronic brake force distribution，EBD）的防抱制动系统（antilock brake system，ABS）、制动助力和车身稳定控制（vehicle stability control，VSC）。VSC 系统除了有正常的车身稳定控制功能外，还能根据车辆行驶情况和电控助力转向（electric power steering，EPS）配合，提供转向助力来帮助用户转向。

THS-Ⅱ系统采用电动机牵引控制系统。该系统不但具有旧车型上的 THS 系统拥有的保护行星齿轮和电动机的控制功能，而且还能对滑动的车轮施加液压制动控制，把驱动轮的滑动减小到最低程度，并产生适合路面状况的驱动力。

7. ASR 故障排查方法

（1）ASR 的检修注意事项

1）在点火开关处于打开位置时，不要拆装有关的电器组件和线束插头。

2）ABS/ASR 的电控单元对过电压和静电非常敏感，使用中要保证蓄电池电压正常，并注意防止静电。

3）维修蓄压器时，要先泄压，以免高压制动液喷出伤人。另外，在未维修完之前，不要接通点火开关，以免电动油泵运转使系统压力升高。

4）经常保持车轮速度传感器的清洁，维修过程中不要硬撬或敲击车轮速度传感器。

5）大多数 ABS/ASR 中的车轮速度传感器、电控单元和液压调节装置是不可修复的，如有损坏，应整体更换。

6）按规定加注和更换制动液，并按照规定的方法和顺序排除装置中的空气。

（2）ASR 检修内容

如果确定 ASR 存在故障，必须进行调整和修理，检修内容包括以下几方面：

1）泄去 ASR 中的压力。

2）对故障部位进行调整、拆卸、修理，必要时更换新件。此外必须按照相应的规定进行。

3）按照规定步骤进气排气。

4）对于电子控制部件，若发现故障，一般不给予维修，应整体更换。

（3）ASR 初步检查的内容

1）检查蓄电池的电压是否在规定范围以及蓄电池正、负极电缆连接是否牢固可靠。

2）检查驻车制动是否完全释放。

3）检查制动主缸液面高度是否符合规定。

4）检查 ABS/ASR ECU 的插头与插座是否有松动或接触不良现象。

5）检查液压调节器上的电磁阀以及主控制阀插接器、压力警告开关和压力控制开关的插接器、制动液面高度指示开关的插接器、所有车轮速度传感器的插接器、电动油泵插接器等连接和接触是否良好。

6）检查所有熔丝和继电器是否正常，插接是否牢固。

7）检查 ABS/ASR ECU、液压控制装置的搭铁端是否良好。

8）检查汽车轮胎花纹深度是否符合规定。

（4）ASR 指示灯常亮故障

1）检查 CAN 通信系统是否正常。

2）检查 ASR ECU 插接器是否牢固连接，应将插接器正确连接到 ASR ECU 上。

3）检查蓄电池电压，应在 11~14V 之间，否则应更换或补充充电。

4）使用诊断仪主动测试组合仪表 ASR 指示灯打开或关闭是否正常，若不正常应更换组合仪表。

5）若以上检查均正常，在确保其他传感器良好的情况下，必要时更换 ABS/ASR ECU 和液压控制器总成。

（5）ESP 系统的检修方法

ESP 系统的检修方法见表 5-6。

表 5-6　ESP 系统的检修方法

方法	具体内容
目视检查	1. 检查管路有无损坏 2. 检查制动器有无拖滞现象 3. 检查所有继电器、熔丝是否完好，插接是否牢固 4. 检查 ABS/ASR/ESP ECU 和液压调节器总成有无损坏 5. 检查传感器及线路有无损坏
自诊断	ABS/ASR/ESP ECU 出现故障后，控制单元可记忆相应的故障码。如大众车系可以使用故障诊断仪 VAS5051 读取、清除故障码，还可以阅读数据流并进行液压控制单元电磁阀测试、电子稳定控制系统液压回路测试、系统排气测试等

四、巡航控制系统 / 安全气囊系统故障排查方法与技巧

1. 巡航控制系统（CCS）常见故障的诊断方法

（1）直观检查

当巡航控制系统发生故障时，应首先进行直观检查，目测检查所有线束是否紧固，连接点是否清洁，还要检查导线是否良好及走向是否妥当；然后检查熔丝有无断路并根据需要进行更换。如果直观检查没有发现异常，一般应进行自诊断检查。

（2）自诊断检查

在汽车巡航行驶期间，如果传感器、执行机构等部件发生故障，巡航控制 ECU 将自动解除巡航控制功能，并使巡航指示灯闪亮警告，提醒驾驶人系统出现故障，应及时进行检修。与此同时，巡航控制 ECU 还将故障内容编成故障码存入存储器中。

汽车巡航系统一般都具有故障自诊断功能，可利用自诊断系统读取故障码，根据故障码进行故障诊断，以进一步确定故障部位。如果没有读取到故障码，则可以按照故障征兆进行故障诊断与分析。确定具体故障部位后，对有故障的部件进行修理或更换。

2. 常见故障的检修

（1）常见故障现象

巡航控制系统和其他控制系统共用了一些传感器，如车速传感器和节气门位置传感器。因此，如果传感器出现故障，不但巡航控制系统不能工作，而且自动变速器会先出现问题。所以巡航控制系统的故障原因大部分是执行机构和巡航控制 ECU 有故障，其故障现象主要表现为以下几种：

1）巡航控制系统不工作。

2）巡航控制系统间歇性工作。

3）车速在超过或低于设定车速时不能自动工作。

（2）巡航控制系统不工作故障的诊断与检修控制过程

1）检查巡航控制系统主开关状况，检查主开关电路是否断路。

2）检查各开关（离合器开关、变速器开关、制动开关）状况、信号及其线路是否断路。

3）检查车速传感器及其线束。

4）检查节气门传感器及其线束。

5）先检查执行机构的供电情况，然后检查执行机构的工作状况，是否存在卡滞或机械损坏等情况。

6）检查巡航控制 ECU 各端子信号情况，视情况采用替换法。

（3）巡航控制系统间歇性工作故障的诊断与检修

1）检查巡航系统开关及其线路是否存在断续连接情况。

2）检查车速传感器信号是否稳定，其线束是否存在虚接情况。

3）检查执行机构电机工作是否平稳或脏污。

4）检查所有线束及插接器是否存在断续连接情况。

5）检查巡航控制 ECU 输出信号情况。如果在以上检测中没有检查到任何故障，就需更换巡航控制 ECU。

3. 故障检修的注意事项

1）当对巡航控制系统进行自诊断测试后，如果读取到故障码，还要进一步进行故障码诊断，以确定故障的具体部位，同一个故障码的产生可能有多种原因，在进行故障码诊断时，应按照从简到繁的顺序进行检查。

2）执行机构的检测要随车型结构不同而区别对待，有些车辆采用单独电动机带动节气门，而另外的车辆则采用电子节气门电动机。

3）检测或拆卸巡航控制系统的元件时，会接近安全气囊和防抱系统，必要时要进行泄压或解除这些系统，以免造成人身伤害。

4. 汽车不能进入巡航控制状态故障排查方法

汽车巡航控制系统要进入巡航状态，必须具备以下 3 个条件：

第一，车速要达到系统设定值。例如 30km/h 或 40km/h 等，该车速为预先给发动机控制单元设定的值，可由驾驶人根据习惯在一定范围内更改。

第二，发动机控制系统要能检测到没有制动发生，如果检测到有制动信号，就不能进入巡航。

第三，发动机控制系统要能检测到没有离合动作发生，如果检测到有离合动作信号，就不能进入巡航。

上述车速、制动与离合这 3 个条件缺一不可，只要其中有一个条件没有达到要求，都无法进入巡航状态。车辆不能进入巡航状态故障的排查方法如下：

（1）检查车速信号

检查车速信号是否满足发动机控制单元所设定的数值。如果车速没有达到设定值，则应检查车速信号是否正常，检查发动机控制单元预设的车速值是否过高等。

（2）检查制动信号

检查发动机控制单元检测到的制动信号是处于制动状态还是释放状态，如果检测到的制动信号显示为制动处于释放状态，则说明制动信号正常；如果检测到制动信号显示为制动状态，则应重点检查制动系统中有关线路与元件是否有短路或搭铁处。

（3）检查离合信号

检查发动机控制单元检测到的离合信号是处于离合分离还是接触状态。可先检查是否有离合信号，再检查离合信号是否正常。如果离合是分离的，检测到信号显示离合是接触的，则应重点检查离合系统中的有关线路与元件是否有短路或搭铁处。

（4）退出巡航系统的方法

根据进入巡航系统的 3 个条件，只要踩下离合器踏板或制动踏板，发动机控制单元得到了离合器或制动信号后，就可以退出巡航控制方式。

5. 维修安全气囊系统（SRS）的注意事项

汽车安全气囊系统（SRS）与其他电控系统不同，在检查过程中，如果不按正确的操作顺序进行，就有可能导致安全气囊意外膨开，不仅会造成经济损失，而且可能造成严重事故。所以在检查安全气囊系统之前，首先应当仔细阅读制造厂家提供的《使用维修手册》，同时注意以下须知。

在检查 SRS 时，应严格按检查程序进行，并注意以下事项：

1）在检查与排除安全气囊系统故障时，必须先调出故障码，再将点火开关转到锁止（LOCK）位置，然后将蓄电池负极电缆端子拆下 20s 或更长一些时间之后才能开始。这是因为气囊系统有备用电源供电，短时间检查就有可能导致气囊误膨胀开。

2）当蓄电池负极电缆端子拆下之后，各系统的存储内容将会丢失。因此检查前应将用户音响、防盗系统的密码和其他控制系统的有关内容记录下来。检查结束后，再由维修人员或汽车用户重新设置密码和有关内容并调整时钟。

3）安全气囊系统对零部件的工作可靠性要求极高，所有零部件均为一次性使用部件。检查 SRS 时，即使只发生了轻微碰撞而安全气囊并未膨开，也应对前碰撞传感器、驾驶席气囊组件、乘员席气囊组件、座椅安全带收紧器进行检查。决不允许修复碰撞传感器、安全气囊组件和微机等部件重复使用，且不允许使用不同型号车辆上的零部件。

4）绝对不能检测点火器电阻，否则有可能导致气囊引爆。检测其他部件电阻和 SRS 故障时，应用数字式万用表，因指针式万用表阻抗较低，表内电源的电压加到气囊系统上就有可能引爆气囊。

5）在检修汽车其他零部件时，如有可能对 SRS 的传感器产生冲击，则应在检修工作开始之前，先将碰撞传感器拆下，以防气囊误膨开。

6）当安全气囊系统的检查工作完成之后，必须对 SRS 指示灯进行检查。当点火开关转到接通（ON）或辅助（ACC）位置时，SRS 指示灯亮 6s 左右自动熄灭，说明安全气囊系统正常。

7）汽车已发生过碰撞、气囊一旦引爆膨开后，SRS 微机就不能继续使用。

8）安全气囊系统线束套装在黄色波纹管内，并与车前部线束和地板线束连成一体，所有线束插接器均为黄色，以便区别。当发生交通事故而使安全气囊系统线束脱开或插接器破碎时，都应修理或更换新品。

9）碰撞传感器的动作具有方向性。安装前碰撞传感器和 SRS ECU 时，传感器和 SRS ECU 壳体上的箭头方向必须按使用说明书规定进行安装。

10）拆卸或搬运气囊组件时，气囊装饰盖带有撕缝一面应当朝上。不得将气囊组件重叠堆放，以防万一气囊误膨开造成事故。

11）气囊组件应当存放在环境温度低于 93℃、湿度不大，并远离电磁场干扰的地方。

12）需用电弧焊修理汽车车身时，应在进行电焊作业之前将气囊组件与螺旋线束之间的插接器拨开。

6. 安全气囊系统（SRS）主要组件的检查

（1）前碰撞传感器的检查

1）当汽车遭受碰撞、气囊已经引爆后，前碰撞传感器不得继续使用，应同时更换左前和右前碰撞传感器。

2）碰撞传感器的动作具有方向性。安装前碰撞传感器时，传感器壳体上的箭头必须按《使用说明书》规定安装方向安装。

3）前碰撞传感器的定位螺栓和螺母必须经过防锈处理。拆卸或更换前碰撞传感器时，必须同时更换定位螺栓和螺母。

4）前碰撞传感器引出导线的插接器装备有电路连接诊断机构。安装插接器时，插头与插座应当插牢。当插接器插头与插座插牢时，自诊断系统将会将故障检测出来并将故障码存入存储器中。

（2）气囊组件的检查

1）拆卸或搬运气囊组件时，气囊装饰盖一面应当朝上，不得将气囊组件重叠堆放，以防万一气囊误膨开造成严重事故。

应将气囊组件插接器的双重锁定机构置于锁定位置，并将插接器的插头（或插座）卡放到气囊组件支架上的插头（或插座）支架上，以免损坏。

2）不得检测气囊组件中点火器的电阻，否则有可能导致气囊引爆。

3）不能在气囊组件的任何部位涂抹润滑脂和任何类型的洗涤剂清洗。

4）气囊组件应当存放在环境温度低于 93℃、湿度不大，并远离电磁场干扰的地方。

5）当需用电弧焊修理汽车车身时，应在操作电焊之前将气囊组件与螺旋电缆的插接器脱开。

（3）SRS 控制单元的检查

1）汽车已发生过碰撞使气囊引爆膨开后，SRS ECU 就不能继续使用。

2）当连接或拆下 SRS ECU 上的插接器插头时，因为防护碰撞传感器与 SRS ECU 安装在一起，所以应在安装固定 SRS ECU 之后再进行连接或拆卸，否则防护传感器就起不到防护作用。

3）在拆卸 SRS ECU 固定螺栓之前，必须将点火开关转到锁止（LOCK）位置，并在拆下蓄电池负极电缆端子 20s 之后再进行拆卸。

（4）插接器与线束的检查

1）安装转向盘时，其安装位置必须正确，即必须安装在转向柱管上，并使螺旋电缆处于中间位置，否则会造成螺旋电缆脱落或发生故障。

2）气囊系统线束套装在特殊颜色（一般为黄色）的塑料波纹管内，并与车身线束和地板连成一体，所有线束插接器均为特殊颜色（一般为黄色）以便于区别。当发生交通事故而使气囊系统线束脱开或插接器破碎时，均应修理或换用新品。

（5）座椅安全带收紧器的检查

1）安全带收紧器既不能沾水、污油，也不能用任何类型的洗涤剂清洗。

2）绝对不能检测安全带收紧器中点火器的电阻，否则有可能导致安全带收紧器引爆而发生意外伤害。

3）安全带收紧器应当存放在环境温度低于80℃、湿度不大并远离电磁场干扰的地方。

4）当需用电弧焊修理汽车车身时，应在操作电焊之前将安全带收紧器的插接器脱开。该插接器设在前车门门框下地毯的下面。

5）在报废汽车整车或报废安全带收紧器时，应在报废之前先用专用维修工具将收紧器点火器引爆。引爆工作应在远离电磁场干扰的地方进行，以免电磁场过强而导致点火器误爆。引爆收紧器点火器的方法与引爆气囊组件相同。

6）存放新或旧安全带收紧器时，双重锁定机构的副锁应处于锁定位置，防止转动锁柄损坏。

专家指南 **注意防止气囊产生误爆**

①严禁将其他线束接到气囊系统线束上。

②禁止使用万用表以及其他能产生电能的仪器检测点火器。

③禁止使用工具打开安全气囊的气袋或点火器。

④安全气囊装置的部件应妥善保管，不要让它处在85℃以上的高温环境下，以免造成安全气囊误爆。

⑤安全气囊传感器等部件对碰撞和冲击比较敏感，应避免碰撞或冲击，以免产生误爆。

---

7. 汽车安全气囊系统故障的检修步骤与方法

（1）检修安全气囊系统步骤

检修安全气囊系统故障时，首先应确认该系统是否确实存在故障，通常的步骤是，确认安全气囊系统是否确实存有故障→读取故障码→根据故障码提示的部位，检查相关元件→清除故障码。

1）安全气囊系统是否有故障的判断。安全气囊系统是否有故障可以通过SRS警告灯来确认。正常情况下，当接通点火开关（ON）时，维护指示灯闪亮数秒后熄灭，说明系统正常。在这段时间里，控制系统中的诊断系统进行自检。

如果SRS警告灯闪亮数秒后仍然闪烁，或常亮不熄，均说明系统确有故障。

2）安全气囊系统故障码的读取方法。安全气囊系统故障码的读取方法因车型和生产年代不同而不一样。早期生产的车型，多采用维护提示灯和参数测量法。近期生产的车型，大都采用扫描仪法。

（2）故障排查方法

1）接通点火开关时，SRS 警告灯应发亮。否则，应检查 SRS 灯泡和线路是否断路。

2）进行故障的具体部位检查时，应先拔掉气囊处的接线插头，如图 5-2 所示，并将气囊接线插头两线端短接。

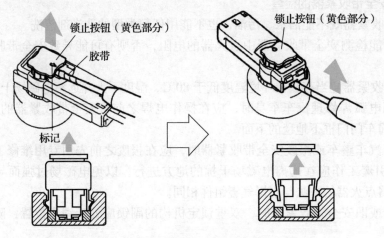

锁止按钮（黄色部分）

胶带

标记

锁止按钮（黄色部分）

图 5-2　断开气囊总成插接器的操作

3）装在汽车保险杠处的碰撞传感器的故障，可用万用表检查其线路是否短路或断路；如果阻值不符合要求，则应更换传感器。

> **小贴士**　碰撞传感器安装应紧固，不能有松动现象。碰撞传感器的动作具有方向性。安装前碰撞传感器时，传感器上的箭头必须指向汽车前方。碰撞传感器不得暴晒或接近热源。

4）气囊系统的线束和插接器一般套有特殊颜色的套管，便于与其他系统线束加以区别。检查时一般不要损坏这些套管。在安全气囊的零部件上均附有说明标牌，其上所列的注意事项均应严格遵照执行。

5）不要将前安全气囊传感器、中央安全气囊传感器总成和转向盘衬垫直接暴露在热空气和火焰前。

6）即使只发生轻微的碰撞且安全气囊并未膨开，也应对前碰撞传感器和转向盘缓冲垫进行检查。安全气囊盖上不可放置其他任何物件，以使气囊保持高度的敏感性能。

7）故障排除后，应按不同车型的具体要求，将故障码清除掉。

第六章

汽车车身辅助系统故障
排查方法与技巧

一、空调系统故障排查方法与技巧

1. 汽车空调系统维护方法

汽车空调系统主要由制冷系统、采暖系统、通风系统、空气净化系统、控制系统所组成，主要部件如图6-1所示。

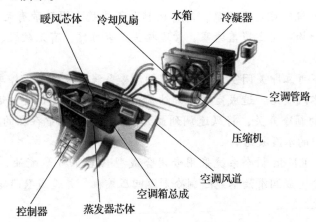

暖风芯体　冷却风扇　水箱　冷凝器

空调管路

压缩机

空调风道

空调箱总成

控制器　蒸发器芯体

图6-1　汽车空调系统各部件及布置

其中压缩机是制冷系统的心脏，连接蒸发器和冷凝器；膨胀阀总是装在液体管路上的蒸发器进口处；而使用储液干燥器的系统必须把储液干燥器放在冷凝器和膨胀阀之间。

（1）连接制冷系统的管路

连接制冷系统的管路有以下三种：

1）高压软管，用于连接压缩机和冷凝器。

2）液体管路，用于连接冷凝器和蒸发器。

3）回气管路，用于连接蒸发器和压缩机。

（2）制冷系统各部件的作用

压缩机是使制冷剂R134a在系统内循环的动力源。它的作用是使制冷剂由低压气体压缩为高温高压气体。没有它，系统不仅不制冷，而且失去了运行的动力。压缩机的动力，大部分来自于汽车发动机。

冷凝器的作用是将压缩机排出的高温高压制冷剂蒸气进行冷却，并使其凝结为液体，凝结时所放出的热量被排至大气中。它经常被安装在车头，与散热器一起，共同享受来自前方的凉风。

小贴士

使用空调注意事项

在春秋或冬季不使用冷气的季节里，应每半个月起动空调压缩机一次，每次5~10min。还应注意，此项保养需在环境温度高于4℃时进行。应常用清水或压缩空气清洗冷凝器等部件，有条件的话，最好到正规的厂家或维修点做空调的全面体检、维护。

①空调的空气净化器应定期更换，一般每行驶5000km或3个月应更换一次防臭滤清器。

②空调制冷剂应每6个月检查一次。

③制冷剂是否泄漏可用检漏仪进行检查，或通过直接观察压缩机零件表面、软管及接头油迹的多少来判断。若油迹过多，则表明有泄漏现象；压缩机前部只有一小块油迹，表明其工作正常。

④检查压缩机固定是否可靠，工作运转是否平稳、驱动带有无磨损或打滑现象，冷凝器是否被杂物或泥土覆盖堵塞，管道接头是否可靠，有无破裂、堵塞现象，发现异常均应排除。

⑤停车后不可立即关闭空调，因为空调制冷系统温度较低，停车马上关闭空调会使制冷系统内水汽凝结，造成空调内部结构锈蚀。停车后应让空调运转几分钟，在此期间关闭空调的制冷开关，将风速调到最大，让空调系统中存在的冷空气彻底吹出，就可避免空调中的水汽凝结。

⑥润滑油。R134a制冷系统采用专用合成型PAC油或聚酯油，不可用R12制冷剂代替，否则会造成润滑油不能随制冷剂返回压缩机，并造成R134a泡沫化，压缩机被卡死故障发生。

专家指南　夏季汽车空调的使用注意事项

①夏季首次使用空调时应先检查一下空调系统，如通过储液罐检查制冷液及空调滤芯是否过脏、散热器是否有异物等。

②起动发动机怠速时打开空调，应注意观察空调是否有异响、异味等，应运转2~5min后关闭空调开关，5~6min后可再次起动。

③若车辆在烈日下停放较长时间，则车辆起动后不要立刻使用空调。先把所有车窗打开，启动外循环，把热气排出去，等车厢内温度下降后，再关闭车窗，开启空调。

④不可把空调温度调得过低，因为温度过低会影响身体健康，一般车厢内、外温差在10℃内为宜。

⑤当车内开空调时，驾乘人员不要在车内吸烟。若吸烟，应将空调的通风控制调到"外循环"位置。

⑥切勿频繁开启空调，以免损坏压缩机。温度开关不要长时间放在低温度区，以防结霜而影响制冷。

⑦室外高温或空气中有尘埃时，要使用内循环开关。雨后或空气清新时，使用外循环开关。

⑧切勿长时间怠速状态下开启冷气或在室内休息或睡觉。这是因为怠速状态运转时，燃烧不完全的尾气中含有过量的 CO 有毒气体。这些气体会从空调的进口处或汽车的缝隙中进入车内，时间一长，CO 的浓度增加，就会使人中毒。

（3）冬季汽车空调系统维护方法

汽车空调制冷系统长时间停止，运动部件会出现"咬死"现象，造成起动转矩加大，使空调电磁离合器打滑、过度磨损，还会使轴封干枯、粘连而失效，造成泄漏。因此，汽车空调制冷系统冬季维护的要点是，要检查空调系统是否清洁及有无堵塞积水现象。每月将空调制冷系统启动 2~3 次，每次 10min 左右，这样消耗的燃油不多，但却避免了蒸发器、压缩机的重大损失。启动制冷系统可以选择在气温高于 10℃ 以上有阳光的日子，在行驶途中开 10min 即可。

（4）汽车空调系统暂停使用时的维护

汽车空调较长时间不用时，最好每周起动一次空调器，每次运转 5~10min，以便保证空调的压缩机及密封件的正常润滑，延长压缩机轴封和轴承的寿命，保持空调器处于良好的技术状态，有利于延长空调器的使用寿命。另外，应经常观察其管路、接头处是否有油污，一旦发现有泄漏处，应及时送修。

压缩机如果长时间不运转，以后再次使用时，由于压缩机的油封、衬垫之类的零件变干和发硬，故很容易开裂致使制冷剂泄漏。同时，由于压缩机内的运动零部件表面需要润滑油润滑，如果压缩机长时间不运转，零件摩擦表面的润滑油会变干，或者润滑油将零件粘在一起。压缩机再次起动运转时，开始阶段就会出现润滑油不足或没有润滑油的情况，可能导致压缩机受损。

2. 汽车空调系统的检测

（1）空调系统的检漏

汽车空调系统工作条件恶劣，其制冷系统一直随汽车工作在振动的工况之下，极易造成部件、管道损坏和接头松动，使制冷剂发生泄漏，其泄漏的常发部位见表 6-1。

表6-1　汽车空调系统泄漏的常发部位部件

部件	泄漏常发部位	部件	泄漏常发部位
冷凝器	1.冷凝器进气管和出液管连接处 2.冷凝器盘管	制冷剂管道	1.高、低压软管 2.高、低压软管各接头处

（续）

部件	泄漏常发部位	部件	泄漏常发部位
蒸发器	1. 蒸发器进气管和出口管连接处 2. 蒸发器盘管 3. 膨胀阀	压缩机	1. 压缩机油封 2. 压缩机吸排气阀处 3. 前后盖密封处 4. 制冷剂管道接头处
储液干燥器	1. 易熔塞 2. 管道接口喇叭口处		

汽车空调制冷系统常用的检漏方法有卤素灯检漏、电子检漏仪检漏、肥皂泡检漏、染料检漏、真空检漏和外观检漏等。

（2）用压力表检测

把表座软管接在压缩机上，排除软管内的空气，启动汽车，调整发动机转速至1250r/min开动空调器，将有关控制器调至最凉位置（风机也应在最高速）；按需要使发动机温度正常（运行5~10min）后，进行检测和维修作业。

根据压力表的读数来判断空调系统的状况如下：

1）压力表的读数，高、低压均很低时，说明制冷剂不足。如空调系统工作一段时间出现此现象，可能系统内某处出现泄漏，必须找出泄漏点并加以排除。

2）压力表的读数，高、低压均过高时，很可能是由制冷剂过多引起的。处理方法是：从低压侧逐渐放出一部分制冷剂，直到压力表指针显示规定压力为止。如开始时正常，后来出现上述现象，这是由冷凝器散热差造成的。可检查冷凝器散热片是否堵塞，风扇传动带是否过松，风扇转速是否正常，并予以排除。循环系统内，由于加注制冷剂过程中没有将空气抽净，存在空气，因此高、低压都增高，现象同制冷剂过多时相似，高压侧比前者还要高些。

3）压力表读数，低压侧偏高，高压侧偏低时，如增加发动机转速，高、低压变化都不大。这种情况一般是由压缩机工作不良所造成的。应检查机内阀片是否损坏，活塞是否磨损，并予以排除。

4）压力表读数，低压侧出现真空，高压侧压力过低。这种情况产生的原因大多是膨胀阀感温包内的制冷剂完全泄漏，使膨胀阀内的小孔全部堵死，使制冷剂不环流，系统不能制冷。排除的办法是更换或拆修膨胀阀。

3. 制冷剂的判断与加注

（1）汽车空调制冷剂是否充足的判断法

汽车空调系统制冷剂不足会导致制冷量不足，在无泄漏情况下，一般3年左右添加一次制冷剂即可。可以通过观察玻璃检视窗内的制冷剂的气泡情况，来判断制冷剂是否充足。

1）起动发动机，将其转速保持在2000r/min左右，并使空调系统工作，然后透过玻璃检视窗观察制冷剂的流动。如果空调制冷系统的制冷剂量合适，则应能从玻璃检视窗里看到清澈的制冷剂在不停地流动，并且看不到气泡，只有在高温时偶然看到有一些小气泡。

2）交替地开动和关停空调器。注视玻璃检视窗，如果空调系统运转时，看不见小的气泡，并且空调系统已向车内送冷空气了，则表明一切都正常。如果在空调系统运转时，能够从玻璃检视窗内看见小气泡，则说明制冷剂不足，应及时检修、查出泄漏处。

3）若空调系统运转时，从玻璃检视窗里看到一长串机油条纹或偶尔见到成块的机油条纹，则表明有部分制冷剂已泄漏，应及时检修。

4）检查空调系统制冷剂是否充足，也可通过检查储液干燥器进、出口温度差来判断。储液干燥器通常装在冷凝器的后方，外形为圆筒状且有两根管路，一根管路通向膨胀阀；另一根管路通向冷凝器。运转发动机，使其转速保持在 2000r/min 左右，再让空调系统进入工作状态，用两手分别握住上述的两根管路，感受它们的温差。

①若感觉两根管路的温度很相近，则表明制冷剂的充注量合适。

②若感觉通往冷凝管的管路较冷，则表明制冷系统中的制冷剂不足，应及时检修。

③若感觉通往膨胀阀的管路较冷，则表明制冷系统中的制冷剂过量（此种情况较少）。

（2）空调制冷剂的加注量的判断

1）每种汽车空调制冷系统，所需注入制冷剂的量不同，须按厂家的规定加注制冷剂。一般小容量制冷剂罐的外壳均标有容量，而大容量的制冷剂罐则可通过过磅秤称重。

2）目前所使用的汽车空调，大多制冷系统均装有视液镜。若想知道充入的制冷剂量，可直接通过视液镜观察，看制冷剂的流向，并对量的多少进行合理的判断。

3）可通过高、低压进行判别。若两侧压力均偏低，说明制冷剂的量过少；若均偏高，说明制冷剂的量过多，需进行适当的调节。

（3）充注空调制冷剂应注意哪些事项

目前汽车空调制冷剂主要有 R12 和 R134a 两种。目前国内外新车的空调系统大都使用了 R134a 制冷剂。

R134a 与 R12 空调系统相比，两者热力学性质和系统结构相似，最大的不同之处是冷冻油。凡是车用的 R134a 空调系统，厂方都会在压缩机、冷凝器、蒸发器、橡胶管和灌充设备上注明 R134a 的标志以防误用。

汽车空调系统补充制冷剂时应注意以下两点：

1）制冷剂不可互换。目前进口的汽车空调装置大多采用 R134a 制冷剂，若是将 R134a 空调系统改为灌充 R12 制冷剂，虽然一样可以发出冷风，但将会损害压缩机。因此哪一种制冷剂应灌充到哪一种空调系统中，不可互用。

2）当汽车空调修理和安装时都需要进行抽真空。抽真空好坏直接关系着空调的使用寿命。如果抽真空时间不够，将水分残留在机内，会破坏空调系统正常的工作。一般来说，小客车抽真空时间不可少于半小时，大客车抽真空时间不可少于 1h。

4. 汽车空调制冷系统基本检查

（1）检查系统主要零部件温度

开启制冷系统 15~20min 后，用手触摸空调系统管路及各部件，感受其温度。正常情况下，低压管路呈低温状态，高压管路呈高温状态。低温区是从膨胀阀出口→蒸发器→压缩机进口处，这些部件表面应该由凉到冷再到凉，连接部分有水露，但不应有霜冻。高温区是从压缩机的出口→冷凝器→储液干燥器→膨胀阀的入口处，这些部件表面温度为 40~65℃，手感热而不烫。具体情况有：

1）压缩机进口处手感冰凉，出口处手感较热，进、出口温差明显。若温差不大，说明制冷剂不足；若没有温差，说明制冷剂有泄漏。

2）膨胀阀进口处手感较热，出口处手感冰凉，进、出口温差明显，有水露。若膨胀阀出口处有霜冻现象，则说明膨胀阀阀口堵塞，可能是脏堵或冰堵。

3）储液干燥器应是热的，表面无水露，进、出口温度相等。如果其表面出现水露，则说明干燥剂破碎堵住制冷剂流通的管路；若进口热，出口冷，也说明其内部堵塞。

4）冷凝器进、出口管应有温差，出口管温度应低于进口处温度。

（2）观察视液窗

观察视液窗，判断制冷剂量，如图6-2所示。

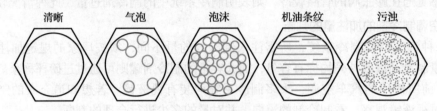

图6-2 观察视液窗

1）视液窗清晰，孔内偶有气泡。可能有三种情况：一是系统内无制冷剂，二是制冷剂过量，三是制冷剂适量。

①看不见液体流动，用手触摸压缩机进、排气口，没有冷热感觉，出风口无冷风，表示系统内无制冷剂，这时应立即关闭空调。

②看见液体快速流动，用手触摸压缩机进、排气口，高压侧有烫手感，低压侧有冰霜，表示制冷剂过量。

③看见有液体稳定的紊流，用手触摸压缩机进、排气口，高压侧热，低压侧凉，表示制冷剂适量。

2）少量有气泡，可能有两种情况：一是制冷剂不足，二是制冷系统中有水分。

①当膨胀阀有冰堵时，表明制冷系统中有水分。

②当膨胀阀没有冰堵时，说明制冷系统中制冷剂不足。这时应进行检漏并补充制冷剂。

3）有大量气泡，说明制冷剂严重不足并有大量的水分。

4）观察孔的玻璃上有条纹状的油渍或黑油状泡沫，可能有三种情况：一是冷冻机油过多，二是冷冻机油变质、脏污，三是无制冷剂。

①若压缩机进、排气口有明显的温差，关闭空调后孔内油渍干净，则说明冷冻机油过多。

②若压缩机进、排气口有明显的温差，关闭空调后孔内仍有油渍或其他杂物，则说明冷冻机油变质、脏污。

③若压缩机进、排气口无温差，空调器出风口无冷风，则说明无制冷剂，视窗镜上是冷冻机油，应立即关闭空调。

5. 空调系统的故障诊断方法

（1）看

1）观察整个空调系统各个零件是否处于正常工作状态。启动空调，观察储液干燥过滤器的观察窗，看制冷剂是否适量。如果每隔 1~2s 就会有气泡出现，表示制冷剂不足；如果观察到有连接不断的气泡出现，说明制冷剂严重不足。

2）观察各接头处是否有油污，是否沾有灰尘。如果有油污和灰尘，则可能泄漏。

3）观察冷凝器表面是否脏污，散热片是否倒伏变形。

（2）听

1）听运转中的空调系统有异常声音。如果有噪声，则可能是电磁线圈老化，吸力不足，通电后打滑造成的，也可能是离合器片磨损造成间隙过大，使离合器打滑。

2）听压缩机是否有液击声。如果有液击声，可能是制冷剂过多或膨胀阀开度过大，应释放制冷剂或调整膨胀阀，除此之外，就是压缩机内部损坏。

（3）摸

1）用手摸高、低压管路。高压管路比较热，如果某处特别热或进、出口有明显温差，说明该处堵塞。

2）用手触摸压缩机的进气管和排气管，正常情况下，应该有明显的温度差，而且进气管较凉，排气管较热，否则，说明空调系统工作不正常。

3）用手感觉比较冷凝器进入管和排出管的温度，正常情况下，进气管应较热，排气管应较凉，冷凝器上部温度比下部温度要高。

4）用手摸储液干燥过滤器，前后温度应一致。

5）冷凝器输出管到膨胀阀输入管之间是制冷剂高压、高温区，温度应该均匀一致。低压管路比较凉，用手摸膨胀阀前后要有明显的温差，即前热后凉。膨胀阀出口到压缩机之间的软管应该凉而不结霜，正常情况应为结霜后立即融化，用肉眼看到的是霜融化后结成的水珠。如果高压管路、低压管路没有明显温差，说明制冷系统不工作或系统泄漏，制冷剂严重不足。

6）用手感觉车内出风口应有凉的感觉，车内保持适应人体的正常温度。

（4）测

1）用检漏仪检查各接头是否有泄漏。用歧管压力表检查制冷系统的压力。运转压缩机，发动机转速为 2000r/min，观察歧管压力表。在一定的大气湿度内，轿车制冷系统工作时，其高、低压范围正常状况是高压端压力应为 1.421~1.470MPa，低压端压力应为 0.147~0.196MPa；若不在此范围内，则说明系统有故障。

2）用万用表检查空调电路故障。

3）用温度计测量。

①蒸发器。不结霜的前提下，蒸发器表面温度越低越好。

②冷凝器。正常工作时，冷凝器入口温度为 70~90℃，冷凝器出口温度为 50~65℃。

③储液干燥器。正常情况下应为 50℃。如果上下温度不一致，说明储液干燥器堵塞。

（5）制冷循环中的故障诊断

用歧管压力表检查诊断制冷循环故障时，可根据表 6-2 进行。

表 6-2　用歧管压力表检查诊断制冷循环故障

序号	压力表显示	现象	原因	处理方法
1	低压侧　　高压侧	正常： 低压侧：0.15~0.25MPa 高压侧：1.37~1.57MPa		
2	低压侧　　高压侧	1. 低压和高压侧压力均低 2. 观察孔可以看见气泡 3. 冷却不足	1. 制冷剂量少 2. 漏气	1. 检查气体泄漏并修理 2. 补加制冷剂
3	低压侧　　高压侧	1. 低压和高压侧压力均高 2. 低速运行时，观察孔也看不到气泡 3. 冷却不足	1. 制冷剂过多 2. 冷凝器冷却差	1. 调节正确的制冷剂量 2. 清理冷凝器 3. 检查车辆的冷却系统（电扇等）
4	低压侧　　高压侧	空调器起动时操作正常，经过一段时间以后低压侧逐渐指示有一真空压力	潮气渗入：潮气在膨胀阀附近反复冰冻和融化，这一现象反复发生。周期在几秒至几分	1. 更换储液罐 2. 在重新加制冷剂之前，充分抽真空，去除水汽
5	低压侧　　高压侧	1. 低压侧高、高压侧低 2. 关掉空调器时，高、低压侧将立刻恢复到同一压力 3. 冷却不足	压缩机缺陷	检查和修理压缩机

（续）

序号	压力表显示	现象	原因	处理方法
6	低压侧　高压侧	1. 对于完全阻塞，低压侧立刻指示真空 2. 有阻塞趋向时，低压侧逐渐指示真空（制冷取决于阻塞程度）。高压侧表压也可能高到极高，这还要看堵塞部位与高压表接口位置 3. 在阻塞部分前后有温差	1. 灰尘或冰冻潮气堵塞膨胀阀、EPR或其他的孔，阻止制冷剂的流动 2. 膨胀阀热传感杆漏气	1. 弄清楚阻塞的原因。更换造成阻塞的部件 2. 对系统彻底抽真空
7	低压侧　高压侧	1. 低压和高压侧压力均高 2. 冷却性能与低压的降低成比例 3. 如果制冷剂量是正确的，在观察孔看到的气泡流动与正常运行期间相同	空气渗入	1. 更换制冷剂 2. 彻底对系统排空
8	低压侧　高压侧	1. 低压侧压力上升并且冷却性能降低（高压侧压力显示几乎无变化） 2. 霜附着于低压管路	膨胀阀中的操作缺陷	1. 检查并修理热传感管的安装情况 2. 更换膨胀阀

空调通风管路的清洗方法

小贴士

用空调清洗剂清洗空调通风管道的方法如下：

①把空调滤清器滤芯取下，将外框再装回去，防止清洗时清洗剂通过滤清器安装口流出。

②将车门全部打开，起动车辆，将空调风量调到最大（先不要起动空调压缩机）。

③试找出空调进气口吸力最大的位置（可用手或纸巾测试并找到进气口最大吸力处），然后将清洗剂喷入进气口，喷10s左右，隔几秒喷一下，直至泡沫充满进气口。

④为了达到全面清洁，每个送风模式都要启动一下。

⑤关闭鼓风机5min，以利于清洗剂溶解顽固污垢。

⑥起动空调压缩机，风速调到最大，启用外循环，以便泡沫吹出。约10min后有废液从排出口流出。

⑦清洗工作基本完成，将新的空调滤芯换上，装回杂物箱，然后把出风口擦干净。

小贴士

空调系统的高压回路与低压回路的分界线

汽车空调系统的高压回路与低压回路的分界线是压缩机和膨胀阀。高压回路是从压缩机出口→冷凝器→储液干燥器→膨胀阀的进口，低压回路是从膨胀阀的出口→蒸发器→压缩机的进口。

专家指南 拆卸空调系统注意事项

①卸下空调系统，用适当的装备补充制冷剂。空调系统的制冷剂虽不是易燃物，但它在与明火接触时会产生无味而有毒的气体，因此应注意防止泄漏事故的发生。

②制冷剂与皮肤接触会造成冻伤。一般应戴安全手套与防护镜，并保持干净无泄漏；拿密封剂或催化剂时，要戴防护手套。如果这些东西沾在皮肤上，应该用干净的毛巾把密封剂、催化剂从沾上的地方擦去，然后立即用清水清洗。

③催化剂挥发出的气体会造成呼吸困难，所以要在通风良好的地方使用。另外，催化剂是易燃物，要远离火焰和火星。

6. 空调常见故障的排查方法与技巧

（1）汽车空调常见的故障

汽车空调常见的故障有冷媒泄漏、制冷不良（完全不制冷、制冷量不足、间歇性制冷）及空调工作噪声等，这些故障又存在于制冷系统故障、电路及控制系统故障、机械系统故障及送风和操作调控系统故障之中。

冷媒泄漏的原因有管路中的密封胶圈老化、制冷剂压力异常和系统部件损坏等。在泄漏故障修复后还有一个必要的程序就是补充冷冻机油，将系统内抽真空并充注制冷剂。

在制冷不良的故障中，最普遍也是最简单的就是空调系统散热不良。散热不良导致制冷剂不能按照设计要求的压力、温度和物态在系统管路中循环，后果肯定会伴随空调系统的制冷不良，并引起高压管路爆炸或泄漏。汽车空调在正常情况下制冷剂不会消耗，需要维护的项目主要是冷凝器的清洁以及散热风扇的工作状况。

（2）常见故障的排查方法与技巧

空调维修时的原则是"先分析，后进行；先简单，后复杂；先外部，后内部；先电器，后机械"，可分为确定故障部位、检查故障原因和处理排除故障3个阶段进行。具体操作时，可分为直观诊断法、仪器诊断法、故障表诊断法和诊断流程图诊断法4种。

1）检查空调系统故障时，首先要排除车辆自身故障，蓄电池保持正常的工作电压和技术状况，其他电器性能在正常条件下进行。检查空调故障时可采用听、看、摸、测的方法进行。

2）电器故障主要有导线插头松动、电线束绝缘层损坏而导致短路或断路、元器件老化损伤或损坏、熔丝熔断、各触点烧蚀或接触不良以及电磁线圈绝缘击穿造成短路或断路等。

3）功能部件的机械故障主要有运动件的磨损或破裂、配合连接件松动、密封不良而泄漏、管道老化硬化腐蚀破损或堵塞以及接头连接不良等。

4）制冷剂造成的故障主要有制冷剂量过多或过少；制冷剂渗入杂质、潮湿气体，表现为不制冷或制冷不足，甚至出现异响。

①不制冷的原因有驱动带过松或磨损过甚，以致折断；制冷剂严重泄漏；压缩机不工作或轴承烧坏等。

②制冷量不足的主要原因是制冷剂不足，系统管道堵塞或泄漏；冷凝器风机不运转或轴承烧坏；鼓风机电动机线圈烧坏，导致电流过大，造成空调继电器断电触点（白金）发热而接触不良；压缩机电磁离合器打滑或驱动带打滑；蒸发器通风道堵塞；外循环风门未关，使车外热气进入车厢内；以及冷凝器或压缩机本身故障等。应针对性找出上述诸多故障的原因，按系统及部位查找，就可使故障排除。

> **小贴士**　通常对制冷系统高压侧部件及管路的检漏，必须在运行过程中或压缩机刚刚停止运转时立即进行，这时系统压力较高，较小的泄漏点容易暴露。
> ①对压缩机轴封的检漏也最好在压缩机运行时进行。而对低压侧管路的检漏，则应在压缩机停止运行时进行，这时低压侧压力相对较高。
> ②对于蒸发器、膨胀阀及其连接管路的检漏，由于其安装位置相对比较隐蔽，检漏仪探头较难直接触及，因而无法对其进行直接检漏，此时可使风机在低速下运行，将检漏仪探头直接伸入出风口内或在蒸发器总成附近进行间接检漏。等发现有泄漏时，再拆下蒸发器总成对其进行单独试漏。

7. 汽车空调常见故障的原因及排除方法

汽车空调常见故障的原因及排除方法见表6-3。

表6-3　汽车空调常见故障的原因及排除方法

故障现象	故障部位	故障原因	故障排除方法
完全不制冷	制冷系统故障	制冷系统内无制冷剂（完全泄漏）	检查并找出泄漏处，修复并补充制冷剂
		储液干燥器完全脏堵	更换储液干燥器
		膨胀阀进口滤网完全脏堵	清洁或更换进口滤网
		膨胀阀阀门打不开	更换膨胀阀
		压缩机进、排气阀片损坏，进、排气失效	检查压缩机进、排气阀片组件或更换相同规格压缩机
	电路及控制系统故障	电磁离合器线圈搭铁不牢或脱焊断路	旋紧搭铁端部，检查线圈电路是否短路
		电磁离合器接合不好	更换或修理电磁离合器
		电路熔断器烧断	检查、更换同规格的熔断器

（续）

故障现象	故障部位	故障原因	故障排除方法
完全 不制冷	电路及控制系统故障	控制开关失效	更换控制开关
		鼓风机不转	检修鼓风机及其电路
		电路导线脱落或断开	修理电路导线线束
	机械系统故障	压缩机传动带松弛或折断	调整传动带或更换新件
		压缩机机件损坏卡死不能转动	检查、更换
		鼓风机机件损坏卡死不能转动	检查、更换
	风道及调控系统故障	热水不能关闭	检查、维修或更换热水阀控制器件
		空气混合门位置不对	调整空气混合门使其到制冷位置
		空调系统管道损坏	对损坏的管道进行修理
制冷量 不足	制冷系统故障	制冷剂充注量不足或制冷剂泄漏，低压管路压力低于 78kPa，高压管路压力低于 883kPa	补充制冷剂或检漏修复并充注制冷剂
		制冷剂过量，低压管路压力高于 245kPa，高压管路压力高于 1962kPa	从低压端缓慢放出多余的制冷剂
		冷凝器散热不良	检查散热风扇传动带及控制转速高压开关，改善散热效果
		膨胀阀阀门开启量过大或过小	检查调整或更换膨胀阀
		膨胀阀进口滤网部分脏堵	清洗或更换膨胀阀进口滤网
		制冷系统内有水或空气	放出制冷剂，抽真空重新加注制冷剂
		制冷管路部分堵塞	更换或疏通堵塞管路
	电路及控制系统故障	鼓风机转速过低	检查鼓风机及控制电路
		电磁离合器打滑	检修或更换同规格新的压缩机离合器
		温控器失调或温度调整过高	检查温控器并对其温度重新调整
		冷凝器冷却风扇不转或转速过低	检查冷却风扇及有关控制电路
	机械系统故障	压缩机传动带过松、打滑	紧定传动带或更换新品
		冷凝器冷风不流畅，高压压力过高	检修冷却风扇
	风道及调控系统故障	蒸发器空气进口滤网脏堵	清除滤网杂质
		风道连接处或风道外壳漏气	紧定风道连接处，修复风道外壳破裂处
		热水阀开度过大	检查调整热水阀开度
		出风通道堵塞	清洗或更换空气滤清器
		蒸发器管道堵塞或散热片有污垢	清洗蒸发器管道或散热片
		各种辅助开关发生故障	调整或更换新的同规格的辅助开关

（续）

故障现象	故障部位	故障原因	故障排除方法
空调间断性制冷	制冷压缩机正常运转，其他部位故障	制冷系统中有冰堵	放出制冷剂，抽真空后重新充注制冷剂
		温控开关中的热敏电阻或感温包失灵	检查、调整或更换温控开关
		鼓风机损坏或控制开关损坏	检查修复或更换鼓风机及控制开关
	制冷压缩机有时转有时不转	电磁离合器打滑	检查、调整电磁离合器
		电磁离合器线圈松脱或搭铁不良	检查、紧定电磁离合器线圈
		空调继电器失控	检查、调整或更换空调继电器
		压缩机传动带严重打滑	调整传动带张力或更换传动带
制冷系统噪声	制冷系统外部噪声	压缩机传动带过松或过度磨损	紧定或更换传动带
		压缩机安装支架固定螺钉松动	紧定压缩机支架固定螺钉
		压缩机进、排气阀片破损或轴承损坏	拆修或更换压缩机
		鼓风机风扇叶片振动或安装松动	检修、固定鼓风机
		电磁离合器间隙调整不当	调整电磁离合器间隙
		电磁离合器轴承缺油或损坏	给轴承加油或更换轴承
	制冷系统内部噪声	制冷系统制冷剂过多	放出多余的制冷剂
		制冷系统制冷剂过少	充注制冷剂
		制冷系统有水使膨胀阀产生噪声	放出制冷剂，抽真空，重新充注制冷剂
		制冷系统高压管路压力过高，引起压缩机振动	检查高压限压阀，视情况调整或更换
空调系统噪声大		带松动或过度磨损	调整压缩机带松紧度或更换新的同规格的带
		压缩机零件磨损或安装支架松动	检修压缩机，紧固支架螺栓
		离合器打滑	修理或更换电磁离合器
		鼓风机电动机松动	重新安装鼓风机电动机
		压缩机润滑油不足，引起干摩擦	按规定加注润滑油
		制冷剂过量，工作负荷太久	放出多余的制冷剂
		制冷剂不足，引起膨胀阀发响	检修泄漏处，补加制冷剂
		制冷系统中有水分，引起膨胀阀产生噪声	清理制冷系统，更换接收干燥器，抽真空后重新加注制冷剂
		高压保持开关故障，高压压力过高，引起压缩机振动	检修或更换新的同规格的高压保护开关

（续）

故障现象	故障部位	故障原因	故障排除方法
空调系统过冷		空气分配不当	重新调整控制钮，使空气比例适宜
		热量控制不当	更换热控制部件
		环境温度太低	暂停空调系统的运行

8. 汽车空调系统制冷量不足故障的排查方法

汽车空调性能能否达到规定的要求，主要的判别依据是车厢内的温度能否达到设定的指标。一般情况下，若汽车空调运转正常，当外界温度在35℃左右时，车厢内的温度应保持在20~25℃之间。要达到这一基本的汽车空调要求，除车厢的密封性能要良好外，空调的制冷能力应好。

1）制冷剂不足。造成制冷剂不足的原因大多是系统中微量的泄漏。表现为高、低两侧压力表压力均低，在视液镜中能够看到气泡，虽然能排放冷气，但明显不足，说明系统制冷剂不足或管路有泄漏。检修方法：找出泄漏处进行修理或更换损坏的零件；拧紧松动的管接头；补足制冷剂。

①检查使用R134a制冷剂的制冷系统的泄漏，必须使用R134a专用检漏仪，因R12气体与R134a气体的分子组成和物理学性能都不同，一般的检漏仪检查不出R134a的泄漏情况。

②制冷剂的加注。若从低压侧添加，则应禁止制冷剂倒置，以防低压侧因为有液态制冷剂而出现压缩机内的"液击"现象，进而损坏压缩机；若从高压侧加入，则应禁止起动发动机，以防制冷剂倒流入罐中。

2）制冷剂过多。表现为高、低两侧压力均过高，视液镜中看不到泡沫，压缩机停转后也无气泡，只要从低压侧放掉多余的制冷剂，故障即可排除。

刚维修后的空调系统制冷不足的原因往往是制冷剂的添加量过多。

3）冷凝器故障。表现为高、低两侧压力表压力均过高。清洁冷凝器，检查是否堵塞，并调整风扇带轮的张紧程度。

4）系统中有空气。表现为高、低两侧压力均过高。空调正常运转时，若视液孔内有连续不断的、快速的气泡流动，则为系统内空气过多。检修方法：更换干燥剂；检查泄漏；排放制冷剂，制冷系统进行抽真空后，再重新加注新的制冷剂便可排除上述故障。

5）空调制冷剂中有水分渗入。为了更好地检测系统中水分的多少，有些汽车在干燥罐上装有干燥剂颜色变化的检视孔。凡是属于制冷剂含水过多的故障，都应更换干燥剂或更换干燥罐，同时，重新对系统抽真空，重新注入新的适量的制冷剂。

6）蒸发器鼓风机不转或转速不够。表现为蒸发器大量结霜，出风量不足，应检查鼓风机开关、电阻器或更换鼓风机。

7）蒸发器堵塞或散热器变形。应用软毛刷刷除冷凝器表面的脏物或散热片上的污垢对散热片形状进行校正。

8）膨胀阀张开度过大。表现为高、低两侧压力表压力均高、低压侧管路结霜或大量结霜。说明膨胀阀张开度调节失灵。调整膨胀阀张开度，并检查感温元件，若失灵则应重换。

9）压缩机驱动带过松。应进行调整，若调整无效或驱动带已有裂纹老化等损伤，则应更换新件。

10）其他。诸如电源电压过低使压缩机电磁离合器吸力下降或电磁离合器压板与传动带盘之间有油污等现象，均会导致出现类似驱动带过松打滑现象。倘若蒸发器表面结霜，也会造成制冷量不足。倘若压缩机磨损或阀门关闭不严，也会造成空调制冷量不足故障。

9. 制冷系统有噪声故障的排查方法

1）制冷剂过量引起高压管、压缩机的敲击声，此时应排放制冷剂，直至高压侧显示值正常为止。

2）制冷剂不足引起蒸发器进口的"嘶嘶"声故障，此时应查清有无泄漏。如有泄漏则应补漏，然后加足制冷剂。

3）制冷系统水分过量故障，此时应更换干燥器，排出原制冷剂，系统再次抽真空，充注制冷剂。

4）压缩机离合器异响。空调系统的异响主要来自压缩机和电磁离合器，异响的主要原因如下：

①尖叫声。尖叫声主要由离合器接合时打滑发出，或者由于传动带过松或磨损引起。

②振动。压缩机的振动以及轴的振动也是异响的来源之一。首先检查其支撑是否断裂，紧固螺栓是否松动，引起压缩机振动的还有传动带张力过紧或传动带轮轴线不平行。压缩机的轴承磨损过大，会引起轴的振动；传动带轮轴承润滑不良，也会引起异响。

10. 空调暖风系统故障排查方法

（1）不供暖或暖气不足故障及排除方法

1）通常为鼓风机或其控制电路故障。用万用表检查鼓风机电动机电阻，如鼓风机电动机电阻过大或过小，则应更换。

2）风机继电器、调温器故障。用万用表测继电器线圈电阻和调温器电阻，如为零或无穷大，则应更换。

3）热风管道堵塞故障。清除堵塞物。

4）温度门真空驱动器故障。检查真空驱动管路是否漏气，检查相关真空部件是否正常。如都正常，更换真空驱动器。

5）加热器漏风故障，应更换加热器壳。

6）加热器芯内部有空气，应排出其内部空气。

7）加热器翅片变形造成通风不良故障，对翅片校正或更换。

8）温度门加热器管道积垢堵塞故障，应除垢使管道疏通。

9）冷却液流动不畅，应维修或更换。

10）热水开关或真空驱动器失效故障，应检修或更换。

11）发动机冷却液石蜡节温器失效故障，应更换节温器。

12）冷却液不足，应首先补足冷却液，并检查散热器盖是否漏气。

（2）不送风故障及排除方法

1）风机电路或其控制电路熔丝熔断或开关接触不良，更换熔丝或开关。

2）风机电动机绕组短路或断路，维修或更换风机电动机。

3）风机调速电阻断路、风机继电器故障、风机电路导线连接故障等，应维修或更换。

（3）管路泄漏故障及排除方法

1）管路老化故障，更换软管。

2）接头不牢、密封不严故障，检修紧固接头。

3）热水开关不能闭合故障，修复热水开关。

（4）供暖过热故障及排除方法

1）调风门调节不当，应重新调整。

2）发动机节温器损坏，应更换节温器。

3）风扇调速电阻损坏，应更换调速电阻。

（5）除霜热风不足故障及排除方法

1）除霜门调整不当，应重新调整。

2）出风口堵塞，应清堵。

（6）操作不灵敏故障及排除方法

1）操作机构卡死故障，应重新调定。

2）风门过紧，应修理。

3）真空器失灵，应检查真空系统是否漏气，如真空系统正常则更换真空驱动器。

暖风系统的故障与排除方法见表6-4。

表6-4　暖风系统的故障与排除方法

故障现象	故障原因	故障排除方法
鼓风机不转	熔丝烧断	更换
	搭铁不良	修复
	鼓风机开关有故障	更换
	鼓风机调速模块有故障	更换
鼓风机转但无风	进风口堵塞	清洗
	鼓风机扇叶与轴脱开	固定
	出风口打不开	修复
热交换器不热	发动机冷却液温度低	检查节温器
	热交换器内部堵塞	冲洗
	热交换器内有空气	排出空气
	温度门开的位置不对	调整

（续）

故障现象	故障原因	故障排除方法
除霜不好	除霜风门开启不对	调整
	风门执行电动机有故障	更换
	除霜风道漏风	修复

专家指南　**自动空调系统的个性化设置**

在全自动空调系统的控制面板上，设置了许多开关或按键，供操作者灵活而便利地设置适宜的车内环境，包括温度、湿度和风速。除了温度选择开关和风量选择开关外，还设置了若干辅助功能按键（大多数为复位式按键），这些辅助功能按键对于提高全自动空调系统的舒适性具有重要作用。各辅助功能按键的操纵方法如下：

①空调工作模式（MODE）选择键。操纵这一按键，实际上是把风门固定在所选择的位置上，指令空调系统执行"制冷""取暖""通风"或者"除霜"等命令。有的空调器在非"AUTO"模式下，按压"MODE"键，空调系统会自动按照中风门→中风门/下风门→下风门→下风门/上风门→中风门的顺序进行转换。

②自动控制（AUTO）键。按下此键后，空调系统不考虑此前手动输入的指令（适用于各种天气状况），车厢内一旦达到所选择的温度，压缩机便以最低的转速运转。如果温度发生变化，空调系统会自动改变压缩机的转速和调节温度门的位置。天气寒冷时，暖空气从吹脚风道吹出，少部分暖空气吹到风窗玻璃上；热天时，冷风从中央出风口吹出。按下"AUTO"键以后，若又按下其他的选择键（温度调节开关除外），则转换为手动调节。

③升温（WARMER）键（或者 TEMP ▲）和降温（COOLER）键（或者 TEMP ▼）。这两个按键通过调节温度门改变凉风和热风的混合比率，在一定的范围内调高或调低车厢内的温度。一般以 0.5℃ 的差额上调或下调。如果所选择的温度低于 18℃，在荧屏上会显示"LO"；如果所选择的温度高于 29℃，在荧屏上会显示"Hi"。当空调开关从"OFF"位转到"ON"位，显示屏上的温度数是关闭空调前设定的温度。

④经济运行（ECON）键。在取暖或通风状态下，按下这个键，可以使压缩机停止转动，因此能够节省部分燃油。按下此键后，新鲜空气和暖风仍然可以通过鼓风机送入车厢内，车厢内的空气温度、鼓风机转速、暖风分配和新鲜空气分配继续实行自动调节。

⑤双层吹风（BI-LEV）键。按下该键后，温度调节和压缩机转速的控制与"AUTO"（自动）方式相同，只是空气的分配不同，冷风和暖风按照给定的路线、以相同的流量分别从中央出风口和吹脚风道这两个层面吹出，只有少量的空气吹到风窗玻璃上。

另外，高档轿车车厢内的温度调节采用分区控制，将车内空间温度的调节划分为前、后、左、右 4 个区域，每个小区可以设置成不同的温度，如车厢左前区设定为 22℃，右前区设定为 14℃，左后区设定为 15℃，右后区设定为 16℃，这样可以满足在不同位置上乘员的个性需求。

二、照明仪表系统故障排查方法与技巧

1. 前照灯的更换

更换汽车灯泡时，通常应注意以下几方面的问题：

1）先检查电源。在更换汽车灯泡之前，应先用电压表或试灯检查一下灯座上是否有电压，然后查看搭铁连接是否良好。如检查无异常，则说明灯泡可能已损坏，应重换新件。

如果检查插接器上没有电压或电压偏低，则应先检查开关和蓄电池，再检查线路是否有开路或漏电之处，直至检查出故障为止。

2）常烧坏灯泡要查充电系统。如果汽车上的灯泡经常出现烧坏现象，则应先检查充电系统。过高的交流发电机输出电压会导致灯丝过热而早期烧断，从而使灯泡的寿命缩短。

3）安装灯泡应注意的问题。在安装汽车新灯泡时，切勿让灯泡玻璃表面沾染上润滑脂以及皮肤上的油脂或手上的汗渍等污物，否则，不仅会影响灯泡的亮度，而且会缩短灯泡的使用寿命（尤其是前照灯灯泡更应注意）。因此，不要用手指接触灯泡，只能用手拿灯泡的基座。

4）注意插接件、灯座等是否接触不良。汽车灯泡的线束插接器引脚经长期使用以后被空气中的水汽等氧化、腐蚀，致使灯泡不亮或时亮时灭，是汽车灯光故障中较常见的现象。当用电压表、欧姆表或试灯检测电路时，首先就应从最容易出故障的部位入手，如灯泡插接件、灯座等；然后逐步深入地排除其他故障。

> **小贴士**　如果觉得灯光的投射角度没问题，但照明效果仍然不好，那就要换灯泡了。汽车前照灯的灯泡有白炽灯和卤素灯两种，其中卤素灯的通电效率更高，使用寿命也长。选购灯泡时，要留意新灯泡和原装灯泡的功率要完全一致。

2. 电控前照灯的检修方法

（1）电控前照灯的主要功能

奥迪A6、宝来和迈腾等中高档轿车设置了前照灯照程自动调节系统，无论车辆负荷发生怎样变化，都可以根据整车轴荷的分配，自动调节前照灯的照程，使近光灯光束照射到需要的位置，因而有利于夜间行车安全。

电控前照灯具有会车时自动变光（远光变近光）、自然光强时灯光光强自动减弱、前照灯自动延时关闭及灯开关未关发出警告等多种功能。为了实现上述功能，前照灯控制系统设置了会车自动变光器、灯光自动减弱器及前照灯关闭自动延时器等部件。

大众迈腾轿车的前照灯具有如下多种功能：

1）轿车进出隧道，车灯会自动亮灭；天黑灯亮，天亮灯灭。

2）当汽车的负荷发生变化或道路倾斜时，能够自动调节前照灯的照射距离。

3）能够随着弯道变化改变照射方向，有利于夜间行车安全。

4）驾驶人断开点火开关，拔出点火钥匙后，如拉一下远光灯开关，使其点亮，然后关上车门并锁车，则前照灯会继续点亮一会儿，"目送主人"回家，然后自动熄灭。

当然，要实现上述功能，需要对前照灯控制系统进行必要的设置。

现代汽车的前照灯系统有两种配置，一种是气体放电灯（氙气），带照明距离自动调节机构，另一种是 LED 大灯组，带弯道灯和照明距离自动调节机构。后者增加了转弯时照亮盲区的功能，其控制核心称为"前照灯照程自动调节控制单元"。

> 小贴士　现在很多乘用车的前照灯具有自动熄灭功能，如果忘记断开前照灯开关，拔下点火钥匙后，它会自动熄灭，不需要手动操作。

（2）前照灯照程自动调节系统的工作原理

前照灯照程自动调节系统由传感器、伺服电动机、前照灯照程自动调节控制单元及调整旋钮等部件组成。其工作原理是，由装在前轴和后轴上的水平传感器（又称倾斜传感器）将车身高度转变成电信号，输送给前照灯照程自动调节控制单元，前照灯照程自动调节控制单元指令执行器（伺服电动机）转动，带动前照灯（或反光镜）上下摆动一定的角度，以适应汽车加速、制动及轴荷变化引起的照程变化（图 6-3）。若前照灯照程自动调节系统发生故障，前照灯的照程将不能自动调节，只能进行人工调节。

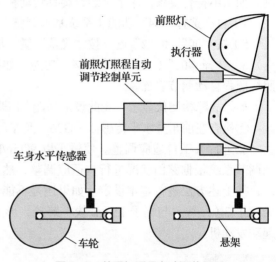

图 6-3　前照灯照程自动调节原理

例如，2018 款奥迪 A6 轿车配置的前照灯照程自动调节系统由左前车身水平传感器（G76）、左后车身水平传感器（G78）、前照灯照程自动控制单元（J431，位于前排乘员侧杂物箱前上方）、左前照灯调节伺服电动机（V4s）及右前照灯调节伺服电动机（V49）等组成。车身水平传感器安装在车身与悬架之间，该传感器为线性滑动变电阻式。当悬架被压缩或伸张，车身的高度发生变化时，车身水平传感器的电阻也发生变化，输出的信号电压随之变化，此信号传送给 J431，由它控制左、右前照灯伺服电动机运转，完成前照灯的自动调节。这种调节不仅可以在汽车静止时进行，还可以在车辆运行过程中（包括起步和制动时）进行自动调节。

前照灯自动调节系统的关键部件，除了控制单元外，就是车身水平传感器了。而汽车电控悬架系统也需要车身水平位置信号，所以车身水平传感器的信号通过数据总线传送，供几个系统共用，做到信息共享。例如高档奥迪轿车采用四级空气悬架系统，其车身高度可以调节为"低""正常""高1"和"高2"4 个等级，其左前水平传感器（G76）和左后水平传感器（G78）是与前照灯照程调节系统共用的，并由控制单元 J431 供电。而右前水平传感器（G289）和右后水平传感器（G77）则由悬架控制单元 J197 供电，这样设计的好处是，在J197 出现故障时，可以保证前照灯的照程调节功能不受影响。

3. 前照灯照程自动调节系统的基本设定方法

当更换氙气灯总成或前照灯照程自动调节系统经过维修后，必须对其进行基本设定，才能恢复前照灯照程自动调节。现以 2018 款奥迪 A6L 轿车氙气前照灯为例，说明自动调节系统基本设定方法。

1）连接 VAG1551 或 VAG1552，进入前照灯照程自动调节系统，选择"04"功能（系统基本调整）。

2）屏幕显示"输入显示组号"，按"00"和"1"键，并确认。此时显示屏出现"请等待"，然后显示运动调整位置，此过程持续约 20s，接着显示"调节前照灯"。

3）进行前照灯调整：将灯光检测屏（不带 15° 角调整线）放置到车辆前方 10m 处，开启近光灯，检查水平的明暗截止线是否在垂直方向通过中心点；检查亮区是否在垂直线的右侧。如果不符合要求，用十字螺钉旋具转动相应的滚花小轮；调整后按"确认"键。

4）再次选择"04"功能（系统基本调整）。

5）按"00"和"2"键，按"确认"键，屏幕显示"已学习调整位置"，按"确认"键。

6）选择"02"（查询故障存储）功能，如果没有故障存储，说明基本设定完成，退出前照灯照程自动调节系统。

如果故障检测仪显示"无此设定功能"（即不能进行基本设定），可以采取以下措施：

①检查左前车身水平传感器（G76）及左后车身水平传感器（G78）的安装是否正确。

②进行人工自适应调整。使轿车以 90km/h 以上的车速行驶一段时间，让前照灯照程自动调节系统根据路面状况进行自适应调整，然后再用故障检测仪进入前照灯照程自动调节系统，按上述方法进行基本设定。如果还是不能进入前照灯照程自动调节系统，可以将诊断座的端子 7（K 线）与端子 15（L 线）跨接，形成双 K 线诊断，但特别要提醒的是短接后不能起动发动机。

知识链接　AFS 的组成与工作原理

AFS 就是主动转向前照灯系统（adaptive front-lighting system），也称自适应转向前照灯控制系统，应用于大众途观和全新一代帕萨特等车型中。

AFS 控制系统由前照灯控制 ECU、高度传感器、转向角度传感器、速度传感器、前照灯水平驱动器、前照灯旋转驱动器、警告显示系统以及自调前照明关闭开关组成。

AFS 工作过程：AFS 根据汽车转向盘转向角度、车辆偏转率和速度，不断对前照灯进行动态调节，适应当前的转向角，保持灯光方向与汽车的当前行驶方向一致，以确保对前方道路提供最佳照明并对驾驶人提供最佳可见度，从而显著增强黑暗中驾驶的安全性。

前照灯水平驱动器将前照灯向上向下移动，前照灯旋转驱动器将前照灯左右移动。高度传感器通过前照灯控制 ECU 发送竖直位移信息至前照灯水平驱动器，转向角传感器与速度传感器通过 ECU 发送水平移动信号至前照灯旋转驱动器。

---

4. 照明系统常见故障的排查方法

（1）前照灯电路故障的典型特征

1）前照灯应安装牢固，配光镜应保持整洁，反射镜和灯泡应保持完好，灯泡与线路灯座的连接应正确可靠，若接点松动，在使用前照灯时会因电路的时通时断而烧坏灯丝。若接点氧化锈蚀，前照灯会因电路电压降过大而发光不强、变暗甚至不亮。

2）前照灯无专用的搭铁回路而直接在前照灯附近搭铁时，若此处搭铁不良还会出现灯光混乱现象，此时应查出搭铁不实处并排除。

（2）照明与灯光电路熔断器故障的排查

汽车因熔断器熔断所造成的灯光故障所占比例较大，检查中不仅要查熔断器是否熔断，而且还应查出熔断的原因。若出现某熔断器熔断频繁或一开灯便熔断，原因多为该灯电路有短路情况。

检查时，可用导线一端接熔断器盒，另一端接灯光线（应预先将原灯光线拆除）。若灯光亮度正常，熔断器无熔断现象，说明熔断器盒至灯泡间导线有短路，应进一步检查。若熔断器正常，又有正常电压，则应进行下一步检查。

（3）检查汽车照明与灯光电路灯泡故障

灯泡灯丝熔断是造成灯光故障的常见原因。通常用目测的方法检查，若灯泡黑蒙蒙的或灯丝熔断，均应重换新灯泡。

若灯丝频繁熔断，多为交流发电机电压调节器损坏后导致交流发电机输出电压过高而引起的。可通过用万用表检测交流发电机输出的电压来确认。

（4）检查汽车照明与灯光电路搭铁故障

如果检查熔断器、灯泡均正常，灯泡火线（蓄电池正极电源，下同）又有正常电压时，应检查灯泡搭铁线是否搭铁不良或线路断路等。

可取一根导线，导线的一端接灯泡搭铁极，另一端与车架或蓄电池负极相连，若灯光亮度变为正常，即可确认搭铁不良，应检查灯线搭铁部位。同时还应检查灯座电极的接触状况，有的灯座因锈蚀、氧化造成接触不良，而导致灯泡不亮或昏暗的现象较为常见，应引起注意。

（5）检查汽车照明与灯光电路线路故障

新型汽车的灯光线路中大多设置了一些控制电器，例如前照灯受灯光继电器及变光开关的控制，转向灯受闪光器的控制。若前照灯远、近光均不亮，应检查变光开关，灯光继电器是否能控制线路等。其故障的检查方法如下：

如采用直观检查的方法不能找出故障原因或部位，可用导线短路继电器（或变光器）试验的方法来查找故障原因。

1）若灯亮，说明继电器（变光器）损坏，应重换新件。

2）若灯仍不亮，则说明线路有断路之处，应仔细对线路进行检查。

（6）查找出汽车照明与灯光电路中短路搭铁故障

当接通照明灯开关时，熔断器立即烧断，说明灯光电路有短路故障，其短路搭铁部位在灯开关与灯泡之间。汽车灯光电路短路搭铁故障也可用试灯法进行检查。检查方法如下：

首先断开灯的搭铁线及灯开关连接处的导线。然后将试灯一端与蓄电池正极相连，另一端与接灯的线头相连接，如图6-4所示。如试灯亮，说明有搭铁部位存在，此时逐个拆开从灯开关到灯之间导线上的各个接点，如果试灯熄灭，则搭铁故障发生在灯灭时拆开点与上两个拆开点之间。

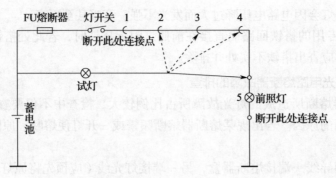

图6-4　前照灯电路示意图

5. 汽车照明灯光电路常见故障及排除方法

汽车照明灯的故障不外乎灯光不亮、灯光发红。究其原因，大多数是由灯丝烧断、电路断路或搭铁、灯座接触不良、开关损坏或失控所致。汽车照明灯光电路常见故障现象、原因及排除方法见表6-5。

表6-5　汽车照明灯光电路常见故障现象、原因及排除方法

故障现象	故障原因	故障排除方法
所有的车灯都不亮	车灯开关前电源线路断路或搭铁	找出故障处并排除
	熔断器断开或熔断	
	灯开关触点接触不良或不闭合或灯开关损坏	
灯开关接通时熔断器立即跳闸，或熔断器的熔丝立即熔断	电路中有短路、搭铁之处	找出短路、搭铁处并加以绝缘
灯泡经常烧坏	电压调节器调整不当或失调，使发电机输出电压过低	重新调整电压调节器的输出电压
前照灯灯光暗淡	电源电压过低（蓄电池存电不足或发电机有故障）	对蓄电池充电或检修发电机
	配光镜或反光镜上积有尘埃	拆开前照灯进行清洁
	电线接头松动或锈蚀，使电阻值增大	拧紧接头，清除锈蚀
前照灯变光时，远光灯或近光灯有一个不亮	灯丝烧断	更换灯泡
	接线板或插接器到灯泡的导线开路	检修线路并接牢
	灯泡与灯座之间接触不良	清除污垢、锈蚀，使其接触良好
接通前照灯远光或近光时，右侧前照灯正常明亮，而左侧前照灯明显发黑	左前照灯搭铁不良	检修左前照灯搭铁部位
	左前照灯配光镜或反射镜上积有灰尘	拆开左前照灯进行清除
	左前照灯灯泡玻璃表面发黑	更换左前照灯灯泡
	导线接头松动或锈蚀，使线路电阻值增大	拧紧导线接头，清除锈蚀

（续）

故障现象	故障原因	故障排除方法
左、右小灯均不亮	车灯开关到小灯间导线断路	检查并接好导线
	小灯灯丝烧断	更换小灯灯泡
小灯一只亮，另一只不亮	小灯接线板或插接器到小灯间的导线断路	检查并重新接好导线
	小灯灯丝烧断	更换不亮的小灯灯泡
	小灯搭铁不良	使小灯搭铁良好
后（尾）灯不亮	线路中有开路处	检查并接好导线
	后（尾）灯灯丝烧断	更换后（尾）灯灯泡
	后（尾）灯搭铁不良	使后（尾）灯搭铁良好
制动灯不亮	线路中有开路处	检查并重新接好导线
	制动灯开关失灵或损坏	修理或更换
	制动灯灯丝烧断	更换灯泡
	制动灯搭铁不良	使制动灯搭铁良好

小贴士

红外夜视系统的组成与工作原理

红外夜视系统利用红外线技术能将黑夜变得如同白昼，使驾驶人在黑夜里看得更远更清楚。目前，应用于奥迪A8 L，奔驰E级、S级，宝马5系、7系等高级轿车中。

夜视系统主要由红外照射灯、红外线摄像机、视频处理系统及车载显示器组成。红外夜视系统通过一个红外照射灯来探测前方物体热量，热能被集中到一个可以通过各种红外线波长的红外线摄像机，然后经视频处理系统变换为电信号，再将该信号数字化，通过车载显示器显示给驾驶人。目前，车载夜视系统有黑白显示屏和彩色显示屏两种显示方式。

6.汽车仪表与警告系统检修注意事项

（1）汽车仪表与警告系统包括汽车仪表系统和汽车警告系统两大部分

汽车仪表系统是汽车运行状况以及发动机运转状况的动态反映，是汽车与驾驶人进行信息交流的界面，为驾驶人提供必要的汽车运行信息。汽车仪表是为驾驶人提供汽车运行重要信息的装置，用来指示汽车运行与发动机运转状况，让驾驶人随时了解汽车各系统的工作状态，以便及时发现问题、采取措施、避免事故，保证车辆正常运行，同时也是维修人员发现和排除故障的重要工具。仪表盘装在驾驶室转向盘的前方台板上，仪表盘上装有各种指示仪表和警告装置。

汽车警告系统是预防车辆事故、保证行车安全的重要装置，是汽车与驾驶人进行信息交流的界面，为驾驶人提供必要的汽车运行信息。同时汽车仪表和警告系统又是维修人员发现和排除汽车故障的重要依据。

（2）汽车仪表的安装方式

汽车仪表的安装方式主要有以下特点：

1）以总成方式安装。汽车电气仪表均集中安装在驾驶室转向盘前方的仪表板上，一般采用仪表板总成安装方式，分垂直安装式和倾斜安装式两类。所谓总成安装方式，就是将各种仪表及仪表照明灯、警告信号等合装在一个表壳内，共用一块表面玻璃密封。

2）与各警告灯和监视灯组合在一起。现代汽车的仪表盘上，除了安装了一些基本的仪表以外（例如水温表、机油压力表、燃油表、车速里程表），还将各种警告灯和监视灯也集成在仪表盘内，由此就形成了组合式仪表盘。这也是现代客车、轿车上使用较多的一种新型组合仪表。

3）组合仪表上开关和仪表字母说明。由于组合仪表上的可用空间有限，因此对各种开关和仪表名称的说明大都采用缩写字母来表示。

4）组合仪表上警告灯和监视灯符号说明。现代汽车上使用了很多警告装置，但使用最多的是警告灯和监视灯。

除了国产汽车上采用这些警告装置外，日本、欧美等国的汽车上也采用这种装置，其表示方法基本相同。

7. 电子组合式仪表的检修

（1）电子组合式仪表的组成

电子组合式仪表（又称数字式组合仪表）由各种传感器、微型计算机、显示器三大部分组成，组成框图如图6-5所示。电子组合式仪表一般都具有自诊断功能，若仪表发生故障，则其故障码会存放在组合仪表的随机存储器（RAM）里，用专用仪器调码后，可以读出故障。

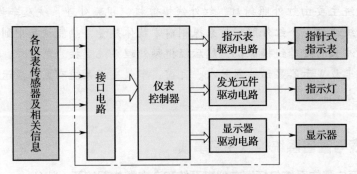

图6-5　电子组合式仪表组成框图

汽车电子仪表的显示器有不同的结构形式，主要有发光二极管数码显示方式、真空荧光屏显示方式和液晶显示方式。不同类型的显示器采用的驱动电路也不同。显示器不仅可直接显示数字，还可显示字母、符号、图形等，使仪表的显示更加灵活、醒目。电子组合式仪表具有显示的精度高、工作可靠性强、一表多用、可显示更多的信息等优点。

图6-6所示为一种数字式组合仪表，仪表有车速里程表、发动机转速表、机油压力表、电压表、冷却液温度表、燃油表等。组合仪表不可分解，故障时进行总成更换。

（2）电子组合式仪表的检修注意事项

1）汽车电子组合仪表与一般的仪表板不同，电子组合仪表的最大特点是由微机控制，

图 6-6 数字式组合仪表

它本身及专配的逻辑印制电路板都是易损器件，而且技术含量高，价格昂贵。因此，在开始维修电子组合仪表之前，应当仔细研读制造厂的技术资料，严格按照操作规程进行，小心谨慎，轻柔拆装，防止因操作不当或用力过猛而损坏组合仪表或印制电路板。

2）电子组合仪表一般具有自诊断功能，只要给出一定的指令（如同时按下行车电脑的两个键），电子仪表的控制单元就能对其主显示装置和语音合成器等进行全面的检测。若使用另外的测试设备对电子组合仪表进行检查，应该先完成组合仪表总成的自检过程。

3）现代汽车电子化仪表显示板与母板（逻辑电路板）不仅较易损坏，而且价格较贵，因此在检查时应多加保护和特别谨慎，除非有特殊的说明和要求，不能用蓄电池电压（12V）加于仪表板的任何输入端。检测仪表（如指针式万用表）使用不当可能造成 ECU 电路的严重损坏，所以在进行仪表检测时应特别注意这一点，应使用高阻抗表（数字表）检测电压、电阻等。

4）在检查需要拆卸电子仪表板时，要按拆装顺序进行。拆装电子组合仪表总成之前，必须先断开点火开关，切断蓄电池的电源。拆装时注意不要猛敲猛打，以防本来状况良好的元器件因被敲打而损坏。新的电子仪表元件应放置在镀镍的包装袋里，需要更换时再从袋中取出，取出时注意不要碰触各部插头，不要提前从袋中取出。在拆装作业中，只能用手拿仪表板的侧面，不能碰及显示窗和显示屏的表面等部分。

5）在检查电子仪表板时，必须做好静电防护工作，如佩戴一端搭铁的手腕带。从仪表板上拆卸下来的电子部件应放在具有搭铁装置的导电垫板上，不能放在地毯或座椅上；检查维修人员不能穿合成纤维面料的衣服等。否则，均会因带静电而损坏电子元器件及电子组合仪表装置。

检测电子组合仪表时，最好使用备用插接器插头。不同型号汽车的电子组合仪表靠一组对应的插接器与诊断仪连接，这些插接器一般采用不同的颜色，便于快速辨认。在插接器上有闭锁凸舌，以保证可靠地连接。在测试中，将测试仪器与线束连接时，要注意防止插接器的插头和插座受损。

6）在处理电子式车速/里程表的电路芯片时，必须使用原有的塑料盒，以免因静电放电而损坏。如不慎碰及电路芯片的插头，则会使仪表的读数消除，此时应该将仪表送往专门修理单位进行重新编程后才能使用。

7）电子仪表使用冷阴极管，应注意冷阴极管插接器上通电后存在高压交流电，因此通电后不得接触这些部位。

8）诊断汽车电子组合仪表的故障，应当首先进行基本检查，确认各指示灯的工作情况。

如果所有的指示灯都无法正常工作，可能是中央接线盒有问题；如果只是1组或2组无法工作，则可能是该仪表本身有问题。如果个别仪表发生故障，应该首先检查其传感器与仪表板之间的线束连接情况，如无问题，再用适当的仪器检测仪表。如果电子仪表显示屏上有一两个笔画或线段不发亮，说明逻辑电路板传输了正确的信号，此时只需要更换显示板。

专家指南 　　**防止静电损害**

　　为了防止静电损坏电子组合仪表的集成电路，必须采取相应的防静电措施。

　　①操作人员身上以及作业地点都不能带有静电，维修人员不能穿着合成纤维面衣服，手要经常有意识地触摸特设的搭铁点。

　　②在拆装过程中，手只能拿仪表板的绝缘侧边，切不可触及显示屏的表面。

　　③若在工作台上作业，最好戴上橡胶手套或手腕带，并让手腕带与操作垫板共用一根导线搭铁。电子元器件应当放置在导电垫板上进行维修，不能放在地毯上或座椅上；若在车上作业，手腕带要与车身连接，目的是将操作者身上的静电引入大地。

　　④备用的电子元器件应当放在镀镍包装袋内，需要安装时才取出来，不要提前取出，取出时不要碰触导电的插头。

　　⑤处理车速里程表的电路片时，必须使用原装的塑料盒，以免遭受静电损坏。如果不慎碰及电路片的插头，可能会造成仪表的读数消失，此时必须重新进行编程才能使用。

8. 汽车仪表故障的检查方法

（1）拆线法

当汽车仪表读数异常，通过分析、推断可能是传感器内部或传感器与指示仪表间的导线存在搭铁故障时，常采用拆线法进行检查，即通过拆除有关接线柱上的导线，来判断故障的原因及部位。

（2）搭铁法

当汽车仪表读数异常，通过分析、推断可能是传感器搭铁不良或损坏，以及传感器与指示仪表间的导线存在断路故障时，常采用搭铁法进行检查。通过导线将有关接线柱搭铁来判断故障的原因及部位。

（3）短接法

在其他电器仪表工作均正常、只有与稳压器相连的仪表（如燃油表、电磁式冷却液温度表等）不工作时，可利用短接法进行检查。用导线将稳压器的输入、输出端短接，这时与稳压器相连的仪表指针若立即偏转，则为稳压器内部存在故障。

（4）替换法

当电器仪表不灵敏时，可采用对照比较法进行校验检查。即在相同的工况条件下，将原来的仪表进行替换，从而可判断仪表的技术状况。

（5）专用仪器检测法

1）快速检测器检测。快速检测器能发出模拟各种传感器的信号，用它能够迅速测出故障的部位。如果在使用检测器向仪表板输入信号时，仪表板能够正常显示，则说明传感器或其电路有故障。若显示器仍不能显示，再将检测器直接接在仪表板的有关输入插座上，此时若显示器能正常显示，说明线束和插接器有故障，否则表明仪表板有故障。

2）计算机快速测试检测。计算机快速测试器能够模拟燃油的流量和车速传感器的信号，同样把测试器所发出的信号从不同部位输入，即可检验传感器、线束对应计算机和显示装置工作是否正常。

3）液晶显示仪检测。当用液晶显示仪表检测器进行测试时，直接接到仪表板上，能为仪表板和信息中心提供参照输入信号，这就可检测出信息中心的工作状态。这种测试的目的是，对仪表板有无故障做进一步的验证。

9.汽车电子组合式仪表的检查与维护

1）电子仪表装置较精密，维修技术要求也较高，应按照使用维修手册的有关要求保养，不可随意拆卸，必要时要到专业维修站检修。

2）电子仪表显示板和母板（逻辑电路板）不仅容易损坏，而且价格较贵，检查时应注意保护和谨慎拆装。

3）不得随意对仪表板加电。应使用高阻表检测电压、电阻等。防止因检测仪表（如欧姆表）使用不当而造成电子电路的损坏。

4）拆卸电子仪表板时，须按拆装顺序进行，不可用力敲打。拆卸仪表板总成前先切断电源，并注意静电对电路和元件的影响。

5）新的电子仪表元件应放置在镀镍的包装袋里，需要时再从袋中取出，取出时注意不要碰触各部插头。拆装时只能用手拿仪表板的侧边，不能碰及显示窗和显示屏的表面。

6）在检查电子式车速／里程表的电路芯片时，必须用原有的塑料盒，以免因静电而损坏。如不慎碰及电路芯片插头，会使仪表的读数被清除，此时只有将仪表送往专门修理单位进行重新编程后才能使用。

7）检查电子仪表板时，必须注意静电防护。从仪表板上拆卸下来的电子部件应放在具有搭铁装置的导电垫板上，维修人员不能穿着合成纤维面料的工作服等。

专家指南 **仪表系统的数据流分析**

对仪表系统为电控系统的车辆，可使用检测仪读取故障码与数据表。读取数据列表，无须拆下任何零件，即可读取开关、传感器、执行器及其他项目的值或状态。故障排除时，尽早读取数据表信息是节省诊断时间的一种方法。对于使用 CAN 总线连接的仪表系统，除进入仪表系统读取数据列表外，还应根据信号的来源读取其他系统相关的数据流。

①对仪表系统进行主动测试。在检查判断仪表系统故障时，应充分发挥检测仪的功用，除使用检测仪读取故障码与数据表外，还可执行主动测试，无须拆下任何零件即可操作继电器、执行器和其他项目。

②仪表系统主要部件检查。对仪表系统主要部件检查时，应掌握各传感器或信号输入装置的名称、安装部位、功用、结构原理及主要技术参数，如断电状态下的电阻值和通电状态下的电位、电流值等，清楚各种输入、输出装置的信号电压是模拟量、脉冲量还是开关量，才能进行有的放矢的检查。

10. 汽车电子组合仪表检修技巧

目前，汽车大多采用发光二极管显示器（LED）、荧光显示器（VED）和液晶显示器（LCD）3种形式的仪表。汽车电子组合仪表是由 ECU 进行控制的，同时具有自检功能。只要给出指令，电子组合仪表的电控单元便会对其主显示装置进行系统的检查，若出现故障，便以不同的方式警告驾驶人，同时储存故障码，以便维修检测。

汽车电子组合仪表的检测与故障诊断，除由车载 ECU 自诊断系统进行自诊断外，还可使用专门的检测设备对其进行检测和诊断。在检测时，应首先关断点火开关，然后将传感器电路断开或拆下，用检测设备对它们逐个进行检查。

现代汽车电子仪表显示系统的故障一般都出现在传感器、针状插接器和导线、个别仪表及显示器上。

（1）传感器的检测

首先将传感器的电路断开或拆下传感器，用仪器逐个进行检查。对各种电阻式传感器的检查，通常是采用测量其电阻值的方法来判断它的好坏，即把所测得的电阻值与其规定的标准电阻值相比较，判断传感器有无故障，若所测的电阻值小于规定的数值，则表明传感器内部短路；否则说明传感器内部短路或接触不良。传感器一般是不可拆、不可维修的元件，若有故障只能更换新件。

（2）插接器的检查

汽车电子组合仪表中有很多插接器，它们把电线束连到仪表板上。这些插接器一般都采用不同颜色，以便辨认它属于哪一部分的连接，用目测法进行检查。为保证其连接牢固、可靠，插接器上设有闭锁装置。在进行检测时，要注意防止插接器的闭锁装置、针状插头以及插座等受损、毁坏。

检查时可用眼看或手触摸的方法进行，插接器装置要齐全完好。特别是将测试设备与其导线连接时，最好使用备用的插接器插头，以防因插接器针状插头损坏、松动等而造成接触不良。仪表电路工作中用手触摸插接器，应没有明显的高温感觉，若温度过高，说明该插接器接触不良，应更换，必要时更换线束。

（3）个别仪表故障诊断

若汽车电子组合仪表上个别仪表发生故障，应检查与此仪表相关的各个部分。对于可分解的仪表，应分解检查仪表相关的各个部分是否损坏。

首先应检查各导线的连接情况，包括各插接器的接触状况，线路是否破损、搭铁、短路或断路等；然后再用检测设备分别对该仪表及传感器进行检测，查明故障原因，予以修复。必要时更换新的元件。

（4）显示器故障检修

一旦电子组合仪表上的显示器部分笔画、线路出现故障，应将电子组合仪表上显示器调整到静态显示状态，仔细观察是否出现故障。可使用检测设备对与此相关的电路或装置进行认真检查。

若仅有一两个笔画或线段不发亮或不显示，则说明逻辑电路板通过多路传输的脉冲信号正确，可能是显示装置的部分线段工作不正常，属于接触不良的应加以紧固，确保其电路畅通；若是电子器件本身的故障，则通常应更换显示器或电路板。

专家指南

如果组合仪表只灰暗地显示几个指示灯，其余为黑屏，应当检查蓄电池。

11. 更换电子组合仪表后需要进行匹配操作

1）要使用故障诊断仪对组合仪表进行编码，否则无法使用。在不同的国家和地区，或者相同车型但是装备不同时，电子组合仪表的编码也可能不相同。例如宝来轿车电子组合仪表编码见表 6-6。

表 6-6　宝来轿车电子组合仪表的编码表

发动机形式	组合仪表零件号（部分）	编码号	适用变速器形式
1.6L	1J5920806C	01102	手动
	1J5820806B	01102	自动
1.8L	1J5920806	01102	手动
	1JD920826	05102	自动
1.8T	1JD920826	05112	手动
	1JD920826	05122	自动

2）对燃油表进行标定，用故障诊断仪予以修正，修正量为 120~136。
3）调整里程表的读数，即把旧仪表上的里程数输入新仪表。
4）调整维修周期的显示信息，包括更换机油、下次维护里程或维护天数等。
5）对防盗器进行匹配，即让防盗系统与组合仪表一体化。
对于装备大众第 3 代电子防盗系统的汽车，在更换组合仪表以后，发动机可能无法起动（防盗系统锁死），如果没有更换发动机 ECU 和钥匙，不必适配钥匙就可以直接解码，其方法如下：
①连接元征 X-431 汽车故障诊断仪，接通点火开关。
②进入"仪表系统"，选择"系统登录"功能。
③输入新组合仪表的密码。
④登录成功后，选择"通道调配匹配"功能，进入"50"通道。
⑤输入原组合仪表的密码，确认。
⑥屏幕显示"学习值被成功保存"，确认。此时发动机就可以起动了。

12. 汽车电子组合仪表的检修

（1）拆卸仪表板总成
首先断开蓄电池接地线，将仪表板总成断电。取下转向柱上的电喇叭按钮和组合开关，松开仪表板固定螺钉，向前推出装饰板，拉出仪表板，断开各插接口和插接器，取出仪表板。

（2）检查仪表板稳压器
断开连接仪表板的所有插头，连接蓄电池。检查电压，电压表读数应接近蓄电池电压值。

（3）检修仪表本身的故障

仪表板各指示器和警告器的故障，多数是连接导线插接器接触不良或导线断线引起的，少数是由仪表本身或传感器损坏引起的。对于仪表本身的故障，应更换损坏的仪表，对于较严重的故障，可以更换仪表板总成。指示灯、警告灯和照明灯的故障，多是由灯泡损坏引起的。应检查灯泡、熔丝、相关电路元件和插接器的导线有无损坏，有损坏应更换灯泡、熔丝和修好电路。

（4）传感器的检测

对各种电阻式传感器的检查，通常是采用测量其电阻值的方法来判断它的好坏，即把所测得的电阻值与其规定的标准电阻值相比较，判断传感器有无故障。若所测的电阻值小于规定值时，说明传感器内部短路；若其电阻值很大，则说明传感器内部断路或接触不良，应更换传感器。

（5）针状插接器的检测

采用电子仪表的汽车，往往要用很多插接器把电线束连接到仪表板上去。这些插接器一般都采用不同颜色，以便辨认它属于哪一部分的连接，为保证其连接牢固、可靠，插接器上设有闭锁装置。在进行检测时，要注意防止插接器的闭锁装置、针状插头以及插座等受损、毁坏。特别是将测试设备与其导线连接时，最好使用备用的插接器插头，以防插接器针状插头磨损、松动等而造成接触不良。

（6）个别仪表的故障检查

个别仪表发生故障，首先应检查导线的连接情况，包括各插接器接触情况，线束是否破损、搭铁、短路和断路等；然后再用检测设备分别对该仪表及其传感器进行测试，以判明故障。

（7）显示屏上部分笔画、线段故障

电子组合仪表上的显示屏部分笔画、线段出现故障，应将仪表板上的显示器调整到静态显示状态，仔细观察是否还有别的故障。如果仅有一两个笔画或线段不发亮或不显示，则说明逻辑性电路板通过多路传输的脉冲信号正确，可能只是显示装置的部分线段工作不正常，遇此情况应进一步检查，属于接触不良的应加以紧固，确保其电路畅通；若是电子显示器本身问题，通常只能更换显示器或显示电路板。

13. 电子组合仪表故障的排查方法

（1）利用自诊断功能检测电子组合仪表故障

1）先排除基本故障。在对汽车信息显示系统中数字仪表板系统进行诊断之前，应先对该系统进行必要的基本检查，以便排除一些明显的问题。例如检查各个指示灯或仪表的故障情况。

2）故障自诊断。汽车信息显示系统中数字式仪表板系统一般都具有故障自诊断功能，当给该系统输入一定的指令以后，仪表主控微处理器会对其主要显示装置等进行全面的检测（对于具有语言合成器的车辆，也对该系统进行全面的检测），也就是对系统进行自检。

因此，在对数字式仪表板系统故障进行检修时，应尽可能先利用车辆上的自诊断系统来确定故障的大概部位或原因，这样可以迅速确定故障部位，减少检修的盲目性，有的放矢，不致使检修走弯路。

（2）所有指示灯均无法正常工作

如果发现汽车信息显示系统中所有的指示灯均无法正常工作，则应先对仪表板系统的供电进行检查，应围绕中央接线盒来进行。

（3）只灰暗地显示几个指示灯，其余为黑屏

如果发现汽车信息显示系统中仪表板上只灰暗地显示几个指示灯，其余为黑屏，则应重点检查蓄电池本身电压是否足够。

（4）仪表板个别仪表无法工作或工作异常

发现汽车信息显示系统中仅是个别仪表无法工作或工作异常，就应先对该仪表的传感器工作情况以及该传感器与仪表板之间的线束连接情况进行检查，确定无问题后，再使用相应的检测仪器对该仪表进行检查。

（5）仪表板 LCD 显示屏有一两个笔画或线段不显示

如果发现汽车信息显示系统中 LCD 显示屏有一两个笔画或线段不显示，则问题可能出在 LCD 液晶显示驱动集成电路中与不显示有关的引脚上，应检查这些引脚是否出现了脱焊现象，确认无问题后，则可能是 LCD 显示屏本身出现了问题，可重换新的 LCD 显示屏试之。

（6）CAN 总线汽车信息显示系统中数字式仪表板系统故障的特征

对于具有 CAN 总线汽车信息显示系统中数字式仪表板系统，如果仪表板上有多个警告灯点亮，说明有多个电子控制系统存在故障，但多处电子电路同时出现问题的可能性较小，问题出在这些电子控制系统的公共部分的可能性较大，很可能是 CAN 总线网络通信系统失效引起的，应重点先对这部分电路进行检查。

（7）汽车信息显示系统中仪表防盗控制单元故障的特征

1）汽车仪表防盗控制单元组成特点。对于汽车信息显示系统中数字式仪表控制单元与车辆防盗系统电子控制单元集成在一起的车辆（例如奥迪 A6 L 系列轿车、帕萨特 B5 系列轿车、宝来系列轿车、波罗系列轿车等），这种集成就形成了仪表防盗控制单元。由于这类车辆防盗钥匙手柄内的转发器与数字式仪表之间的通信是时刻存在的，一旦密码不对或通信信息中断，仪表防盗控制单元就会发出控制指令使发动机被锁止，导致发动机无法起动。

2）仪表防盗控制单元故障特征。当汽车信息显示系统中仪表防盗控制单元中的数字式仪表控制单元部分出现异常后，有可能会导致发动机不能正常起动，这是这类车型的一种典型的特殊故障，必须要充分注意到。

（8）数字式电子元器件的更换

对于数字式仪表板系统中备用的数字式电子元器件（因为这些元器件许多都采用 CMOS 工艺制成），应将其保存在镀镍包装袋（或香烟盒内的锡箔纸等）内。当需要更换元器件时，不要早早就取出来，待需要更换时再取出，取出时手也不要触及元器件的引脚，以防静电损坏被触及的元器件。

（9）汽车信息显示系统中数字式仪表板的更换

当需要更换新的汽车信息显示系统中数字式仪表板时，更换的数字式仪表板如不能正常

工作，则必须要重新进行编码，否则将无法使用，这一点应注意。如果虽可以工作，但指示值或显示值有偏差，还要对其进行修正。例如燃油表指示值不对，可采用故障诊断仪对其进行修正等。

电子组合仪表故障症状表见表6-7。

表6-7　电子组合仪表故障症状表

故障症状	故障原因
组合仪表不工作	1. 熔丝有故障 2. 配线和插接器有故障 3. 组合仪表有故障
车速表故障	1. 车速传感器有故障 2. 配线和插接器有故障 3. 组合仪表有故障
转速表故障	1. 发动机或发动机控制模块（ECM）有故障 2. 配线和插接器有故障 3. 组合仪表有故障
燃油表故障	1. 燃油油位传感器有故障 2. 配线和插接器有故障 3. 组合仪表有故障
冷却液温度表故障	1. 冷却液温度传感器有故障 2. 配线和插接器有故障 3. 组合仪表有故障
倒车雷达警告蜂鸣器工作异常	1. 组合仪表有故障 2. 车身控制模块（BCM）控制器有故障 3. 倒车雷达探头有故障 4. 倒车开关有故障 5. 钥匙未锁警告开关有故障 6. 配线和插接器有故障
安全带未系蜂鸣器工作异常	1. 四车门门灯开关有故障 2. 安全气囊ECU有故障 3. 配线和插接器有故障 4. 组合仪表有故障
车门未关蜂鸣器工作异常	1. 四门门灯开关有故障 2. 配线和插接器有故障 3. 组合仪表有故障

三、汽车警告信号系统故障排查

（1）检修汽车仪表及警告灯故障应注意的问题

检修仪表及警告灯故障通常应注意以下几方面的问题：

1）注意区分传感器警告开关。区分清楚要检测的传感器警告开关，不要与其他用途的传感器相混淆。

2）用替换法检查灯泡。警告灯的灯泡通过外观通常难以确定其灯丝的好坏。当怀疑灯泡有问题时，可先用一只好的灯泡换上，这样可以提高检修效率。

（2）汽车仪表板警告灯故障分析与排除

汽车仪表板警告灯用来对油压过低、冷却液温度过高、充电系统故障或制动器故障发出警告。它们不属于仪表用传感器，警告灯用的传感器大多为简单的开关，开关的类型既可以是常开式又可以是常闭式，取决于所监测电路的特点。

1）所有的警告灯都不正常。所有警告灯同时失效是不可能的。如果所有的灯工作都不正常，应先检查熔丝，再检查最末端公共接点处的电压。如果没有电压，则可沿该电路朝蓄电池方向查找；如果在公共接点处有电压，按照同样的方法对各个灯的分支电路进行检查。

2）一个警告灯失效。检测一个失效的警告灯时，把点火开关转拨至"RUN"档，自检电路应点亮警告灯。如果在自检期间灯不亮，则拆开传感器（开关）引线，用跨接线把传感器警告开关引线搭铁。警告灯应随着点火开关转到"RUN"档而点亮。如果警告灯点亮，则更换传感器警告开关；如果警告灯不亮，可能是灯泡烧坏或导线损坏。此时可用试灯验证传感器的插接器引线端是否有电压；如果有电压，则多为警告灯泡损坏。

3）警告灯始终点亮。如果警告灯始终点亮，则断开到传感器警告开关的引线，点火开关在"RUN"档时灯应熄灭。如果警告灯仍然点亮，则说明传感器警告灯开关到灯泡之间的导线有搭铁之处。如果警告灯可以熄灭，则可能是传感器警告开关损坏，应重新换新件。

1. 汽车喇叭电路的故障排查方法

（1）喇叭电路结构图

现代常见车型喇叭电路图如图 6-7 所示，电路采用喇叭电源电路和控制电路分开的控制方式，适用于喇叭功率相对较大的车型，以解决喇叭按钮直接控制过大电流，造成按钮易烧蚀的问题。

（2）喇叭电路的故障检测

对喇叭电路进行故障诊断流程如图 6-8 所示。

（3）喇叭电路的故障常发生部位及判断

1）喇叭按钮部位。常见故障有按钮触点烧蚀、锈蚀，转向盘下滑片磨环，与滑片接触的片形弹簧或圆形柱与滑片接触不良，按钮弹簧失去弹性等。遇到这种情况，应先将按钮线一端拆下搭铁，以确定是否按钮故障，如喇叭不响，则为线路及其他部位故障，如喇叭响，则可确认为按钮部位故障，确认后将按钮相关部位拆解进行打磨、更换。

2）喇叭部位。常见故障有喇叭声音嘶哑、声音过小、不发声等。不发声情况可用试灯代替喇叭进行试验，如试灯亮，则为喇叭故障。这种情况多是电喇叭的音量或音调不正常所造成的，应将喇叭拆下进行调整，具体方法如下：

①音调（即衔铁与铁心间气隙）的调整。电喇叭的音调高低与铁心气隙有关，铁心气隙小时，膜片的振动频率高（即音调高）；气隙大时，膜片的振动频率低（即音调低）。音调调整部位多为电喇叭的带有锁紧螺母的中心粗螺纹，调整时，应先松开锁紧螺母，然后转动衔铁，即可改变铁心与衔铁气隙，一般每次调整 1/10~1/5 圈，然后接线进行声响测试，不合

超实用汽车电工维修经验与技巧集锦

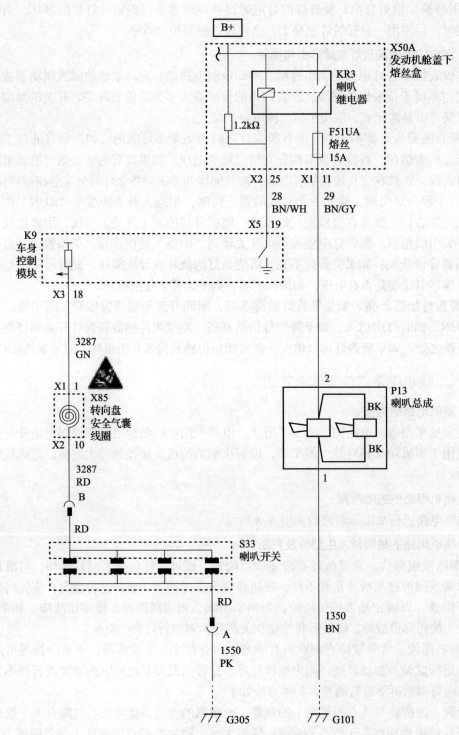

图6-7　常见车型喇叭电路图

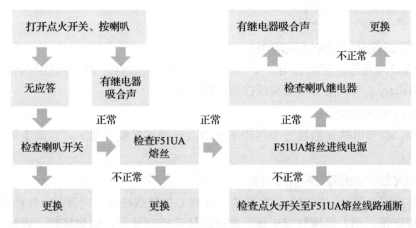

图6-8　喇叭电路故障诊断流程

格继续调整。

②音量（即触点预压力）的调整。电喇叭的音量大小与通过喇叭线圈的电流大小有关。当触点预压力增大时，流过喇叭线圈的电流增大，使喇叭产生的音量增大；反之音量减小。触点压力是否正常，可通过检查喇叭工作时的耗电量与额定电流是否相符来判断。如耗电量等于额定电流，则说明触点压力正常；如耗电量大于或小于额定电流，则说明触点压力过大或过小，应予以调整。调整螺纹位置：喇叭中心螺纹外侧带锁紧螺母的螺栓，一般用密封胶密封。调整时应先松开调整螺杆顶端的锁紧螺母，然后转动调整螺杆（逆时针方向转动时，触点压力增大）进行调整。调整时，不可过急，每次只需对调整螺母转动1/10圈左右。

电喇叭音量和音调的调整并不是完全独立的，两者实际上是相互关联的，因此需反复调试才会获得最佳效果。

3）熔丝部位。检查到熔丝熔断后，应及时进行更换，如短时间内又熔断，应找出短路搭铁部位后再进行喇叭故障的维修。

4）继电器部位。继电器触点烧结，会造成喇叭长鸣；线圈断路，会造成喇叭不响。根据继电器的插脚位置及作用，用万用表测量其电磁线圈阻值，打开观察触点的烧蚀情况，必要时进行维修或更换。

2. 电喇叭常见故障的排查方法

汽车电喇叭的常见故障主要为喇叭不响、喇叭长鸣、喇叭音量小、电喇叭变音等。

汽车电喇叭的常见故障的规律：

1）喇叭不响。汽车电喇叭不响故障一般在喇叭本身或电路部分。可取下电喇叭，将其直接与蓄电池相接。如声音正常，则说明电路有问题；反之，在喇叭本身。

2）喇叭长鸣。汽车电喇叭长鸣，故障多在电喇叭按钮、继电器或电路部分。这种故障在很多情况下是喇叭按钮开关触点或继电器触点粘连引起的。

3）喇叭变音。汽车电喇叭可以正常发出声音，但发出的声音变哑或与正常时声音变调，这种故障即为变音，故障多在电喇叭本身。

3. 闪光器引脚功能的识别

（1）识别汽车电热式闪光器引脚功能

对于电热式闪光器，应将标有"L"（Light）或"信号灯"的接线柱与转向开关相连；标有"B"（Battery）或"电源"的接线柱与电源相连。

（2）改变闪光频率的方法

在维护中，调整电热丝的拉力（用钳子弯曲活动触点臂或支架）可以改变闪光器的工作频率。

（3）识别汽车电容式闪光器引脚功能

对于电容式闪光器，若汽车为负极搭铁，标有 L 的接线柱接转向开关，B 接线柱接电源。若汽车为正极搭铁，则 L 接线柱接电源，B 接线柱接转向开关，切勿接错。否则，将会使闪光器不能正常工作，并会烧坏电容器。

4. 汽车转向灯电路常见故障的排查

（1）左、右转向灯均不亮

一般来说，左、右转向灯均不亮，应重点检查转向信号灯供电熔断器及供电电源和相关开关及配线。这种故障多是由转向信号灯电路的供电失去引起的，只要找出供电异常的原因，故障即可排除。

（2）转向灯亮而不闪

如果汽车转向灯亮而不闪，则故障多是由闪光器损坏引起的，可先重换一只新的闪光器试试。

（3）汽车转向灯电路常见的故障现象及快速查找故障的方法

汽车转向灯电路常见故障原因及排除方法见表 6-8。

表 6-8　转向灯电路常见故障原因及排除方法

故障现象	故障原因	故障排除方法
左右灯都不亮	转向灯灯丝断线	更换灯泡
	转向信号灯电路熔断器的熔丝熔断	更换熔断器
	蓄电池和开关之间有断线，接触不良	更换断线，修理接触部分
	转向信号灯开关不良或闪光器不良	更换开关或更换闪光器
左右灯一侧不亮	闪光器不良	更换
亮灭次数少	使用了比规定容量大的灯泡	更换成标准功率灯泡
	电源电压过低	给蓄电池充电
	闪光灯装置不良	更换闪光灯装置
亮灭次数多	使用了比规定容量小的灯泡	更换成标准功率灯泡
	信号灯搭铁不良	修理灯座的搭铁处
	闪光灯装置不良	更换闪光灯装置
	某信号灯灯丝断线	更换灯泡

（续）

故障现象	故障原因	故障排除方法
左、右转向信号灯的亮灭次数不一样，或其中一个不工作（非闪光器的故障）	指示灯或信号灯断线	更换灯泡
	其中一个使用了非标准功率的灯泡	更换成标准功率的灯泡
	灯泡搭铁不良	维修或更换
	转向信号灯的开关和转向信号灯之间有断线、接触不良	更换断线，修理接触部位
当刮水器和加热器等工作时，亮灭特别慢或不工作（非闪光器的故障）	蓄电池容量不足	给蓄电池充电
	蓄电池到闪光灯装置之间的电压值太大	检查接触不良部位并修复
装置受到振动才工作	闪光灯电路的配线即将断线，闪光器不良	修理或更换配线，更换闪光器
转向信号灯电路的熔断器的熔丝熔断，更换熔断器后再次熔断	闪光灯电路的配线和底盘短路	修理短路处
	灯泡或灯座短路	修理或更换灯座或灯泡
	转向信号灯开关短路，闪光器不良	更换开关，更换闪光器
转向灯不闪	电源→闪光器→转向灯开关的电源线路开路	逐段检查并接好导线
	闪光器损坏或转向灯开关损坏	修理或更换闪光器及转向灯开关
	转向灯开关损坏	检修或更换
左转向时转向灯闪光正常；而右转向时闪光变快	右转向灯的功率小	更换同型号、同功率的灯泡
	右转向灯中可能有一个灯泡烧坏	更换灯泡
	线路中有接触不良处	使其搭铁良好
右转向时转向灯闪烁正常，但左转向时两个前小灯均有微弱灯光发出	左小灯搭铁不良（采用双丝灯泡时）	应使前小灯搭铁良好
接通转向灯开关时，闪光器立即烧坏	转向灯开关至某一转向灯间的电路中有短路、搭铁处	找出短路、搭铁处，使其绝缘良好

5. 汽车转向信号闪光器的检测技术

（1）采用加压检测转向信号闪光器

1）电热式或电容式闪光器。对转向闪光器进行检测时，若是电热式或电容式闪光器，应将闪光器的 B（电源）接线柱接蓄电池（蓄电池电压要与闪光器相同）的正极，将闪光器的 L（开关）接线柱接一只 50~60W 的汽车灯泡的一端，闪光器的外壳与蓄电池的负极及灯泡的另一端相连。

2）晶体管式闪光器。若是晶体管式闪光器，在接线试验时，则把晶体管式闪光器的 E（搭铁）接线柱与蓄电池负极及灯泡的一端相连，而将闪光器的 B 接线柱接蓄电池的正极，接线柱接灯泡的另一端。

3）判断方法。电路接好后，接通电源，灯泡应闪亮，且闪光次数为每分钟 70~90 次。若灯泡不亮或灯泡长亮不闪，说明闪光器失效，应予以分解检查或更换。

（2）采用检测电阻的方法

电子式闪光器多为三引出脚方式。因此，当怀疑其不良时，可通过开路测其各引脚之间的电阻值来判断。若检测的电阻值不符合规定值，则说明闪光器损坏。

6. 信号系统常见故障的排查方法

（1）转向灯电路的故障检修

转向灯电路常见故障有单边不亮、频率不当等。

1）单边不亮。说明电源电路到转向灯开关均正常，故障出在转向灯支路上（有断路），应检查灯丝有无烧断，灯泡是否接触不良，插接器是否接触不良。

2）转向灯不闪烁。故障原因为电源→闪光继电器→转向开关的电源线路中存在断路；闪光继电器损坏和转向开关损坏，可将其重新接好、修理或更换。

3）左转向时闪光正常而右转向时闪光变快。原因为右转向灯功率小；右转向灯有一只灯泡坏或线路有接触不良处，可按规定安装或更换灯泡，使搭铁良好。

4）右转向时，转向灯闪烁正常，但左转向时两前位灯均微弱发光。原因为左前位灯搭铁不良（采用双丝灯泡时），应使搭铁良好。

5）接通转向开关，闪光继电器立即烧坏。发现转向开关至某一转向灯之间的线路中有短路搭铁处，找出搭铁处重新绝缘，故障排除。

（2）制动灯电路故障检修

汽车制动灯受行车制动器控制，常见控制开关分踏板控制式、液压控制式、气压控制式3 种。典型故障诊断方法如下：

1）全部制动灯不亮。可先查制动灯熔丝，再查灯丝是否烧断，灯座是否接触不良。若上述情况正常，可短接制动灯开关；若灯变亮，说明制动灯开关坏，若仍不亮，应用试灯查线路是否断路。

2）单边制动灯不亮。应查该制动灯是否烧断、灯座是否接触不良、该侧灯线是否折断。

3）开示宽灯时尾灯亮，但踩下制动踏板时，尾灯反而灭。该现象的原因为该尾灯双线灯泡搭铁不良。

4）制动灯常亮。松开制动踏板，制动灯常亮，这种故障一般出在踏板控制式制动灯开关上。应检查踏板能否回位，开关中心顶柱是否磨损或开关内部是否短路。

（3）倒车灯、倒车警告器电路故障检修

倒车灯常见故障有以下 3 种：

1）倒车灯不亮。先查看倒车灯熔丝是否烧断；若完好，可将倒车灯开关短接，短接后灯变亮，说明倒车灯开关失效；短接后灯仍不亮，可查倒车灯灯丝是否烧断，灯座是否接触不良；最好用试灯查线路是否断路。

2）倒档挂不进。遇此故障，可旋出倒车灯开关再重挂，挂进了说明倒车灯开关钢球卡死、漏装垫圈或垫圈太薄；重挂挂不进，说明变速器有故障。

3）仅倒档不亮，其余档位倒车灯全亮。常开式与常闭式倒车灯开关装反了。

倒车警告电路故障的诊断方法同上。发现倒车警告器失效，一般作换件处理。在有电子配件来源的情况下，可拆开警告器外壳，检查各分立元件的性能并修复使用。

（4）倒车雷达

倒车雷达，又称泊车辅助系统，或倒车计算机警告系统，能以声音或更为直观的显示告知驾驶人周围障碍物的情况，解除了驾驶人泊车和起动车辆时前后左右探视所引起的困扰，并帮助驾驶人扫除了视野死角和视线模糊的缺陷，提高了驾驶的安全性。

通常的倒车雷达主要由三部分组成：感应器（探头）、主机、显示设备。其基本原理如图 6-9 所示。感应器就是发出和接收超声波信号的机构，先将得到的信号传输到主机里面的计算机进行分析，再通过显示设备显示出来。倒车雷达常见故障的现象、故障原因及排除方法见表 6-9。

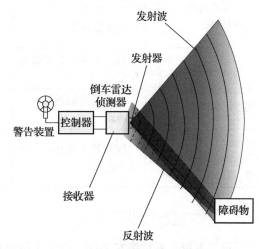

图 6-9　倒车雷达工作原理

表 6-9　倒车雷达常见故障现象、原因与排除方法

故障现象	故障原因	故障诊断	排除方法
尚未进入倒车档，即发生长鸣现象	电源线与非倒车挡电源并接	确认电源是否与倒车挡电源并接	将电源线与倒车挡电源并接
进入倒车档时，无声音产生（倒车灯有亮灯）	蜂鸣器插头未插或损坏	确认蜂鸣器插头是否有 12V 电压	将蜂鸣器插头确实插入
	控制主机未接入电源	确认主机是否有 12V 电压	将插头确实插入控制主机中
	控制主机损坏	确认主机是否损坏	更换主机
进入倒车档时，为两短音	检测器未与车上线路连接	确认是否确实插入	将检测器拔起重新插入
	有一组检测器损坏	使用新检测器测试（用代替的方式）	先更换其中一个检测器，确认是否仍为两短音；若是，则更换另一个
进入倒车档时，虽车后有障碍物，但无声音产生	检测器损坏	确认检测器是否损坏	更换新检测器
	超过检测范围	确认障碍物是否在检测范围	使用卷尺测量待测物距离
	控制主机损坏	换一个新控制主机，确认是否正常	更换控制主机
	障碍物反射面积小	确认反射面积是否大于 $25cm^2$	要有足够的反射面积

（续）

故障现象	故障原因	故障诊断	排除方法
进入倒车档时，虽车后无障碍物，但蜂鸣器长鸣	检测器上沾有泥、水等异物	确认检测器是否有异物	将检测器擦拭干净，确定插入主机中，确认是否正常
	检测器损坏	用另两组新的检测器，确定插入，确认是否正常	更换检测器
进入倒车档时，虽车后无障碍物，但蜂鸣器间歇鸣叫	检测器未安装在指定位置	确认位置正确与否	调整检测器角度及位置
	检测器检测到凹凸不平地面	确认地面是否凹凸不平	移动车辆至平整地面确认
在某些特定情况下系统总是工作不正常，其他情况正常	检测器受到其他声波的干扰	此情况下系统是否正常	清除干扰源

7. 驻车后视野监视系统

现以丰田卡罗拉轿车为例，介绍丰田驻车后视野监视系统。

（1）系统组成

该系统在行李舱盖上安装有电视摄像机，以在多功能显示屏上显示车辆的后视野。同时，显示面板也显示由后视野和驻车标线组成的复合视野，以帮助驾驶人通过监视后视野来驻车。

该系统由以下零部件组成：电视摄像机ECU、电视摄像机、导航接收器总成、倒车灯开关、组合仪表和转向角传感器。此系统配备有自诊断系统，可通过显示面板上的专用窗口进行操作，与导航系统相似。系统组成示意图如图6-10所示。

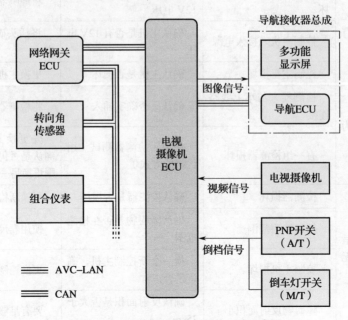

图6-10　驻车后视野监视系统组成示意图

由丰田卡罗拉轿车驻车后视野监视系统组成示意图可知，该系统的各个 ECU 的输入和输出信号及通信方法等见表 6-10。

表 6-10　丰田卡罗拉轿车驻车后视野监视系统各个 ECU 的输入和输出信号及通信方法

发射 ECU（发射器）	接收 ECU	信号	通信方法
导航接收器总成	电视摄像机 ECU	车辆姿态信号	AVC-LAN
转向角传感器	电视摄像机 ECU	转向角信号	CAN
组合仪表	电视摄像机 ECU	车速信号	CAN

（2）零部件功能

丰田卡罗拉轿车驻车后视野监视系统的零部件功能见表 6-11。

表 6-11　丰田卡罗拉轿车驻车后视野监视系统的零部件功能

零部件	功能
电视摄像机	1. 安装在行李舱盖上，将车辆的后视野发送至电视摄像机 ECU 2. 采用了电荷耦合器件（CCD）和广角镜头的彩色摄像机
电视摄像机 ECU	1. 将包含电视摄像机拍摄的车辆后视野和驻车辅助标线的视频信号发送至多功能显示屏 2. 通过接收来自传感器和多功能显示屏的信号影响系统的全面控制
多功能显示屏（导向接收器总成）	接收视频信号并显示在显示面板上，这些信号包含来自电视摄像机 ECU 的车辆后视野和驻车辅助指引的组合场景
导航 ECU（导航接收器总成）	使用内置于导航 ECU 的陀螺仪传感器检测到的横摆率将车辆的运动传送给电视摄像机 ECU
转向角传感器	检测转向盘的角度，并通过 CAN 通信将结果信号发送至电视摄像机 ECU
组合仪表	发送车速信号

（3）操作说明

变速杆移至倒档位置时，倒档位置信号输入 PNP 开关（A/T）或倒车灯开关（M/T）系统。接收到倒档位置信号后，电视摄像机 ECU 将多功能显示屏的当前画面切换为驻车辅助监视画面。

在纵列式驻车辅助模式中，合适的转向角和定时信息可以在纵列式驻车时提供给驾驶人。这种功能是基于转向角传感器信号和发送给电视摄像机 ECU 的车辆角度数据信号的信息来实现的。

在手动辅助模式中，不使用转向角传感器信号与车辆角度数据信号来控制驻车辅助操作，需要车速信号以调整转向角中心点。

（4）通信系统

驻车辅助监视系统通过 AVC-LAN 在零部件间进行通信。另外，纵列式驻车辅助模式判断从导航接收器总成通过 AVC-LAN 传送来的车辆角度数据（通过对内置于导航接收器总成的陀螺仪传感器的横摆率进行积分，由导航接收器总成来计算该数据）。

（5）诊断功能

驻车辅助监视系统具有诊断功能（显示在导航接收器总成的"导向系统"上）。

在组成 AVC-LAN 的每个零部件中设置一个 3 位数的"单元代码（物理地址）"编码（十六进制表示）。

在组成 AVC-LAN 的零部件的每一功能中设置一个 2 位数的"逻辑地址"编码（十六进制表示）。

（6）故障症状表

当系统出现故障时，可按表 6-12 所示的故障症状表进行检查。

表 6-12　故障症状表

症状	故障原因或可疑部位
变速杆在倒档位置时，不显示驻车辅助监视器图像（屏幕不是黑色）	电视摄像机 ECU 电源电路
	倒档信号电路
	电视摄像机 ECU
	导航接收器总成
变速杆不在倒档位置时，显示驻车辅助监视器图像	电视摄像机 ECU 和导航接收器总成之间的显示信号电路
	电视摄像机 ECU 和电视摄像机总成之间的显示信号电路
	电视摄像机总成
	电视摄像机 ECU
手动辅助模式屏幕正常，但是通过按下开关来变成纵列驻车辅助模式时，屏幕没有变化	导航接收器总成
	电视摄像机 ECU
驻车辅助监视器图像故障（颜色、图像不清晰）	电视摄像机 ECU 和导航接收器总成之间的显示信号电路
	电视摄像机 ECU 和电视摄像机总成之间的显示信号电路
	电视摄像机总成
	电视摄像机 ECU
	导航接收器总成
用"纵列式驻车辅助"模式进行车辆驻车时，即使车辆开始行驶，屏幕也没有变化	以非常低的速度倒车时，可能发生这种情况
显示"SYSTEM INITIA LIZING"	转向角中心点
不显示投影行驶方向引导线	CAN 通信系统
	电视摄像机 ECU

当显示屏上显示"SYSTEM INITIA LIZING"时，应进行转向角中心点的校正。使用以下任一方法校正转向角中心点：

1）将转向盘向左和向右打到底。

2）在交通畅通的直路上以 20km/h 以上的速度驾驶车辆，时间在 5min 以上。

将车辆停止，并检查是否存储了中心点。如果尚未存储，则驱车再行驶一段时间（当车辆直行时，中心点才会被保存）。

提示：车辆以匀速行驶时，ECU 会识别出转向角变化最小的点，并将这一点作为转向角中心点保存。

当更换电视摄像机、电视摄像机的安装发生改变、车辆的实际路径偏离预期路径（黄色引导线）时，就应进行调整电视摄像机光轴（摄像机位置设置）。更换电视摄像机 ECU 后，则应使之存储转向角中心点、左右最大转向角及电视摄像机光轴位置，即进行转向角中心点的校正与摄像机位置设置。调整电视摄像机光轴（摄像机位置设置）的具体调整步骤请读者参见原厂维修手册。

四、刮水器及其电装置故障排查

1. 刮水器故障的排查与维护方法

（1）刮水器是否工作正常的检查方法

1）将刮水器拉起来，用手指在清洁后的刮水器橡胶条上摸一摸，检查是否有损坏及橡胶条的弹性状况是否良好。若有老化、硬化，出现裂纹，则此刮水器不合格，需要及时更换。

2）将刮水器开关置于各种速度位置处，检查不同速度下刮水器是否保持一定速度。特别是在间断工作状态下，还要留意刮水器在运动时是否保持一定速度。

3）刮水器在刮水状态时，如果出现摆幅不顺、不正常跳动，有噪声；橡胶的接触面与玻璃面无法完全贴合，而产生擦拭残留；擦拭后玻璃面呈现水膜状态，玻璃上产生细小条纹、雾及线状残留，那么刮水器为不合格。

4）通过听声音来辨别刮水器的好坏，当刮水器电动机"嗡嗡"作响而不能转动时，说明刮水器机械传动部分有锈死或卡住的地方，这时应立即关闭刮水器开关，以防烧毁电动机，该刮水器为不合格。

（2）刮水器的维护注意事项

由于电动刮水器的结构比较脆弱，在使用中稍有不当就很容易造成刮水器部件的损坏，因此，使用时应注意以下事项：

1）定期检查刮水器片。当发现其严重磨损或有脏污时应更换或清洗，否则将降低刮水器的工作效能，影响驾驶人视线。

2）在检查刮水器工作情况时，风窗玻璃应该先用水润湿，否则会刮伤玻璃，同时由于刮片摩擦阻力大，还有可能损伤刮水器片或烧坏电动机。

3）刮水器电动机一般不要拆下，若因故障必须拆下时，要防止电动机跌落损坏，因为刮水器电动机大多使用永磁直流电动机，其磁极多采用陶瓷材料。

4）刮水器电动机大多做成封闭式，不可随意拆卸。

5）在冬季使用刮水器时，若发现刮水器片被冻结或被雪团卡住，应立即关闭开关，先清除冰块、积雪后方可继续使用，否则会因刮水器片受阻力过大而烧坏刮水器电动机。

2. 刮水器、洗涤器常见故障的排查方法

导致刮水器系统发生故障的部位大多在刮水器电动机、刮水器开关、间歇刮水继电器、电压继电器的线路或熔丝上。

（1）汽车刮水器系统常见故障及故障大概部位的判断

电动风窗刮水器系统常见的故障有刮水器不工作、间断性工作、刮水器不能复位、刮水器速度不够，刮水器的速度转换不正常等。

1）在对风窗刮水器系统的故障进行检修之前，需要确定是电气故障还是机械故障。要确定这一点，最简单的方法就是从电动机上拆下连接刮水片的机械臂，接通刮水器系统，观察电动机的运行。如果电动机工作正常，则说明是机械问题，否则说明电气系统有故障。

2）大多数导致刮水器动作慢的电路故障是由于接触电阻值大而引起的。如果故障表现为所有的速度档都慢，应检查电源到刮水器开关之间的电路，主要是中间继电器、熔断器和刮水器开关连接线端子插接是否牢固可靠。

3）如果刮水系统只是在间歇档位工作不正常，首先应检查间歇继电器的搭铁是否良好。如果搭铁正常，利用欧姆表检查继电器到刮水器开关之间的电路；如果连接线路也是良好的，应更换间歇继电器。

4）造成刮水器不能复位的故障可能是复位开关的原因，也可能是刮水器开关内接触片变化所致。

当刮水系统出现故障时，应先判断发生故障的大概部位，然后根据故障车型刮水线路的设计特点，逐步查找，便可找到故障部位。例如：刮水器不工作，在打开刮水器开关后，应首先通过看、听、摸等方法检查刮水器电动机是否转动。

（2）确定汽车刮水器故障是否为连杆不良引起的

可以先检查刮水器电动机的工作情况，如经检查刮水器电动机已经转动，而摆臂不摆，说明故障在连杆部分，原因可能是连杆固定螺钉松动或滑脱，应对其进行修理。

（3）确认故障是在刮水开关还是电动机

如果打开刮水器开关后，电动机不转，就从检查电动机入手对其部件进行检查。不管是何种车型，不管开关控制的是火线还是搭铁线，在刮水器开关打开后，电动机插头上都应至少有一根火线（正极线）和一根搭铁线，这是刮水器电动机转动的必备条件。

如果在打开刮水器开关后，测电动机插头无一根火线，说明在开关或线路上存在故障，下一步查找的重点就应是刮水器开关和电源线路。

（4）检查汽车刮水电动机的好坏

如通过检测，插头上的火线和搭铁线均正常，说明故障在刮水器电动机。为了准确判断，此时可再采取送电法对电动机单独进行检查。具体方法如下：

去掉电动机与导线连接插头，去掉连杆，取一根电源线连通刮水器电动机的正电刷，另取一根连线使另外两电刷分别搭铁。

1）如果刮水器电动机转动，说明电动机良好，故障在开关或线路上。

2）如果刮水器电动机不转，刮碰时无火花，说明电刷接触不良；如刮碰时有较大的火花，说明刮水器电动机线圈烧毁短路。

专家指南

　　对于有控制电动机回路的车型，在遇到刮水器电动机不转的情况时，一定要及时排除，来不及排除也应立即将刮水器电动机插头拔掉。因为开关控制的是刮水器电动机的回路，若刮水臂没在复位位置，即使关闭了开关，因复位触点仍接通，电流仍然会通过线圈，在熔断线不能熔断的情况下，很可能会造成电动机因长时间过热而烧毁。

（5）检查汽车刮水器电动机机械噪声故障

　　刮水系统和机械驱动系统松动或过紧都会产生噪声。拉杆系统的运动部件触及其他部件时，如洗涤器的金属管道等，也会产生噪声。如经过检查，不能确定噪声部位，应逐件进行细致检查。

（6）修理汽车刮水器电动机故障

　　1）电刷磨损的处理。电动机故障通常是不能起动和转速过低。电动机故障多是由长期工作后电刷磨损、换向器积污引起的。当主电刷长度磨到小于 5mm 或第三电刷的台阶部分磨掉后，应更换电刷。

　　2）换向器积污的处理。对于电动机内换向器的积污，可用浸过煤油的软布擦拭，如表面已严重烧黑，可用玻璃砂纸条清洁。有的电动机有一个调整螺钉，可用来调整电枢轴向间隙，该间隙通常为 0.2mm。

（7）汽车电动刮水器常见的故障部位

　　电动刮水器出现故障时，既有机械原因，又有电气线路原因。电动刮水系统及电动机常见故障现象、原因及排除方法见表 6-13。

表 6-13　电动刮水器常见故障现象、原因及排除方法

故障现象	故障原因		故障诊断	故障排除方法
刮水器不工作	电动机	电动机的转子断线	电流不能流过电动机	更换电动机或转子
		电动机的电刷磨损	电流不能流过电动机	更换电刷
		电动机轴烧坏	通电 4~5min，电动机过热	更换电动机
		电动机内部短路或暂时短路及烧损	刮水器电路的熔丝立刻熔断	更换电动机，修理短路处
	电源和电路接线	由于刮水器电路的其他元件损坏而熔丝熔断	检查其他元件的工作状况	更换损坏的元件
		接线连接处松动、脱出或断线	检查电动机附近的接线、检查接线柱的装配状态	修理
		错误接线	对照各连接软线的颜色	修理
		搭铁不良	检查地线	修理
	开关	开关接触不良	电动机不通电	更换开关

（续）

故障现象	故障原因		故障诊断	故障排除方法
刮水器不工作	连杆	连杆的其他元件和配线挂住，连杆脱落	检查连杆部分	修理
		摇臂烧坏、锈蚀	摇臂是否向前、向后移动	加机油或者更换
刮水器速度不够	电动机	电动机的转子局部短路	使摇臂立起来后电流增加（3~5A）	更换电动机或转子
		电动机的电刷磨损	用手轻轻推摇臂，摇臂则停止	更换炭刷
		电动机有烧焦气味	使摇臂立起来后电流增加（3~5A）	更换电动机或给轴承加机油
	电源和电路接线	电源电压降低	测量电压或检查其他零件（灯光亮度等）	检查电源
	开关	开关接触不良	使开关工作4~5次，电压仍降低	更换开关
	连杆	有烧焦气味	电动机在摇臂工作周期内有响声并有气味	加润滑油或更换
	刮水片	刮水片粘在玻璃上	使摇臂立起来，在无负荷状态下工作正常	将刮水片、玻璃表面擦净或更换刮水片
刮水器的速度转换不正常	电动机		低速或高速的一方电刷磨损	与规定的低、高速的速度比（1∶14）远不相同，或速度相同，但在某一速度下电动机不工作	更换电刷
	停在某处	电路接线和开关	开关的1段、2段间接触不良	拆开开关检查，"OFF"位置不在1位、2位间连接	更换开关
		电动机	自动停止装置继电器的触点污损或者有异物，使触点接触不良	拆开自动停止装置盖，检查触点	清理触点，注意不要使继电器簧片变形
	不停止	电动机	自动停止装置动作不灵活（触点不能开闭）	拆开自动停止装置盖，检查工作状况	矫正继电器的簧片
间歇刮水不正常	间歇刮水继电器损坏或线路有故障		短路导线试验查线路	检查间歇继电器和线路

> **小贴士** 刮水系统较易出问题的是刮水机械系统，尤其是暴露在车外的机械部件是易发生故障的主要部位之一，应注意对它们先进行检查，确认无误后，再检查其他部位。机械系统的故障较直观，只要仔细直观察看，一般均可很快发现问题所在。

3. 汽车洗涤器系统故障的排查

检查电动洗涤器性能好坏时，可向储液罐中充入洗涤剂，之后合上开关，观察喷嘴喷出的液流是否有力，喷射方向是否适当，电动液泵的接线是否正常。如不正常，应对电动机、喷嘴、连接管、储液罐及密封装置进行检查和修理。其常见故障及修理方法如下：

（1）电动机不转

原因：电动机及泵不良，洗涤器开关失灵，熔丝熔断，电源或线路不良。

修理方法：修复线路或更换、修理损坏的元器件。

（2）喷嘴工作异常

原因：洗涤液导管压扁、弯折或接头泄漏，喷嘴阻塞，电动机及泵不良。

修理方法：校正、平直或更换压扁、变形的洗涤液导管，紧固导管接头，使之无泄漏现象；对已阻塞的喷嘴应清除阻塞物；对不良的电动机及泵应修理或更换。

4. 汽车电动门锁控制系统的故障排查

（1）中控门锁遥控系统

中控门锁可实现遥控与防盗。在车外不用钥匙插入门锁，可实现短距离（一般为1~10m）锁止和开启，即使在夜间或黑暗中使用也非常方便。当非法打开车门时，防盗系统报警。

中控门锁遥控系统常用红外线或无线电波作为遥控信号的载体。车身控制模块（BCM）、遥控门锁接收器模块（RFA）、安全指示灯、车门未关开关、行李舱盖未关开关和发动机舱盖未关开关位置如图6-11所示。

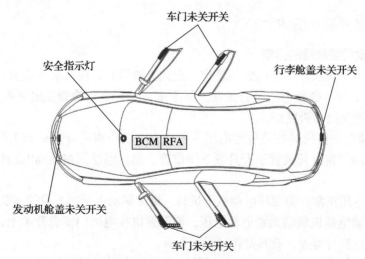

图 6-11　中控门锁遥控系统部件位置

当驾驶人操纵遥控器，即按下遥控器的锁止（LOCK）或开启（UNLOCK）按钮，利用红外线或无线电波发出身份密码（开、闭代码），设置在车内的接收器收到遥控信号，并与身份鉴别代码一致时，按照相应的功能代码，实现门锁的锁止或开启。

发射天线用于发射遥控信号。不必设置专用发射天线，可用车门锁钥匙板兼作发射天线。

接收天线用于接收遥控信号。可采用遥控专用接收天线，与收音机共用一个天线，或采用镶嵌在汽车后风窗玻璃内的加热电阻丝作为天线等多种形式。与收音机共用一个天线作为接收天线，接收信号后，由分配器将信号分检出遥控信号和收音机信号。

（2）中控门锁常见故障的排除

中控门锁常见故障有：所有门锁均不能锁止和开启、单个门锁不能锁止和开启。

1）所有门锁均不能锁止和开启。

主要原因：熔断器断开；继电器故障；门控开关触点烧蚀；搭铁点锈蚀或松动；连接线路断路；门锁控制器有故障等。可以首先检查熔断器是否断开；若熔断器良好，则应将门控开关接通，检查电动机接线柱上的电压是否正常，若电压为零，应检查继电器和电源线路；若电压正常，则应检查搭铁线是否良好。若搭铁不良，应清洁、紧固搭铁线；若搭铁良好，应对开关和电动机进行检测。

2）单个门锁不能锁止和开启。

主要原因：该门锁开关有故障；门锁电动机（或电磁铁）损坏或对应开关、连接导线断路或接线器松脱等。可以先检查线路是否正常，再检查开关和电动机。

3）用车钥匙打开左侧驾驶人门锁时，其余车门全部不能自动打开。

主要原因：蓄电池亏电；熔丝烧断；门锁控制器中的继电器线路故障。首先检查蓄电池的电量情况；在排除蓄电池无电的情况下，检查熔断器是否断路。若熔断器良好，则应检查门锁控制器中的继电器线路，必要时更换新件。

4）用车钥匙打开左侧驾驶人门锁时，其余车门部分能自动打开，部分不能自动打开。

主要原因：线路断路；门锁控制器损坏；闭锁执行器故障。按照先查电路通断的方式进行排查，判断门锁控制器、闭锁执行器是否损坏，必要时把损坏的元器件拆下更换新件。

5. 电动门窗控制系统故障的排查

（1）汽车电动门窗故障的排查

汽车电动门窗系统故障多是门窗不动作。遇此类故障时，应先检查点火开关闭合后电动门窗总开关引脚上的蓄电池电压是否正常。如不正常，应重点检查主电源继电器是否损坏，熔丝是否熔断，连接线是否良好。

1）测量驱动电动机两端的蓄电池电压。若检查电动门窗总开关引脚上的蓄电池电压无问题，可再将电动门窗总开关置于上升或下降位置，测量电动门窗驱动电动机两端是否有蓄电池电压。

①若蓄电池电压正常，但驱动电动机不运转，则为驱动电动机本身的问题。

②若测量驱动电动机两端无蓄电池电压，则问题出在电动门窗总开关上，应对电动门窗总开关中的各触点进行检查，看其是否接触不良等。

2）直接对电动机施加蓄电池电压。可拔下电动门窗电动机插接件，直接给驱动电动机施加蓄电池电压，看电动机能否起动运转。

①如仍不转，则是电动机组件有故障，应检查其内的继电器是否损坏。

②如电动机可转，则为电动门窗总开关到电动机组件间的连接线路有问题。

（2）电动门窗开关的检查

对电动门窗开关的检查，可根据其在电路中的原理，用万用表 $R \times 1$ 档测其在不同工作状态时，各接线脚之间的通断情况。应通的触点间电阻应小于5Ω，不通的触点间电阻应为无穷大，否则说明开关触点间的接触有问题，应进行修理或更换新件。

6.遥控装置常见故障的排查方法

在正常情况下，无论长按还是点击遥控器的"LOCK"键或"UNLOCK"键，遥控器指示灯都会点亮一下后熄灭。若按键后指示灯随之亮一下，接着闪烁2s才熄灭，或者指示灯不亮，说明遥控装置有故障。此时，首先需要判断是信号问题还是电子控制线路的问题。

汽车遥控装置的常见故障有遥控器电池电量耗尽、摔坏破裂、按键损坏以及频率偏离正常值等造成的操纵失灵。

（1）遥控器电池电量耗尽

遥控器纽扣电池的标准电压为3V，这种电池能够使用几年。当遥控器的指示灯灯光暗淡或遥控性能不佳时，说明电池可能需要更换。由于遥控器内部电路对静电比较敏感，所以更换遥控器电池时应当谨慎从事。奥迪A6轿车更换遥控器电池的步骤如下：

1）打开遥控器，用小螺钉旋具将钥匙与遥控器壳体分开。

2）将遥控器壳体的盖板取下，从遥控器壳体盖板上取出旧电池。

3）装入新电池（必须与原装电池型号一致），注意电池上有"+"标记的一面朝下（盖板上也标明了极性位置）。

4）将盖板及装好的电池从后面插到遥控器壳体上，并将两部分压合，然后再将遥控器插入钥匙部分，使这两部分扣合在一起。

（2）遥控器短路或断路

由于遥控器不具备防水功能，所以其芯片容易受潮或脏污，应当检查其内部是否进了水，若内部潮湿，应将其吹干以后再装复。

遥控器怕摔，很容易将遥控器摔坏，造成防盗芯片脱落、线圈断裂或者外壳破损。

专家指南 **更换遥控器芯片注意事项**

若遥控器采用固定码，则芯片买回来后就可以直接安装使用。滚动码芯片则不同，市售的滚动码芯片是不能直接使用的，在使用之前必须进行初始化操作（写入初始数据）。

（3）遥控器受到电磁干扰

当遥控器遇到强电场及电磁辐射干扰（如在军用通信设备附近）时，遥控距离会缩短。另外，在某些地区，若遥控器受到相似频率带的干扰，也会造成遥控失灵。如果遇到这种情况，应当将汽车移开。

（4）遥控器按键损坏

如果遥控器的性能失常，可以将其外壳打开，稍微调整按键位置，然后装复，再次操作时，其功能有可能恢复正常。在一般情况下，不要轻易拆卸遥控器的集成电路，如确有必要，一定要小心行事。因遥控器采用双面印制电路板，印制电路的线条细密，一旦操作不当，容易造成遥控器报废。

（5）遥控频率偏离正常值

遥控器与接收器之间除了要通过密码相互识别外，还应具有相同的发射频率和接收频率。遥控器的频率与接收器的频率越接近，可控的距离越远。为了判断遥控频率是否偏离正常值，可以采用下面的简便方法进行检查：找一台调频收音机，置于 FM 波段，然后将遥控器对准收音机，按遥控器上任意一键，同时调节收音机的频率，直到收音机发出"嘟嘟"响声（遥控器越靠近收音机的天线，"嘟嘟"声越大），收音机当时的接收频率就是遥控器的发射频率。然后与规定的频率进行对比，如果频率相差较大，应当更换遥控器。

（6）接收器检修

如果遥控器的遥控距离太近或者遥控器根本不起作用，就要考虑接收器是否存在故障。为此可以从不同的方位进行遥控试验。

由于接收器是在低电压、小电流的条件下工作，所以一般不会出现烧毁电路板的情况，晶体管和集成电路的损坏率也比较低。故障率较高的是接收频率发生偏移，其原因大多数是接收器进水或电路板受潮，造成超再生电路停止振荡。为此，需要进行清理、防潮工作，并测量其电压（波形），尽量少拆卸零件。

汽车防盗系统所用的接收器，无论是调感式还是调容式，也无论是分立直插件还是贴表器件或者混合方式，它们之间几乎完全可以互换使用，只需要找到 GND（搭铁）、+V（电源正极）、OUT（信号输出）端的对应关系，再重新调整其接收频率即可。

专家指南　　**遥控装置不工作的几种情况**

①钥匙插入点火开关时。
②发射的电磁波受到其他车辆或物体阻挡时。
③天气非常寒冷时。

---

7. 汽车防盗系统故障的诊断及排除

（1）电子控制防盗系统常见故障的诊断与排除

1）故障现象：防盗系统常见故障有系统不能设定、报警装置工作不正常、防盗功能不能正常清除等。

2）原因分析及排除方法：主要原因有传感器故障、控制线路连接不良、执行机构和微机控制单元有故障等。

如果防盗系统不能设定，应首先检查各门控开关、门锁电动机位置开关等与设定功能有关的传感器及其线路；然后检查微机控制单元及其配线。

如果报警装置工作不正常，应首先检查灯光、喇叭等执行机构的熔断器、线路等是否正常；然后检查执行机构有无故障；最后检查微机控制单元及其配线。

如果防盗功能不能正常清除，应首先检查各门控开关是否正常；然后检查点火开关及其线路；最后检查微机控制单元及其配线。

（2）遥控器常见故障的诊断与排除

1）故障现象 1：遥控操作不起作用，按遥控器各功能按键时，遥控器的红色 LED 指示灯不亮。

原因分析及排除方法：此故障多在遥控器本身，有以下几种情况：电池电量用尽；电池正、负极簧片生锈或接触不良；遥控器被雨淋或进水、油浸等。对此，可将电路板取出，用工业酒精清洗后，用家用吹风机吹干或待其自然干燥后，就可以使用。

2）故障现象2：遥控距离越来越短，发射信号时，遥控器的LED亮度变暗或闪烁。

原因分析及排除方法：此现象多是由电池电量不足造成的，更换电池即可。除此以外，建议不要自己调整或更换遥控器的元件，以免造成更大的损失。

3）故障现象3：遥控器某一功能键失效，按该键时LED指示灯不亮。

原因分析及排除方法：某功能键失效（其他功能键正常）多为本功能键损坏或按键引脚与电路板的焊点脱焊。遥控器的按键多为微型开关，平时使用时用力要轻，并注意防水、防摔和防重压。

8. 遥控器的匹配（复制）与同步（校准）方法

（1）丢失遥控器的匹配

1）电子防盗汽车的每一个遥控器都有一个代码，只有使用被防盗控制模块认可的遥控器才能起动发动机。如果用户遗失一个合法的遥控器，为了使这个遥控器不能起动发动机，必须到维修站去，使用专用故障诊断仪对遥控器进行匹配，这样可以使丢失在外的遥控器变为非法遥控器，它不能再起动汽车发动机。这种匹配的实质，是擦除防盗控制模块内原来存储的该遥控器转发器的密码，写入新的密码，让车上的接收器与新遥控器之间相互确认。因此在进行此项匹配后，将使先前已经设定于防盗控制模块中的所有授权遥控器的密码都被清除掉，所以尚存的遥控器也不能再用了，应当找齐尚未丢失的钥匙，以便重新对它们进行匹配设定。每辆汽车最多可以匹配（复制）8个遥控器。

2）增加遥控器的匹配（复制）。添加新遥控器的匹配，实质上是在新遥控器芯片与防盗控制模块之间进行相互确认，即把新遥控器芯片的代码写入防盗控制模块中，使插入点火开关的新遥控器能够被防盗控制模块识别和认可。

3）匹配遥控器的注意事项。

①匹配完所有遥控器（最多8把）的时间加起来不得超过30s。当第1个遥控器匹配完成时，初始化计时器开始启动，从登录起开始计算时间，到匹配结束为止（不计算关闭点火开关、钥匙从拔出到插入的这段时间）。若总时间超过30s，故障指示灯将以2Hz的频率闪亮（每秒闪烁2次），此时必须重新进行匹配操作。

②对于装备第三代电子防盗系统的汽车，如果更换了组合仪表，必须对所有的遥控器进行匹配，因为第三代电子防盗系统的控制模块与组合仪表是集成为一体的。

③匹配完成之后，需要查询故障并清除故障记忆。

（2）遥控器的同步（校准）程序

在更换防盗控制模块（含遥控接收器）、蓄电池亏电、更换蓄电池、遥控器的电池亏电、更换遥控器电池、超出接收范围操作遥控器超过256次、更换遥控器电池后马上超出接收范围使用遥控器超过16次等情况下，可能导致遥控器失灵，表现为使用钥匙开闭车门锁正常，但是遥控器不能正常工作（按下遥控器按键后，车门锁不动作，转向信号灯不闪亮，此时需要对遥控器与防盗控制模块进行同步操作）。

9. 汽车电动天窗控制系统故障的排查

汽车的电动天窗通常称为太阳车顶或电动车顶，这是汽车移动车顶的一种，驾驶人可以用汽车天窗采光、通风。汽车天窗能够提升汽车内部环境的舒适性和个性。天窗的特别结构，能使浑浊的空气迅速被排出车外；新鲜的空气从天窗进入车厢，没有摇下侧窗换气产生的风噪；辅助调节温度，减少空调使用时间，节省油耗；车厢内光线明亮，亲近自然。因此，汽车天窗被现代汽车广泛使用。

汽车天窗按开闭能量来源的不同可分为手动式和电动式。手动天窗结构比较简单，价格也较便宜，且便于安装；电动天窗档次较高，价格较贵，安装时由于要布线，故安装难度较大。但由于电动天窗操作方便、功能强大，故深受大众喜爱。

小轿车多采用电动天窗，电动天窗靠电动机的动力将天窗打开或关闭。一般大型客车和大型货车多是靠人力将天窗打开或关闭的，大客车的天窗有向上平升、斜升和关闭三种状态。大货车的天窗只有斜开和关闭两种状态。

（1）电动天窗的构成

电动天窗主要由天窗组件、滑动机构、驱动机构和控制系统等组成，电动天窗的外形如图 6-12 所示；电动天窗的结构如图 6-13 所示。

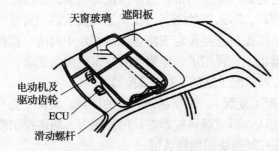

图 6-12　电动天窗的外形

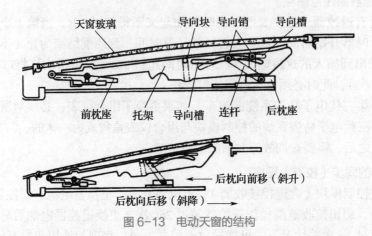

图 6-13　电动天窗的结构

1）天窗组件，包括天窗框架、天窗玻璃、遮阳板、导流槽、排水槽等。
2）滑动机构，由导向块、导向锁、连杆、托架和前、后枕座等组成。

3）驱动机构，由双向电动机、传动机构和滑动螺杆等组成。

4）控制系统，主要包括天窗开关、电控单元、继电器等。其作用是接收开关输入的信息，确定继电器的动作，控制天窗的开闭。

电动天窗的开关由控制开关和限位开关组成。控制开关包括滑动开关和斜升开关两种。这种开关使天窗驱动机构的电动机实现正反转，使天窗实现不同状态的工作。电动天窗的限位开关如图 6-14 所示，限位开关主要用来检测天窗所处的位置。限位开关是靠凸轮转动来实现断开和闭合的，凸轮安装在驱动机构的动力输出端。当电动机将动力输出时，通过驱动齿轮和滑动螺杆减速后带动凸轮转动，于是凸轮周缘的突起部位顶动限位开关使其开闭，以实现对天窗的自动控制。

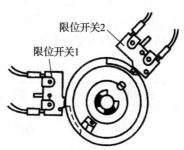

图 6-14　电动天窗的限位开关

（2）汽车电动天窗各部件的检查

1）汽车电动天窗保险元件的检查。对汽车电动天窗保险元件，主要检查保险元件是否熔断。如保险元件已熔断，在更换新保险元件之前，还要检查电路中是否有短路之处。

2）汽车电动天窗电源继电器的检查。汽车电动天窗典型控制电路如图 6-15 所示，主要应检查天窗电源继电器内线圈是否有断路现象；当线圈中有电流通过时，其常开触点是否能闭合接通。

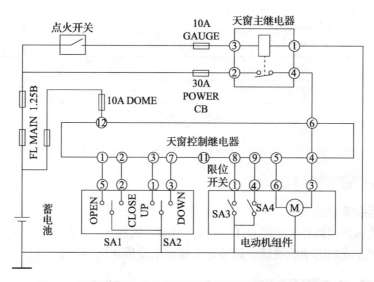

图 6-15　电动天窗典型控制电路示意图

3）汽车电动天窗控制开关和限位开关的检查。对汽车电动天窗控制开关和限位开关，主要是检查它们的通、断性能。当其接通时应能可靠地闭合，当其断开时触点间应能可靠地分离。

4）汽车电动天窗驱动电动机的检查。对汽车电动天窗驱动电动机，可将其从配线插接器上分离，直接对其施加正向或反向蓄电池电压，看其运转状态。如果直接通电后驱动电动机不转，或虽转但电动机发热严重，或驱动齿轮旋转方向与规定的方向不符，这都说明电动机有问题，应对其进行修理或更换新件。

5）汽车电动天窗控制继电器的检查。可先对天窗控制继电器周围相关配线及插接器进行检查，确认无误后，再根据正常情况下的导通情况，用万用表测量其相应引脚与地间、相应引脚间的导通情况，见表6-14。如果与正常情况下的状态不相符，则说明天窗控制继电器内部有问题，应更换新件。

表6-14 电动天窗控制电路控制继电器相关引脚之间通断情况表

测量的引脚	测量开关及其所处的位置		控制继电器引脚之间的导通情况	
①与地	OPEN	开	⑥与⑤、④与⑪	通
		中间		不通
②与地	CLOSE	开	⑥与④、⑤与⑪	通
		中间		不通
③与地	UP	开	⑥与④、⑤与⑪	通
		中间		不通
⑦与地	DOWN	开	⑥与⑤、④与⑪	通
		中间		不通
⑧与地	1号限位开关（SA3）	闭合		通
		断开		不通
⑨与地	2号限位开关（SA4）	闭合		通
		断开		不通
④与⑤	常通			通
⑫与地	常通			蓄电池电压
⑥与地	点火开关	LOCK 或 ACC		无电压
		IG		蓄电池电压

10. 电动后视镜的故障排查

（1）电动后视镜的组成

电动后视镜和后视镜开关如图6-16所示。电动后视镜开关包括选择开关和调节开关，选择开关用于选择左或右电动后视镜，调节开关控制电动后视镜的调节方向。

图6-16 电动后视镜结构图

驱动电动机采用双向永磁式，每个后视镜安装两个，上下方向的转动用一个电动机控制，左右方向的转动由另一个电动机控制。每个电动后视镜都有一个独立控制开关，开关杆可多方向移动，可使一个电动机工作或两个电动机同时工作。通过改变电动机的电流方向，对镜片的角度进行上、下偏转和左、右偏转调节，调节范围为20°~30°。有的电动后视镜还带有伸缩功能，由伸缩开关控制伸缩电动机工作，使整个后视镜回转伸出或缩回。

（2）电动后视镜的调整方法

点火开关在ACC以上位置时，可使用后视镜开关调整室外后视镜的角度。

要调整后视镜，移动选择开关杆到R（右）或L（左）位置，并按动向左/向右或向上/向下开关进行调整。按动向上或向下开关时，电动机带动后视镜镜片向上或向下摆动；按动向左或向右开关时，电动机带动后视镜镜片向左或向右摆动。按下调节开关直到后视镜达到需要的观察角度为止。

后视镜调整结束后，移动选择开关杆到中间位置，防止意外调整。

（3）电动后视镜控制系统的检查方法

1）当电动后视镜出现故障时，应先检查熔丝和断路器是否已熔断。

2）如熔丝和断路器正常，则可试着更换一相同的后视镜调节开关，看能否控制后视镜正常工作。如无此条件，也可采用万用表电阻档测试开关总成。

3）如开关完好，应用12V电源的跨接线检查电动机的工作情况，接线换向时，电动机也应反向转动。

4）如电动机工作正常，而后视镜仍不能运动，则应检查连接后视镜控制开关和车门或仪表板金属件的搭铁情况。

（4）电动后视镜的故障诊断及排除

电动后视镜的常见故障有：电动后视镜都不工作和电动后视镜部分功能不正常。故障主要原因有：保险装置及线路断路、开关及电动机有故障等。

如果电动后视镜都不工作，往往是由保险装置或电源线路、搭铁线路断路引起的，也可能是控制开关有故障。可以先检查保险装置是否正常；然后检查控制开关线头有无脱落、松动，电源线路或搭铁线路是否正常；最后检修控制开关。

如果电动后视镜部分功能不正常，往往是由个别电动机及控制开关对应部分有故障，或对应线路断路、接触不良等引起的。可以先检查线路连接情况，再检查开关和电动机。

11. 电动座椅故障的排查

（1）电动座椅的组成

1）电动座椅一般由座椅开关、双向电动机、传动装置和座椅调节器等组成，如图6-17所示。

2）电动座椅控制电路。电动座椅控制电路原理与电动车窗的控制电路相似，即通过调整开关控制双向电动机的电流方向。图6-18所示为雷克萨斯LS400轿车电动座椅控制电路（不带存储功能），该电动座椅包括滑动电动机、前垂直电动机、倾斜电动机、后垂直电动机和腰垫电动机，可以实现座椅的前后移动、前部高度调节、靠背倾斜程度调节、后部高度调节及腰垫前后调节。

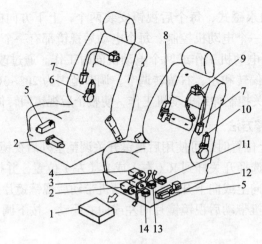

图 6-17　电动座椅结构

1—电动座椅 ECU　2—滑动电动机　3—前垂直电动机　4—后垂直电动机　5—电动座椅开关
6—倾斜电动机　7—头枕电动机　8—腰垫电动机　9—位置传感器（头枕）
10—倾斜电动机和位置传感器　11—位置传感器（后垂直）　12—腰垫开关
13—位置传感器（前垂直）　14—位置传感器（滑动）

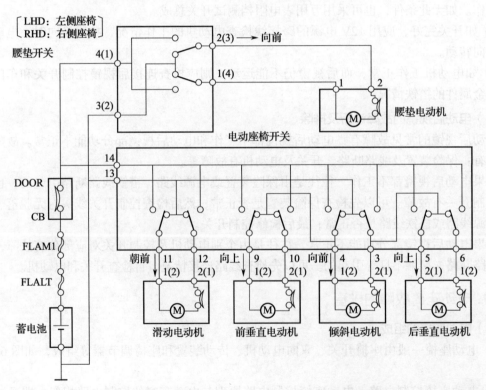

图 6-18　雷克萨斯 LS400 轿车电动座椅控制电路图

电路中有 5 个开关，分别控制 5 个电动机。开关有一个共同特点：均为常搭铁型结构，即电动机没有动作时，电动机两端通过开关搭铁；当开关打向其一侧时，动作侧开关接通电源。每个电动机中均设有断路器，当座椅位置调整到极限时，流过电动机的电流增加，断路器断开，切断电动机电流，保护电动机不被烧损；松开调整开关，冷却后，断路器又重新复位。下面以座椅靠背的倾斜调节为例，介绍电路的控制过程。

当电动座椅的开关处于倾斜位置时，如果要调整靠背向前倾斜，则闭合倾斜电动机的前进方向开关，即端子 4 置于左位时，电路为：蓄电池正极→ FLALT → FLAM1 → DOOR CB →端子 14 →（倾斜开关"前"）→端子 4 → 1（2）端子→倾斜电动机→ 2（1）端子→端子 3 →端子 13 →搭铁。此时，座椅靠背前移。

当端子 3 置于右位时，倾斜电动机反转，座椅靠背后移。此时的电路为：蓄电池正极→ FLALT → FLAM1 → DOOR CB →端子 14 →（倾斜开关"后"）→端子 3 → 2（1）端子→倾斜电动机→ 1（2）端子→端子 4 →端子 13 →搭铁。

3）带存储功能的电动座椅。带存储功能的电动座椅采用了微机控制，它能将选定的座椅调节位置进行存储，使用时只要按指定的按钮开关，座椅就会自动地调节到预先选定的座椅位置上。

该系统有一个存储器，存储装置通过 4 个电位器来控制座椅的调定位置。只要座椅位置调定后，驾驶人按下存储器的按钮，电子控制装置就把这些电压信号存储起来，作为重新调整位置时的基准。使用时，只要一按按钮，就能按存储时的状态来调整座椅位置。

（2）电动座椅故障排查方法

1）开关接触不良。电动座椅的开关接触不良，会造成电动座椅调整失效或不灵。检测时若发现导通状态不符合标准，则应修理或更换电动座椅的开关。

2）控制电路故障。可根据电路图仔细检查电动座椅的控制电路，若有断路或短路现象，均会使电流不能通过电动机，使电动座椅调整失效。修复线路，故障即可排除。

3）电动机故障。电动座椅的电动机失灵，如电刷磨损及转子、定子断路、短路等，均会使电动机不能正常工作。若电动机有故障，则应修理或更换。

4）传动机构故障。电动座椅的传动机构一般由变速机构、联轴器及齿轮机构等组成。若机械部分有卡滞、磨损严重等问题，均会使电动座椅不能正常工作，应逐个检查并修理电动座椅的传动机构。

（3）电动座椅的检查及常见故障的排除

1）电动座椅检查注意事项。检查电动座椅控制系统应注意事项如下：

①在进行故障分析前，应先检查蓄电池电压是否充足；熔丝是否完好。对于具有存储功能的电动座椅，进行检查时，驾驶人一侧的车门应保持打开。

②关上驾驶人一侧的车门，进行调节功能操纵，在关上门后 10min 内进行。10min 后，车门接触开关关闭自动调节功能。

③当选档手柄不在驻车（P）位置时，不要使用驾驶位置复位开关来进行调整。

④在踩下制动踏板时，也不要使用复位开关。

⑤在检测继电器和电动机之前，应先检测开关上的电压，故障也可能出现在开关上。

⑥当座椅电动机运转，但座椅不能移动时，可检查电动机和变速器之间的橡胶联轴器是否磨损或损坏。

⑦当座椅继电器有吸合声，但电动机不工作时，应该检查电动机、电动机与继电器之间的线路，并检查电动机搭铁是否不良。

2）电动座椅常见故障的诊断。电动座椅的常见故障有电动座椅完全不动作或某个方向不能工作。

①电动座椅完全不动作的主要原因有：熔断器断路；线路断路；座椅开关有故障等。可以首先检查熔断器是否断路。若熔断器良好，则应检查线路是否正常，最后检查开关。对于有存储功能的电动座椅系统，还应检查控制单元（ECU）的电源电路和搭铁线是否正常，若开关、线路等都正常，应检查控制单元。

②电动座椅某个方向不能工作的主要原因有：该方向对应的电动机损坏；开关、连接导线断路。可以先检查线路是否正常，再检查开关和电动机。

第七章

车载网络系统与电动汽车的故障排查方法

 一、车载网络系统

目前，汽车的电子控制装置越来越多，常见的有发动机的电控燃油喷射系统、电子节气门系统、变速器的电子控制系统、转向机的速度感应系统和安全气囊感应装置、底盘的防抱制动系统、电子防盗系统等，这些系统都有相应的 ECU，因此一辆车上装配多个 ECU 是很常见的事情，增加的 ECU 及其附带的通信设备必然会使整车电路繁琐复杂、线束多、重量大、成本高。为了减少通信设备及线束、插接件等，降低成本和简化线路，就必须采用能够满足高速多路的复用通信系统，以共享方式传送多种控制信息。同时，汽车内 ECU 之间的数据传输特征主要差别在于数据传输频率，例如发动机高转速运行时，进行的是高频数据传输，每隔几毫秒就传输一次，而在低转速运行时，进行的是低频数据传输，每隔几十毫秒乃至几百毫秒才传输一次。

传统的点对点导线连接显然无法满足实际需求，而且对信号传输的可靠性和速度也有很大影响。为了简化电路和线束的使用，提高整车信息传输的速度和可靠性，通过系统软件可以实现系统功能的改变和数据的共享，也可以提高系统故障的诊断能力和降低故障率。现代汽车都普遍采用了车载网络系统，即车上控制器局域网络（Controller Area Network，CAN），车载网络系统具有提高车辆控制的集成度、减少电器的线束、提高信号传输的准确性、便于维护等特点。

同时，车载网络系统也是移动互联网的一种新形式，即基于内联网、车联网和车载移动互联网，信号传输采用计算机局域网络原理，通过新一代信息通信技术，实现车与云平台、车与车、车与路、车与人、车内等全方位网络链接，实现了"三网融合"，可以便捷地融合车内网、车际网和车载移动互联网，由汽车收集、处理和共享大量信息，从而实现更智能、更安全的驾驶。与此同时，随着互联网基因的不断引入，车联网更像是打开未来车主—生活的重要载体，为车主提供更加精彩、便捷、全面的汽车生活服务。

在现代轿车的设计中，CAN 已经成为必须采用的装置，奔驰、宝马、大众、沃尔沃及雷诺汽车都将 CAN 作为控制器联网的手段。

1. 车载网络系统的功能

1）多路传输功能。为了减少车辆电气线束的数量，多路传输通信系统可使部分数字信号通过共用传输线路进行传输，系统工作时由各个开关发送的输入信号通过中央处理器（CPU）转换成数字信号，该数字信号将以串行信号的形式从传感器装置传输到接收装置，发送的信号在接收装置处将被转换为开关信号，再由开关信号对有关元件进行控制。

2）"唤醒"和"休眠"功能。该功能用以减少在断开点火开关时蓄电池的额外消耗。当系统处于"休眠"状态时，多路传输通信系统将停止信号传输和 CPU 控制等功能，以节约电池的电能，而当系统一旦有人为操作时，处于"休眠"状态的有关控制装置立即开始工作，同时还将"唤醒"信号通过传输线路发送给其他控制装置。

3）失效保护功能。它包括硬件失效保护和软件失效保护两种功能。当系统的中央处理器发生故障时，硬件失效保护功能使其以固定的信号进行输出，以确保车辆能继续行驶；当系统某控制装置发生故障时，软件失效保护功能将不受来自有故障的控制装置的信号影响，以保证系统能继续工作。

4）故障自诊断功能。故障自诊断功能具有两种模式，即多路传输通信系统的自诊断模式和各系统输入线路的故障诊断模式，通过这两种模式，既能对自身的故障进行自诊断，同时还能对其他系统进行故障诊断。

2. 车载网络系统的类型

美国汽车工程师学会（SAE）将车载网络根据速率分为 5 类，即 A 类、B 类、C 类、安全和多媒体，网速由低到高，如图 7-1 所示。

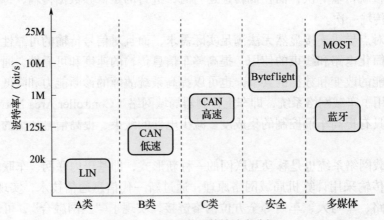

图 7-1　车载网络系统按速率分级

（1）A 类（低速）

A 类主要针对传感器或执行器操控的低速网络，网速一般在 20kBit/s 以下，目前使用标准是 LIN 线，应用在汽车的末端网络，作为 CAN 总线的补充，例如电动门窗、座椅调节、灯光照明等。A 类网络中协议标准也存在多种，但目前 LIN 总线是主流协议。

LIN 是摩托罗拉、奥迪等知名企业联合推出的新型低成本开放式串行通信协议。它主要用于车辆中的分布式电子控制系统，特别是用于智能传感器或执行器的数字通信场合。目前，LIN 总线已成为国际标准，被大多数汽车制造商和零部件制造商所接受。

　　LIN 总线的拓扑结构为单线总线，采用单一主机、多从机模式，LIN 包含一个主节点和一个或多个从节点，一个 LIN 网络中的节点数量最多可以达到 16 个，由于其总线速度慢，故障检测能力较差，适于对实时性要求不高的系统。以门窗控制为例，有门锁、车窗玻璃开关、车窗升降电动机、操作按钮等。在门上，只需要一个 LIN 网络就可以将它们连接成一体。通过 CAN 网关，LIN 网络还可以与其他汽车系统交换信息，实现更丰富的功能，如图 7-2 所示。

　　LIN 总线物理层采用单线连接，两个电控单元间的最大传输距离为 40m。在实时 LIN 中，LIN 总线上的所有通信都由主机节点中的主机任务发起。

　　由于 LIN 网线在汽车中一般不独立存在，通常会与上层 CAN 网络相连，成为 CAN 总线的副手，形成 CAN-LIN 网关节点。

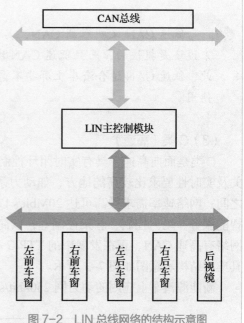

图 7-2　LIN 总线网络的结构示意图

（2）B 类（中速）

　　B 类属于中速网络，一般网速在 125kbit/s 以下，所面向的多数是独立模块，在模块间完成数据的共享作用，一般运用于车辆的信息控制中心，作用是诊断车辆所产生的各类故障，如仪表盘故障指示灯的警告功能，各类安全气囊和自动空调系统的自检。该类网络有低速 CAN、SAE J1850 和 VAN。

　　CAN 总线

　　CAN 总线又称汽车总线，是一种能有效支持分布式控制和实时控制的串行通信网络。它以某种形式（多为星形）将各个控制单元连接起来，形成一个完整的系统。CAN 总线是德国 Bosch 公司开发的一种串行通信协议，用于解决现代汽车中许多电子控制模块（ECU）之间的数据交换，如今已广泛应用于汽车电子系统，成为欧洲汽车制造业的主要行业标准，代表了汽车电子控制网络的主流发展趋势。世界上许多著名的汽车制造商，如大众、奔驰、宝马、保时捷和劳斯莱斯公司采用了 CAN 总线来实现汽车内部控制系统的数据通信。

　　CAN 总线凭借其突出的可靠性、实时性和灵活性已从众多总线中突显出来，成为世界接受的 B 类总线的主流协议。CAN 总线分为低速 CAN 和高速 CAN。CAN 网络采用的是线形网络拓扑结构。

B 类低速 CAN 一般用在车身舒适系统控制中，包括新能源汽车上的舒适网、电池子网、充电网、启动子网、空调子网等。

> **小贴士**　低速 CAN 又叫容错 CAN，其低速是相对于高速 CAN 来说的，相比 LIN 总线来说还是挺快的，而且低速 CAN 比起高速 CAN，其应对外界干扰的能力更强，因此，低速 CAN 适合汽车上那些不需要特别高通信速率但需要较强抗干扰能力的节点使用。

（3）C 类（高速）

C 类是面向高速，具有实时闭环控制功能的多路数据传输网络，主要用于与汽车安全相关及实时性要求比较高的地方，如动力系统，所以其传输速率比较高，通常在 125k~1Mbit/s 之间，网络速率需求最高可达 20Mbit/s 以上，主要的作用是对车载多媒体及导航控制、人工智能服务、动力控制、悬架控制等，以简化式分布方法控制来减少对车身线束的需求。该类网络有高速 CAN、正在发展中的 TTP/C 和 FlexRay，主流协议是高速 CAN（ISO 11898-2），其典型结构示意图如图 7-3 所示。

新能源汽车上应用的动力网 250kbit/s 和 ESC 网 500kbit/s，也属于高速 CAN。

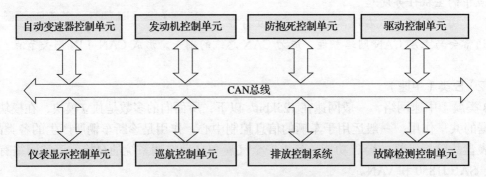

图 7-3　C 类 CAN 总线网络的典型结构示意图

专家指南　FlexRay 总线

FlexRay 总线拓扑结构多样，对高速设备可以采用点对点方式与 FlexRay 总线控制器连接，构成星形结构，对低速网络可以采用类似 CAN 总线的线性方式连接。

FlexRay 总线是由宝马、飞利浦、飞思卡尔、博世等公司联合开发的一种新的通信标准，专为车内联网设计，是一种用于汽车的高速、确定性和容错总线技术。目前，FlexRay 主要应用于安全相关的线控系统和动力系统，在宝马的高端车上也有使用。宝马公司在 07X5 系列车型的电控减振系统中首次应用了 FlexRay 技术。这款车采用基于飞思卡尔和恩智浦收发器的微控制器，可以监测车速、纵向和横向加速度、转向盘角度、车身和轮胎加速度、行驶高度等数据，从而在行驶过程中实现更好的乘坐舒适性、安全性和高速响应，最大限度地减少轮胎上的载荷变化和底盘的振动。

线控技术在汽车上的应用，是实现把驾驶人的操作的动作信号转换为传感器的电学信号，并且该信号通过电缆之后被传送到汽车系统的执行类机构的一种方式。

（4）D类（多媒体）

D类网络的网速为250k~400Mbit/s。该类网络协议主要有MOST、以太网（AE）、蓝牙、ZigBee技术等，主要用于要求传输效率较高的车载视频、车载音响、车载电话、导航等信息娱乐系统。

MOST总线是一种用于多媒体数据传送的网络系统，采用光纤作为物理层的传输介质，最多连接64个节点，网络采用的是环形拓扑结构。

（5）E类（安全）

E类是面向乘员的安全系统高速、实时网络，数据传输速率在10Mbit/s以上，主要用于车辆被动性安全领域，如安全气囊系统，该网络的主要协议为Byteflight。安全FlexRay一般应用在X-by-wire（线控）类的设计，例如通过电子信号传输来替代传统的制动踏板和制动器或转向盘和车轮之间的机械传动。

3. CAN 总线的万用表检测

如图7-4所示，CAN-H信号在总线空闲时的电压约为0V，总线上有信号传输时总线上的电压值在0V和5V之间高频波动，因此CAN-H的主体电压应是0V，所以万用表的测量值为0.35V左右。

CAN-L信号在总线空闲时的电压约为5V，总线上有信号传输时总线上的电压值在5V和0V之间高频波动，因此CAN-L的主体电压应是5V，所以万用表的测量值为4.65V左右。

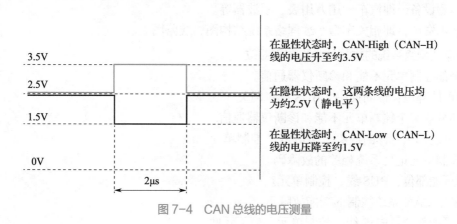

图 7-4　CAN 总线的电压测量

二、车载网络系统故障检修方法

1. 车载网络系统检修注意事项

1）在检查电路之前确保关闭点火开关，断开蓄电池负极电缆。

2）由于动力系统电控单元电路具有一定的敏感性，因此有专门的线路修理程序，要严格执行。

3）动力系统电控单元对电磁干扰极其敏感。

4）为避免损坏线束插接器端子，在对动力系统电控单元线束插接器进行测试时，务必使用合适的线束测试引线。

5）不要触摸动力系统电控单元插接器端子或动力系统的电控单元电路板上的锡焊元件，以防因静电放电造成损坏。

6）在利用电焊设备进行焊接时，必须从动力系统电控单元上拆下线束插接器。

7）确保所有线束插接器连接可靠。

8）发动机运行时，不得从车辆电气系统上断开蓄电池电缆。

9）在充电前，务必从车辆电气系统上断开蓄电池电缆。

10）切勿使用快速充电器起动车辆。

11）确保蓄电池电缆端子连接牢固。

12）在安装新的动力系统电控单元前，确保类型正确。

13）当插接器需要更换时，只能更换认可的电气插接器，以保证正确的配合，并防止线路中电阻值过大。

2. 车载局域网络系统的故障特点和检修方法

（1）故障诊断工具

车载网络系统的检修需要以下诊断工具：

1）诊断设备，即能进行 CAN 数据总线故障检测的诊断仪器（含原厂仪器、通用型仪器）。

2）检测设备，即汽车专用万用表、示波器等。

3）技术资料，即相关车型车载网络系统结构图、线路图。

（2）车载网络系统的故障种类和故障部位

1）全部控制单元不能和诊断仪器通信。

故障可能部位：诊断插头、BUS 线、网关。

2）部分或某个控制单元不能和诊断仪器通信。

故障可能部位：诊断插头、BUS 线、控制单元。

3）控制单元记忆系统相关的故障码。

故障可能部位：BUS 线、控制单元。

4）采用 CAN 系统控制的功能故障。

故障可能部位：BUS 线、控制单元、相关元件。

3. 车载网络故障检修方法

（1）车载网络检修的一般方法

1）检查汽车电源系统是否存在故障，检查蓄电池电压、各插头连接情况、相关熔丝、发动机与车身的搭铁情况等，检查交流发电机的输出波形是否正常（若不正常将导致信号干扰故障）等。

2）检查汽车多路信息传输系统的连接是否存在故障。可采用替换法或采用跨接线法进行检测。

3）检查是否为节点故障。通常采用替换的方法进行检测。

4）利用CAN系统的故障自诊断功能进行检查。

（2）LIN总线的故障诊断

LIN总线网络通信故障一般为控制单元故障或线路故障。对于线路故障，可分为LIN总线短路故障和LIN总线断路故障。

LIN总线系统的故障诊断与传统的故障诊断有很大的区别，线路表面是否有明显的断路可以通过人工诊断，主要通过自诊断及专用的检测仪进行检测，最终通过人工经验和自诊断结果来排除故障。

当LIN总线系统出现故障时，可以利用故障检测仪对LIN总线进行故障诊断，在LIN从属控制单元上可以完成所有的自诊断功能。

a. LIN总线短路故障：LIN总线为单线传输，当与电源正极短路时，LIN总线的电压会被拉高至12V电源电压；当与车身搭铁短路时，LIN总线的电压会降低至0V。在这两种情况下，LIN总线网络均无法正常通信，LIN总线都会关闭，无法正常工作。

b. LIN总线断路故障：LIN总线发生断路故障时，其功能丧失情况视发生断路故障的具体位置而定。当LIN总线在总线路上断路时，其下游所有从属控制单元均不能正常工作；当LIN总线在分支线路处断路时，该分支电路的从属控制单元将不能正常工作。根据LIN总线发生故障时其功能的丧失情况，结合LIN总线控制关系并参阅电路图，就可以判断出发生断路故障的大致位置。

（3）CAN系统的故障检修

1）要了解该车型的车载网络系统特点，包括传输介质、几种子网及汽车车载网络系统的结构形式等。

2）要了解汽车车载网络系统的功能，如有无唤醒功能和休眠功能等。

3）要检查汽车电源系统是否存在故障，如交流发电机的输出波形是否正常（若不正常将导致信号干扰等故障）等。

4）要检查汽车车载网络系统的链路（数据传输线）是否存在故障，可采用替换法或采用跨接线法进行检测。

5）要检查节点是否存在故障，可采用替换法进行检测。

引起车载网络系统故障的原因一般有3种，即车载系统节点故障、CAN系统链路故障、电源系统引起的故障。

1）节点故障检修。节点故障是电控模块的故障，它包括软件故障和硬件故障。其中硬件故障一般是指芯片和集成电路的故障，造成汽车信息传输系统不能正常运行。软件故障主要是指汽车信息传输系统通信出现故障，造成控制系统失灵。

对于节点的故障，一般只有采用替换控制单元的方法进行检测，然后读取故障码来排除。

2）CAN系统链路故障判断。汽车CAN总线的链路故障也就是通信线路的故障。当汽车信号传输系统出现通信线路故障时，会导致通信线路短路，通信信号失真，还可能会引起电控系统错误动作。

判断链路是否出现故障，一般采用汽车专用光纤诊断仪来检查通信数据信号是否与标准数据相符，如果出现异常说明链路出现故障。

3）电源系统故障检测。汽车信息传输系统的核心部分是电控模块，电控模块的正常工作电压在 10.5~150V 的范围内。当汽车电源系统提供的正常工作电压低于此值，就会造成一些对工作电压要求高的电控模块出现停止工作的状态，从而使整个汽车信息传输系统出现无法通信的故障。

检查时应首先检查蓄电池的电压、各插头连接情况、相关的熔丝、发动机与车身的搭铁是否良好以及相应控制单元的电源供给等情况，还应检查发电机的输出电压是否正常等。

专家指南

①CAN 数据总线系统的故障分为以下 3 类：电源故障、链路故障和节点故障。无论是链路故障还是挂结在总线上的任何一个节点出现故障，都可能对其他控制模块（或部件）产生影响，使其不能正常工作。因此，排除装备 CAN 数据总线的汽车故障时，不能局限于故障部位，还要考虑 CAN 数据总线对总线上其他系统的影响。

②维修装备 CAN 数据总线的汽车，必须通过专用故障诊断仪读取故障码，再根据故障码的提示查找故障原因，而不能简单地根据故障现象来判断。汽车自诊断系统显示的 CAN 数据总线故障码均以 "U" 字开头。

③当 CAN 网络的电阻值不正常时，故障点一般在 CAN 的链路上，例如网线断路、网线短路、网线搭铁（搭铁的网线与车身上任意一点的电阻值为 0Ω）。

当 CAN 的电阻值正常而电位不正常时，一般是由 CAN 上的控制模块（如网关 BSI、发动机控制模块等）的供电不正常造成的，此时再重点检查控制模块的供电和搭铁。

④当 CAN 网络出现故障时，一般伴有防盗系统的故障，因为钥匙应答器、BSI、发动机控制模块之间的防盗信息必须通过 CAN 传输。

⑤CAN 数据总线故障的特点是出现多个故障。许多情况下，当 CAN 网络出现故障时，仪表板上会有多个仪表（如发动机转速表、冷却液温度表、车速表等）不显示，因为这些信息需要通过 CAN 网络传递到组合仪表。

⑥排查数据总线故障适宜采用 "隔离法"——将可疑的控制模块从通信网络中逐一去除，然后观察故障现象和故障码的变化情况。

⑦读取的故障码可能 "风马牛不相及"。如一辆宝马 X5 轿车，采用 E53 底盘，发生空气悬架指示灯点亮的故障。由于缺乏总线诊断仪，只能从总线插接器上依次拔掉相关的控制模块，以便找出受到牵连的节点，结果发现是晴雨传感器的导线磨破，经过包扎、装复后，故障排除。空气悬架系统与晴雨传感器两者完全不相干，故障现象与故障原因之间有时完全没有逻辑关系，所以不能采用逻辑推理的方法来诊断 CAN 数据总线系统的故障。

⑧一般来说，CAN 总线上的控制模块损坏后，不会影响 K 线的传输功能，但是 2007 款帕萨特领驭轿车却不是这样。该车的网关是组合仪表，它需要对 K 线和 CAN 总线的数据进行处理，然后发送到诊断座上，所以 CAN 总线的控制模块出现问题，会影响 K 线的数据传输功能，其结果是全车所有的控制模块都可能无法进行自诊断。

4. 网络故障的症状

一旦网络出现故障，相应的症状就可能会出现。每种症状（单根导线断路除外）都可能引起用户提出问题。这些症状如下：

1）数据总线的两根导线短路。如果相互短路，将导致整个网络失效。

2）导线与搭铁短路。若与搭铁短路，诊断仪器连接后没有任何模块会响应。

3）导线与电源短路。电路与电源短路将导致整个网络失效。

4）导线断路。当单根导线发生断路时，用户可以进入 DATA LINK DIAGNOSTIC 菜单中，并进行测试。

5）所有导线断路。如果靠近数据链接插口处的导线发生断路，在解码器和网络之间无法通信。然而，在网络的一个分支上发生两根导线都断路时，只有断路导线后面的模块无法与解码器进行通信。

6）所有导线与地线短路。如果所有导线都与搭铁短路，将导致整个网络失效。所有的控制模块都将在故障模式影响管理下工作。汽车可以起动或行驶，但模块只能使用与其直接连接的传感器。

7）内部控制模块故障。内部控制模块故障将导致整个网络失效。

8）故障模式影响管理。动力传动控制模块故障运行模式，该模式使发动机和变速器在主要功能失效状态期间继续工作。

5. CAN 总线的检测方法与技巧

（1）电阻测量

为了避免信号反射，在两个 CAN 总线上连接着电阻值各为 120Ω 的终端电阻，两个终端电阻并联形成一个 60Ω 的等效电阻，在电源电压关闭时可以测量该等效电阻，此外，单个电阻可以各自分开测量。测量 60Ω 等效电阻的窍门是，将一个容易触及的控制单元从总线上拆下，然后测量 CAN-L 和 CAN-H 间的电阻。

专家指南　测量电阻的注意事项

先断开车辆蓄电池的接线，大约等待 3min，直到系统中所有的电容器放完电后再测量。

（2）电压测量

检测的前提是蓄电池已连接且点火开关接通。为了确定 CAN-L 或 CAN-H 导线是否损坏，可测量 CAN-L（或 CAN-H）的对地电压。PC-CAN 的对地电压大约为 2.4V，CAN-H 对地电压大约为 2.6V；K-CAN 的 CAN-L 对地电压大约为 4.8V，CAN-H 对地电压大约为 0.2V。这些接近的值根据总线负载可能有大约 100mV 的偏差。

（3）波形测量

检测的前提是蓄电池已连接且点火开关接通。

检测 PT-CAN 时示波器的设置：横坐标（时间）设置为 0.05ms/ 格，纵坐标（电压测量范围）设置为 5V。如果用示波器测量 CAN-L 和搭铁导线的电压，然后在电压极限（最小）

为 1.5V 和电压极限（最大）为 2.5V 时得到一个近似矩形的信号；用示波器测量 CAN-H 和搭铁导线间的电压，然后在电压极限（最小）为 2.5V 和电压极限（最大）为 3.5V 时得到一个近似矩形的信号，这说明 PT-CAN 总线无故障。

检测 K-CAN 时示波器的设置：横坐标（时间）设置为 0.1ms/ 格，纵坐标（电压测量范围）设置为 10V。如果用示波器测量 CAN-L 和搭铁线的电压，然后在电压极限（最小）为 1V 和电压极限（最大）为 5V 时得到一个矩形的信号；用示波器测量 CAN-H 和搭铁导线间的电压，然后在电压极限（最小）为 0V 和电压极限（最大）为 4V 时得到一个矩形的信号，这说明 K-CAN 总线无故障。

（4）CAN 总线的失效与诊断

1）总线的失效。K-CAN 或 PT-CAN 总线的失效原因可能是 CAN-L 或 CAN-H 导线短路或某个控制单元损坏。为了查找故障原因，应进行下列工作步骤：

① CAN 总线用户一个一个依次拔出，直到找到故障原因（控制单元 X）。

②检查控制单元 X 的导线是否短路。

③如有必要，检测或更换控制单元 X。如果某个控制单元至 CAN 总线的分支线短路，仅执行该工作步骤即可。

④如果 CAN 总线导线自身短路，则必须检查 CAN 总线线束。

2）诊断。

①断路（单线模式）。在各控制单元中有一个自己的总线接收器，一旦断路，电平可能在整个的 K-CAN 上保持，从而导致发送控制单元不能识别此类故障，并继续在双线模式下工作。但如果一个控制单元越过中断位传送一条信息，则接收控制单元仅在未损坏的总线导线上确定活性。为此，接收的控制单元识别单线控制模式并存储故障 "CAN 线路故障"。如果不同的控制单元越过中断位连接的信息，则在单线模式下可能多个控制单元会在故障码存储器中记录。

为了查找中断位，应进行下列工作步骤：

对于输入故障 "CAN 线路故障" 的控制单元，检查分支线（从控制单元到 CAN 总线的导线）是否断路。

如果分支线都正常，则 CAN 总线中存在着断路。中断位一定在输入故障 "CAN 线路故障" 的控制单元之间。

②短路。如果在系统中存在短路，则所有控制单元必定记录故障 "CAN 总线故障"。为了查找短路，应进行电压和示波器测量，或根据 "CAN 总线失效" 工作步骤进行检查。

（5）CAN 双线式数据总线系统的检测方法

CAN 数据总线指用于传递和分配数据的系统。CAN 双线式数据总线系统是一个有两条线的总线系统，通过这两条数据总线，数据便可按顺序传到与系统相连的控制单元。这些控制单元就是通过 CAN 总线彼此相通的（即通过 CAN 总线传递数据）。CAN 双线式数据总线系统目前已经广泛应用在电控汽车上。

在检查数据总线系统前，须保证所有与数据总线相连的控制单元无功能故障。"功能故障" 指不会直接影响数据总线系统，但会影响某一系统的功能流程的故障。例如传感器损坏，其结果就是传感器信号不能通过数据总线传递，这种功能故障对数据总线系统有间接影响，这会影响需要该传感器信号的控制单元的通信。如存在功能故障，先排除该故障。记下该故障并消除所有控制单元的故障码。

排除所有功能故障后，如果控制单元间数据传递仍不正常，检查数据总线系统。检查数据总线系统故障时，须区分两种可能的情况：

1）两个控制单元组成的双线式数据总线系统的检测。检测时，关闭点火开关，断开两个控制单元（图7-5）。检查数据总线是否断路、短路或对正极/地短路。如果数据总线无故障，更换较易拆下（或较便宜）的一个控制单元试一下。如果数据总线系统仍不能正常工作，更换另一个控制单元。

2）三个或更多控制单元组成的双线式数据总线系统的检测。检测时，先读出控制单元内的故障码。如图7-6所示，如果控制单元1与控制单元2和控制单元3之间无通信，关闭点火开关，断开与总线相连的控制单元，检查数据总线是否断路。如果总线无故障，更换控制单元1。如果所有控制单元均不能发送和接收信号（故障存储器存储"硬件故障"），则关闭点火开关，断开与数据总线相连的控制单元，检测数据总线是否短路，是否对正极/地短路。

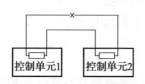

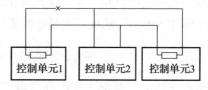

图7-5　两个控制单元组成的双线式数据总线系统　　图7-6　三个控制单元组成的双线式数据总线系统

数据总线上查不出引起硬件损坏的原因，检查是否某一控制单元引起该故障。断开所有通过CAN数据总线传递数据的控制单元，关闭点火开关，接上其中一个控制单元，连接VAG1551或VAG1552，打开点火开关，消除刚接上的控制单元的故障码。用功能06来结束输出，关闭并再打开点火开关，打开点火开关10s后用故障阅读仪读出刚接上的控制单元故障存储器内的内容。如显示"硬件损坏"，则更换刚接上的控制单元；如未显示"硬件损坏"，接上下一个控制单元，重复上述过程。

连接蓄电池接线端子后，输入收音机防盗密码，进行玻璃升降器单触功能的基本设定及时钟的调整，对于汽油发动机的汽车，还应进行节气门控制单元的自适应。

（6）总线维修

如果CAN的导线有破损或断路，需要拆开在损坏点处的缠绕线，对损坏点处进行维修。在维修CAN总线时，要求断开线点距离插接器至少100mm，两个维修点之间至少应保持间隔100mm，维修点的非绞长度不得超过50mm，否则导线所传输的信号会失真。

注意：为了屏蔽干扰，尽可能少拆解缠绕节。

专家指南　车载网络的几个检测技巧

①网络节点短路的简便诊断方法：全部拔下短路总线上的控制模块，再一个一个插回去，如果插上某个模块时故障再现，说明这个模块的总线接口存在短路。或者反过来，采用"隔离法"将可疑的控制模块从车载网络中逐一拔除，然后观察故障现象的变化情况。

②如果从 ABS 控制模块一端测量 CAN-H 无信号，而从发动机控制模块一端测量 CAN-H 有信号，说明从 ABS 控制模块到发动机控制模块之间的 CAN-H 线断路。

③如果大众 / 奥迪车系车载网络存在漏电现象，可以借助专用工具 VAS1598/38 来断开控制单元，这样可以省去记忆熔断器位置的麻烦。

三、电动汽车与传统的燃油汽车的异同点

1. 电动汽车与传统燃油汽车的区别

电动汽车与传统的燃油汽车在结构上相比，由于取消了发动机，传动机构等发生了改变，根据驱动方式不同，部分部件已经简化或者取消。它们的最大区别在于动力系统，增加了动力电池、电机、电控系统及车载充电机等组件。

纯电动汽车的电机相当于传统汽车的发动机，高压动力电池相当于原来的燃油箱。发动机机舱的部件不再是发动机，而是电控系统（控制器）、车载充电机、低压蓄电池等部件。

2. 电动汽车电气系统的组成与功能

电动汽车的电气系统主要由高压电气系统、低压电气系统和整车网络化控制系统组成，如图 7-7 所示。电动汽车整车电气系统功能见表 7-1。

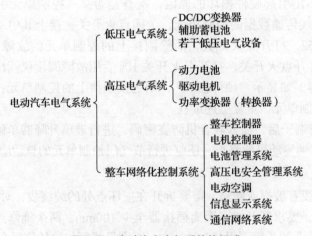

图 7-7　电动汽车电气系统的组成

表 7-1　电动汽车整车电气系统功能

项目	功能
动力电池系统	给驱动电机提供电能
充电系统	接通外部电网给高压电池充电
高压配电系统	把高压电安全输送到各个高压用电器件
低压配电系统	把低压电安全输送到各个低压用电器件

（续）

项目	功能
直流／直流（DC/DC）变换器	将高压电池电压转换为低压，同时在行车时给低压电池充电，加热时给加热片、风扇、BMS 和 ECU 供电
电驱动系统	PCU 将高压直流电逆变为交流电，并将交流电输入电机的三相线，PCU 通过控制三相线中的交流电来控制电机
人机接口	通过人机接口把驾驶意图输入汽车
整车控制器（VCU）	VCU 是纯电动汽车动力系统的总成控制器，负责协商各部工作，提高汽车经济性、动力性、安全性，并降低排放污染
诊断接口	对汽车进行故障诊断和状态监控
CAN 网络	控制器（PCU 仪表、BMS）通信媒介

四、电动汽车故障排查思路与方法

专家指南

①低压电气系统采用 12V 供电系统，除了为灯光照明系统、娱乐系统及刮水器等常规低压用电器供电外，还为整车控制器、电池管理系统、电机控制器、DC/DC 变换器及电动空调等高压附件设备控制回路供电。

②高压电气系统主要包括动力电池组、电驱动系统、DC/DC 电压变换器、电动空调、电暖风、车载充电系统、非车载充电系统及高压电安全管理系统等。

③CAN 总线网络系统用来实现整车控制器和电机控制器以及电池管理系统、高压电安全管理系统、电动空调、车载充电机和非车载充电设备等控制单元之间的相互通信。

1. 电气系统检修故障应注意事项

检修电动汽车电气系统的首要原则是不要随意更换电线或电器，因为这种操作有可能因短路、过载而引起火灾。同时还应注意以下事项：

1）拆卸蓄电池时，应先拆下负极电缆；装上蓄电池时，应最后连接负极电缆。拆下或装上蓄电池电缆时，应确保点火开关或其他开关都已断开，否则会导致元器件的损坏。操作时切勿颠倒蓄电池接线柱极性。

2）检测晶体管时，应使用万用表的二极管档，而且注意要断电测量，使用 $R \times 100$ 档，以免损坏万用表。不允许使用电阻表及万用表的 $R \times 100$ 以下低阻档检测小功率晶体管，以免电流过载损坏晶体管。更换晶体管时，应首先接入基极；拆卸时，则应最后拆卸基极。对于焊接金属氧化物的场效应晶体管（MOS 管），则应当心静电击穿损坏。

3）更换烧坏的熔丝时，一定要与原规格相同，切勿用导线替代。使用比规定容量大的熔丝会导致电气损坏或产生火灾。

4）靠近振动部件（如电机）的线束部分应用专用线卡固定，将松弛部分拉紧，以免由于振动造成线束与其他部件接触。

5）正确拆卸导线插接器（插头与插座）。为了防止插接器在汽车行驶中脱开，所有的插接器均采用了闭锁装置。要拆开插接器时，首先要解除闭锁，然后把插接器拉开，不允许在未解除闭锁的情况下用力拉导线，这样会损坏闭锁或连接导线。

6）对待电气部件，要轻拿轻放，不能随意乱扔，以免使其承受过大冲击。

2. 电动汽车高压电气系统的常见故障

高压电气系统回路的安全故障主要有绝缘故障、短路故障、断路故障、动力电池组故障、上电瞬态冲击故障、事故引发故障6大类典型故障。

（1）绝缘故障

绝缘故障一般是由线路老化、腐蚀、雨水以及线路绝缘皮破损等原因所导致的。如果说电动汽车高压电气系统的短路对人造成的危害是间接的，那么在上百伏电压的高压回路发生的绝缘故障对人的危害则是直接的。在电动汽车国家标准中，绝缘电阻是表征电动汽车绝缘状况好坏的重要参数，因此，按照相关标准要求，针对可能发生的绝缘失效故障设计一个绝缘电阻实时监测及故障处理模块，可以较为有效保障驾乘人员的安全。

（2）短路故障

纯电动汽车的动力回路具有高电压和大电流，其正常工作电流通常可以达到数十甚至上百安培，所以如果高压回路发生短路，则瞬时短路电流会比原先成倍增长。如果纯电动汽车发生短路故障后不能得到及时处理，那么如此大的电流将极有可能烧坏电器设备，从而引发汽车火灾。因此，短路故障必须获得及时而有效的解决。

为了切实保障纯电动汽车高压电路的用电安全，除了根据国家电动汽车标准和结合汽车的实际安全需求，在高压动力电池箱体内部设置过电流熔丝以外，还要确保发生短路故障时故障能够得到及时处理，一个重要的方法就是对电动汽车高压电路进行实时电流监测。当监测到高压回路电流超过该系统所规定的电流上限时，即判断系统发生了短路故障，并且要在第一时间内通过高压接触器切断高压回路，以确保乘客和汽车的安全。

（3）断路故障

高压线路接触不良或非预期断路也是纯电动汽车在运行中一种可能出现的潜在故障，当此类故障发生时，将可能引起高压电暴露、动力回路输出功率下降，甚至会造成插接器烧结等严重后果。

针对断路故障，可以通过在高压电气系统回路中设计高压环路互锁电路的方法来检测回路断路故障，安全监控系统通过MCU向高压回路发送检测信号来进行高压环路互锁检测，当返回的检测信号没有达到预期的完整性要求时，则需要判断出线接触不良或断路故障，并禁止相关动力电源的输出，直到该故障完全排除为止。

3. 电动汽车的常见故障与排除

（1）电池故障

电池是新能源汽车的核心部件，如果电池出现故障，将会影响整个车辆的使用。电池故障的表现有：电池容量下降、充电速度变慢、电池寿命缩短等。解决方法是：定期检查电池状态，及时更换电池。

（2）充电故障

新能源汽车需要定期充电，如果充电出现故障，将会影响车辆的使用。充电故障的表现有：充电速度变慢、充电器无法正常工作等。解决方法是：检查充电器是否正常工作，检查充电线路是否有故障。

（3）电机故障

电机是新能源汽车的动力来源，如果电机出现故障，将会影响车辆的行驶。电机故障的表现有：动力下降、噪声变大等。解决方法是：定期检查电机状态，及时更换电机。

（4）制动故障

制动是车辆行驶中最重要的安全保障，如果制动出现故障，将会对车辆的安全造成威胁。制动故障的表现有：制动失灵、制动距离变长等。解决方法是：定期检查制动系统，及时更换制动片。

（5）转向故障

转向系统是车辆行驶中的重要部件，如果转向出现故障，将会影响车辆的操控性。转向故障的表现有：转向不灵敏、转向力度变大等。解决方法是：定期检查转向系统，及时更换转向零件。

 五、电动汽车主要部件故障排查思路与方法

1. 动力电池故障排查思路与方法

（1）基本诊断思路

1）故障显示。关于动力电池的故障，仪表上只显示动力电池故障、动力电池绝缘故障及动力电池系统断开 3 种故障信息，如图 7-8 所示。

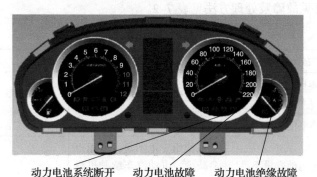

动力电池系统断开　动力电池故障　动力电池绝缘故障

图 7-8　动力电池故障在仪表上的显示

2）故障诊断仪读取数据。进行动力电池系统诊断时，应利用故障诊断仪读取动力电池组数据，并配合接线板进行实测，通过最终数据判断是动力电池故障，还是电源管理控制器、高压配电箱或其他组件故障。如果单节动力电池电压值异常，单节电压过高会导致无法充电，电压过低会导致断电保护。充电过程中，单节最高电压应低于 3.8V；行车过程中，单节电压低于 2.2V 会断电保护，低于 2.4V 时系统警告。如果单节动力电池温度异常，温度过高会导致无法充电（高于 65℃时会进行充电保护）。

3）外观及漏电检测。进行动力电池组外观是否损坏，以及动力电池组对外绝缘电阻值的检测。在动力电池的整个寿命内，根据标准计算方法计算得到绝缘电阻值，必须大于 100Ω/V。测试前要求：在整个测试过程中，动力电池的开路电压等于或高于其标称电压值，动力电池两极应与动力装置断开。

 小贴士　测量工具为能够测量直流电压的电压表，其内阻应大于 10MΩ。

4）检修动力电池的安全规定。

①高电压蓄电池单元修理工位必须洁净（无油脂、无污物、无碎屑）、干燥（无溢出液体）且无飞溅火花（不靠近车身检修区域）。因此，必须避免紧靠汽车清洗场所（清洗车间）或车身修理工位，如有可能，应使用活动隔板进行隔离。

②为了防止未经授权的人员（资质不够、客户、到访者等）进入工位以及无法确保高电压本质安全或出现不明状态时，应使用隔离带。离开工作区域时建议设置发光黄色警告提示。

③拆卸盖板前，应清除高电压蓄电池单元盖板区域内的残留水分和粗杂质。

④进行每项工作步骤之时、之前和之后，应对作业组件进行仔细的直观检查。例如，拆卸某一组件时，应检查由此松开的其他组件是否损坏。

⑤为修理高电压蓄电池单元而打开壳体端盖后，应直观检查其是否存在机械损伤。

⑥在打开的高电压蓄电池单元内进行作业前，必须使固定在电池之间的高电压导线与接口侧断开，从而中断串联连接。

（2）动力电池系统常见故障及排除方法

动力电池系统常见故障及处理方法见表 7-2。

表 7-2　动力电池系统常见故障及处理方法

项目	故障现象	故障后果	处理方法
单体电池	单体电池荷电状态（SOC）偏低	电池组容量降低，电动汽车续驶里程短	对单体电池单独充电
	单体电池 SOC 偏高		对单体电池单独放电
	单体电池容量不足	电池组充电不足，使用寿命减少，电动汽车续驶里程短	更换单体电池
	单体电池内阻偏大	电池组充电不足、使用寿命减少，电动汽车动力不足、续驶里程短	

（续）

项目	故障现象	故障后果	处理方法
单体电池	单体电池过充电	电池内部短路、电池热失控，严重时会起火、爆炸	检查电池管理系统
	单体电池过放电		
	单体电池内部短路	电池热失控，严重时会起火、爆炸	更换单体电池
	单体电池外部短路		排除短路故障、更换单体电池
	单体电池极性装反		更换单体电池
电池管理系统	CAN通信故障	无法监控电动汽车	检查CAN网络
	电流测量故障	无法监控电池电流	检查电流测量模块
	电压采样功能异常	出现总电压采样过高或过低时，车辆动力会自动切断，仪表动力电池故障灯亮	1. 用ED400读取动力电池控制器数据流，采集电压大小 2. 更换动力电池控制器、采样线等，看试车是否正常 3. 更换动力电池控制器、采样线等后故障无法消除，进行动力电池维修
		出现单节电压采样过低时，车辆SOC进行修正（2.2V时SOC修正为0），车辆动力会自动切断，仪表动力电池故障灯亮	1. 用ED400读取动力电池控制器数据流，采集单节、最低电压大小 2. 更换动力电池控制器、采样线等，看试车是否正常 3. 更换动力电池控制器、采样线等后故障无法消除，进行动力电池维修
		出现单体电压采样过高时（3.8V），车辆动力会自动切断，仪表动力电池故障灯亮	1. 用ED400读取动力电池控制器数据流，采集单节电池最高电压大小 2. 更换动力电池控制器、采样线等，看试车是否正常 3. 更换动力电池控制器、采样线等后故障无法消除，进行动力电池维修
	温度采样功能异常	出现温度采样严重异常时，车辆动力会自动切断，仪表动力电池过热故障灯亮	1. 用ED400读取动力电池控制器数据流，采集到单节电池温度大小 2. 更换动力电池控制器，看试车是否正常 3. 更换配件后故障无法消除，进行电池包过温维修

（续）

项目	故障现象	故障后果	处理方法
电池管理系统	信号采集异常（漏电检测信号、碰撞信号、动力电池电流信号等）	由于电池管理器内部采集模块故障或外部自身交换的CAN数据异常，导致信息反馈到动力电池控制器进行处理时出现异常	1. 用 ED400 读取电池管理器数据流 2. 更换动力电池控制器配件，看试车是否正常 3. 更换配件后故障无法消除，拆检动力电池，检查采样线、漏电传感器等部件是否正常
	动力电池控制器熔丝烧毁	动力电池控制器熔丝（直流充为动力电池熔丝，交流充为双路熔丝）烧毁时：动力电池控制器没有工作电压，不能与车辆其他模块进行信息交换，导致车辆无法正常启动；交流充电继电器没有电，无法吸合，导致动力电池控制器无法正常交换信号充电	更换熔丝
	冷却系统故障	电池温度偏高	检查冷却风扇控制线路
线路或插接件	电池间虚接	电动汽车动力不足、续驶里程短	紧固电池连接
	电池间断路	电动汽车无法启动	检查电池连接
	快速熔断器断开		检查快速熔断器
	动力电插接器断开		检查动力电插接器
	动力电插接器虚接	插接器易烧蚀，电动汽车动力不足	
	信号电插接器故障	无法监控电动汽车	检查信号电插接器
	正极接触器故障	电动汽车无法启动	检查接触器
	负极接触器故障		
	电源线短路	电池热失控，严重时会起火、爆炸	检查电源线

2. 驱动电机与电机控制器故障排查方法

驱动电机系统是纯电动汽车三大核心部件之一，是车辆行驶的主要执行机构，由驱动电机和驱动电机控制器构成，通过高低压线束、冷却管路与整车其他系统作电气和散热连接。

（1）驱动电机系统故障排查思路

1）通过车辆使用情况或结合仪表指示的故障灯初步确定故障范围。

2）使用专业诊断仪进入系统读取故障码及数据流，进行数据的分析比对。

3）查阅维修资料，掌握整车控制策略及驱动电机系统的控制策略，掌握驱动电机系统的组成，特别是电机控制器采集信号所用的温度传感器、电机位置传感器等传感器，掌握正确的信号波形及数据范围。

4）使用示波器或万用表对怀疑的部位进行在线的实时数据测量，判断波形及数据的正确性。

5）高压安全断电、放电和验电操作。

6）线路及插接器检查。初步检查线路及插接器是否连接牢固、位置是否正确、插接器内针脚是否有倒针或退针的现象。使用万用表测量相关线路电阻值是否符合规定、有无短路或断路现象。

7）如以上线路没有发现问题，尝试更换电机控制器或驱动电机。

（2）驱动电机故障诊断与排除方法

驱动电机发生故障时，通常仪表板会点亮动力系统的故障警告灯，应先利用故障诊断仪读取 DTC（故障码），根据故障码的提示分析故障可能原因并进行线路和电气元件的检查。

驱动电机常见的故障及修理方法如下：

1）电机起动困难或不能起动。

①电源电压过低修理方法：调整电压到所需值。

②电机过载修理方法：减轻负载后再起动。

③机械卡住修理方法：检查后先停车解除机械锁止然后再起动电机。

2）电机运行温度过高。

①负载过大修理方法：减轻负载。

②电机扫膛修理方法：检查气隙及转轴、轴承是否正常。

③电机绕组故障修理方法：检查绕组是否有搭铁、短路、断路等故障，给予排除。

④电机冷却不良修理方法：检查冷却系统故障，给予排除。

（3）驱动电机控制器维修注意事项

1）发生故障警告后，可按警告提示结合说明进行初步排查，若无明显的绝缘破损和线路故障，可重新上电测试一次，当故障不再警告时可继续运行，此时需要做好故障记录，以备将来维修时使用；若故障继续警告，则应进行维修。

注意：不要自行打开机壳或箱体，以免发生不必要的损失！

2）即使电源已经切断，控制器直流通路的电容器上仍然带有危险电压。必须断电一段时间后（或采用专用放电工具放电），确保直流输入端子间的直流电压低于36V后才允许进行相关作业。

3）电机和控制器装车后，不要触摸电机和控制器的高压连接端。

4）电机及其控制器采取水冷方式，在工作过程中必须保证冷却回路中不能出现气泡、缺水、结冰等现象。冷却液推荐采用乙二醇型防冻液，要求其冰点低于当地最低温度5℃以上。

5）电动车辆出现故障被拖车拖走维修时，必须保证该电动车辆变速器档位处于物理空档位置，实现电机轴与变速器输入的物理连接脱离，避免电机高压发电造成系统损坏以及安全事故。

6）系统使用前要熟悉手册中所有的安全说明和有关安装、操作和维护的规定，正确进行搬运装卸、就位安装和操作维护是实现系统安全及合理使用的可靠保证。

7）电机和控制器的金属壳件及其散热器在使用后有可能维持较高温度，停机后勿直接用手接触，否则会有烫伤危险。

8）在处于运行状态的带电设备上进行测量或测试时，必须遵守安全操作法规，实际操作时，应该使用合格的电子仪器。

9）在系统安装和调试之前，务必仔细阅读安全规则和警告，以及系统上粘贴的所有警示标志，要及时更换已脱落或损坏的标志。

（4）驱动电机控制器故障的诊断与排除方法

驱动电机控制器是驱动系统的核心执行模块。驱动电机控制器接收电池管理器和整个控制单元的信息，控制三相驱动电机的运转，并实现电机转速、方向和转矩的改变。驱动电机控制器通过接收电机角度传感器（电机解角器）信号作为控制命令的输出反馈，实现系统的闭环控制。

1）驱动电机控制器故障的诊断与排除。

故障现象：

①电机控制系统存在故障时，会导致电机不能正常运转，使车辆失去动力。

②位于车辆仪表内动力系统故障指示灯 将点亮。

③如果仅该指示灯 点亮，说明电机的温度过高，系统将降低电机的功率输出。

故障可能原因：

①控制器模块本身的故障。

②角度传感器故障。

③电源和搭铁不良。

诊断步骤：

驱动电机控制器负责根据车辆的运行工况驱动电机。

使用诊断仪读取可能存在的故障码。将诊断仪连接 DLC3 诊断口，如果提示通信错误，则可能是车辆 DLC 车辆诊断口问题，也可能是诊断仪问题。将诊断仪连接另一辆车的 DLC3 诊断口，如果可以显示，则原车 DLC3 诊断口有问题，需更换。若不可显示则为诊断仪问题。

2）驱动电机控制器与驱动电机的匹配方法。

因车辆不能行驶，需更换电机控制器与驱动电机的车辆，为了实现驱动电机与驱动电机控制器电角度匹配，使整车运行平稳，减少异响、噪声及抖动，必须进行驱动电机控制器与驱动电机的匹配。

下面以知豆电动汽车为例，介绍驱动电机控制器与驱动电机的匹配方法。匹配方法如下：

①点火开关钥匙旋转至"LOCK"位置，接通主电源（电源总开关在向上抬起的位置）。

②把加速踏板踩到最低位置，不松开加速踏板的情况下，再把钥匙旋转至"ON"位置。

③向前或向后同一个方向匀速将车推行 1m 左右后松开加速踏板，不要停车，继续向前推行 3~5m 后停车，看到组合仪表上 READY 指示灯亮，表明匹配成功。

④关闭电源（钥匙旋转至"LOCK"位置）。

（5）驱动电机与控制器冷却系统故障诊断方法

冷却系统的作用就是通过冷却液循环散热为驱动电机、车载充电机、电机控制器、动力电池这4大部件进行散热。由于散热器风扇同时给冷凝器、散热器提供强制冷却风，散热器风扇运行策略受空调压力与整车热源温度双向控制，两者择高不择低。

1）电机与控制器过热常见故障排除。

电机与控制器过热常见故障与排除方法见表7-3。

表7-3 电机与控制器过热常见故障与排除方法

故障部位	故障原因	故障排除方法
冷却液缺少	未按维护手册添加冷却液	溢水罐处添加冷却液
冷却液泄漏	环箍破坏，水管接口处冷却液泄漏	更换全新环箍，留存故障件
	水管破损，水管本身冷却液泄漏	更换全新水管，留存故障件
	散热器芯体破坏，芯体处渗漏冷却液	更换散热器芯体，留存故障件
	散热器水室开裂，水室外侧泄漏冷却液	更换散热器芯体，留存故障件
	散热器水室与散热器芯体压装不良，接缝处渗漏冷却液	更换散热器芯体，留存故障件
	散热器放水堵塞丢失，放水孔渗漏冷却液	更换散热器放水堵塞
电动水泵	冷却液杂质，导致电动水泵堵转	更换系统冷却液
	电动水泵破损，泵盖/密封圈/泵轮破坏	更换电动水泵，留存故障件
	整车线束故障，虚接/短路/断路等故障	查找线束故障，依据线束维修手册处理
	水泵控制器熔丝/继电器熔断/插接件针脚退针	更换电动水泵，留存故障件
散热器风扇	风扇控制器/继电器/插接件针脚退针	更换散热器风扇，留存故障件
	整车线束故障，虚接/短路/断路等故障	查找线束故障，依据线束维修手册处理
	扇叶破损/断裂，扇叶不工作	更换扇叶，留存故障件
	电机/控制器温度传感器故障，风扇不工作	查找电机/控制器故障，依据相应维修手册处理
散热器	芯体老化，芯管堵塞	更换散热器
	散热带倒伏，影响进风量	更换散热器
	水室堵塞，影响冷却液循环	更换散热器
前保险杠中网或下格栅	进风口堵塞	查找进风口故障，依据相应维修手册处理

2）冷却系统部件异响的常见故障与排除方法见表7-4。

表 7-4　冷却系统部件异响的常见故障与排除方法

故障现象	故障部位	故障原因	故障排除方法
电动水泵异响（嗡嗡声）	电动水泵	冷却液杂质，导致电动水泵堵转	更换系统冷却液
		泵轮破坏，造成电动水泵异响	更换电动水泵，留存故障件
		泵轮破坏，电动水泵空转	补充冷却液
		冷却液排空不彻底，电动水泵气蚀	冷却液排空气处理
		电动水泵高速运行，控制器或线束故障	更换控制器或查找整车线束故障
散热器风扇异响	散热器风扇	扇叶破损/断裂，扇叶异响	更换扇叶，留存故障件
		护风圈与扇叶摩擦，扇叶异响	更换风扇总成，留存故障件
		护风圈进入杂质，扇叶异响	排除杂质，确认风扇无异常
		冷却液温度过高，风扇高速运行	根据电机过热，排除故障

3. 高压配电系统故障排查方法

（1）高压配电系统组成

电动汽车的高压配电系统将动力电池的高压电分配给电机控制器、驱动电机、电动空调压缩机、PTC 加热器、DC/DC 变换器等高压用电设备，同时将交流、直流充电接口高压充电电流分配给动力电池，以便为动力电池充电。

一般高压配电系统主要由分线盒（有些车型也称之为高压配电箱、高压电器盒等）、直流充电接口、交流充电接口、高压配电线束、电动空调压缩机线束、PTC 加热器线束、电机三相线等组成，如图 7-9 所示。

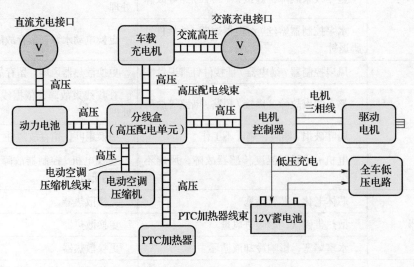

图 7-9　高压配电系统组成示意图

（2）高压配电系统维修注意事项

高压配电箱属于高压危险产品，在拆装中应注意以下事项：

1）卸下高压配电箱前应断开电池维修开关，且对开关插座进行覆盖绝缘保护。

2）动力电池动力输出插座必须进行绝缘覆盖保护，避免异物落入造成触电。

3）拆卸过程中，不得用力拉拔、过度弯曲采样信号线，以防线束受损。

4）高压配电箱不可随意开盖，要避免异物、液体等进入配电箱内部；拆卸高压配电箱的过程中注意零部件标识，以免遗漏或装错。

5）拆卸和安装高压配电箱的过程中禁止以下情况发生：暴力拆卸、跌落、碰撞、重压组件线路及过度拉扯等非正常工作行为；禁止非工作人员拆卸。

高电压车辆的高压部件安装位置具有以下特点：

1）高压部件主要集中在整体式车身的外部。除了少数的混合动力汽车动力电池安装在车辆后部位置外，大多数车辆动力电池、逆变器等都布置在乘员舱外部，而且高压导线也是沿着底盘外布置的。

2）高压部件都具有明显的橙色标识，或者部件的醒目位置粘贴有高压标识。

运行期间存在高压的部件，是指当点火开关处于 ON、RUN 或其他运行状态时，部件存在高电压。如图 7-10 所示，逆变器、高压压缩机、PTC 加热器及 DC/DC 变换器部件只有在系统运行时，来自动力电池的高电压才会加载到这些部件上。

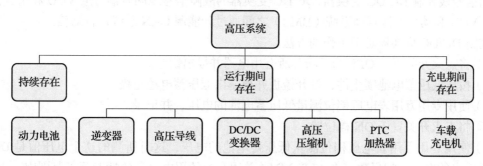

图 7-10　高压系统存在形式

运行期间存在高电压的系统或部件有以下两种类型：

①只要点火开关处于 ON 或 RUN 状态下就会存在高电压，这类部件包括逆变器、DC/DC 变换器和连接的高压导线。

②虽然点火开关处于 ON 位置，但是由于该系统所执行的功能没有被接通，此时相关的部件仍然不会接通有高电压。位于纯电动汽车中的高压压缩机和 PTC 加热器，该压缩机的特点是一半是涡卷压缩机，另一半是三相高压驱动的电机。在驾驶人没有运行车辆的空调或暖风功能时，这些部件上不会存在高电压。

充电系统部件仅在车辆充电期间存在高电压，这包括来自外部电网的 220V 交流高压，以及车载充电机与动力电池之间的直流高压。

注意：有些车辆的车载充电机和动力电池设计有独立的空调式冷却系统，在车辆充电期间，由于动力电池可能产生很高的热量，因此车载空调会运行以降低动力电池的温度，此时车辆的高压压缩机也会在充电期间运行，也存在有高电压。

（3）高压配电系统常见故障诊断与排除

1）充电机回路故障。充电机回路故障主要表现为插上充电枪后，动力电池不充电、充电灯不亮、充电机保护等，常见故障点有分线盒熔断器熔断、充电回路断路、充电回路绝缘故障、充电回路短路故障和分线盒故障等。

2）压缩机回路故障。压缩机回路故障主要表现为压缩机不工作、压缩机无电压供电，故障点主要有分线盒内熔断器熔断及高压供电回路断路、短路、绝缘故障等。

3）PTC加热器回路故障。PTC加热器回路故障主要表现为空调暖风系统不制暖，主要故障点为分线盒内PTC熔断器熔断及PTC回路出现断路、短路、绝缘故障等。

4. DC/DC变换器与充电系统故障排查方法

（1）DC/DC变换器故障排查思路

电动汽车整车点火开关ON档供电或充电唤醒供电，动力电池完成高压系统预充电流程，整车控制器发给DC/DC变换器12V使用信号，DC/DC变换器开始工作。

DC/DC变换器的高压输入是由动力电池经过高压控制盒中的熔丝送到DC/DC变换器的高压输入端；DC/DC变换器的低压输出直接输出给低压蓄电池；整车控制器（VCU）通过使能控制信号线控制DC/DC变换器，DC/DC变换器的故障信号线同时输出给VCU和组合仪表。另外，VCU和动力电池管理系统（BMS）之间通过新能源CAN总线进行通信。

判断DC/DC变换器是否工作的方法：

1）将点火开关置于OFF档，断开所有用电器并拔出钥匙。

2）按压低压蓄电池锁止件，打开盖板并裸露出低压蓄电池正极。

3）使用专用万用表电压档位测量低压蓄电池的电压，并记录。

4）将点火开关置于ON档位置。

5）使用专用万用表电压档位测量低压蓄电池的电压，这时所测的这个电压值是DC/DC变换器输出的电压。如果数值在13.8~14V（关闭车上的用电设备的情况下）范围内，DC/DC变换器工作。

6）如果测量值低于规定值，可能存在以下原因：

①车上用电设备未关闭。

②专用工具万用表测量值有误差。

③DC/DC变换器故障。

④蓄电池严重亏电。

（2）DC/DC变换器常规故障检测方法

1）把万用表调至检测直流档位，测试整车铅酸电池电压。在测试铅酸电池有13.8V，但仪表盘上还有红色铅酸电池灯亮时，则拆控制器上盖（整车解除高压电，请注意安全），用万用表导通档检测黄色FB信号线到控制器23针控制器第2排第3针脚是否导通，针脚位置如图7-11所示，FB信号线是否有退针现象。

①FB信号线有退针，如果是控制器端信号线退针，则更换控制器或把退针的脚位插回去；如果是DC/DC端信号线退针，则更换单体DC/DC变换器或把退针的脚位插回去。

②FB信号线连接正常，但铅酸电池有138V且仪表盘上还有红色铅酸电池灯亮，此故障为DC/DC变换器的FB信号故障，更换DC/DC变换器即可。

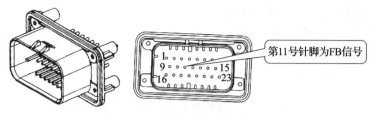

第11号针脚为FB信号

图 7-11　控制器 FB 信号线针脚

在测试铅酸电池无 138V 直流时，则进行下一步。

2）把万用表调至检测导通档位，测试控制器熔丝是否良好（导通）（整车下电无高压，请注意安全）。

①熔丝熔断（不导通），则测试 DC/DC 变换器输入正负极是否短路（导通为短路）。DC/DC 变换器输入正负极短路（即 DC/DC 变换器故障），则更换 DC/DC 变换器；DC/DC 变换器输入正负极未短路，更换熔丝查看故障是否还会发生。

②熔丝良好，查看信号线束在控制器内部是否连接正常，连接正常的话，进入下一步。

3）把万用表调于检测导通档位，测试整车有无提供 VCC、使能、FB 信号等的电压。

①如果整车在 VCC、使能、FB 信号等的电压有一样未提供，但显示 DC/DC 变换器故障现象的，那么 DC/DC 变换器良好，请检测整车低压用电系统是否有不良。

②整车在 VCC、使能、FB 信号等的电压均有提供的情况下，显示 DC/DC 变换器故障现象，那么请更换 DC/DC 变换器。

4）更换 DC/DC 变换器备件来检测是否 DC/DC 变换器故障。在以上测试均正常的情况下，还是未能解决故障，则更换 DC/DC 变换器备件，查看故障现象是否还在。故障现象消失，则更换下的 DC/DC 变换器有故障；故障现象还在，则属于车辆低压用电系统故障导致，更换下的 DC/DC 变换器良好。

5）DC/DC 变换器偶发性故障。DC/DC 变换器在整车上一会有输出，一会无输出（即仪表盘红色铅酸电池灯一会亮，一会不亮），除常规检测外，请按以下测试方法进行电路检查。

①检测整车和控制器 23 针插接件是否松动，插接件内部是否有退针或针歪。有松动或退针，则修复。

②检测 DC/DC 变换器输出插接件是否连接固定，有无松动。有松动，则重新固定。

③检测整车铅酸电池正极是否连接固定，有无松动。有松动，则重新固定。

④检测控制器外和控制器内部高压输入是否连接正常，有无连接异常、螺栓松动等现象。有异常或螺栓松动，重整修复。

⑤在以上检测后，若故障还存在，试摇晃检测 DC/DC 变换器输出端螺栓，是否有松动的感觉。有松动，更换 DC/DC 变换器单体。

⑥在以上检测都正常的情况下，把整车上 READY，且开启车辆上所有的低压系统（即车灯、收音机、刮水器等），并开车尝试多次转弯，查看是否在以上情况下故障现象不消失（一直存在），直到全部停下或关闭整车低压用电系统的情况下故障现象消失。若是，那么此问题为 DC/DC 变换器故障——DC/DC 变换器负载能力故障，可更换 DC/DC 变换器单体；反之，DC/DC 变换器正常。

（3）高压转低压系统常见故障与排除

DC/DC 变换器工作异常故障的诊断与排除：首先测量有无电压输入，其次测量有无 12V 电压信号输入，最后测量有无电压输出。

DC/DC 变换器系统常见故障及排除方法见表 7–5。

表 7–5　DC/DC 变换器系统常见故障及排除方法

常见故障	故障原因	故障排除方法
整车低压电器无电	DC/DC 变换器控制线	调整
	无 72V 输入电压	调整或更换
	DC/DC 变换器损坏，无输出电压	检查，更换
	其他线束故障	更换
常电电池亏电	DC/DC 变换器电压低	更换
	继电器损坏	更换
	常电电池故障	检查排除
	线束故障	更换

5. 充电系统常见故障诊断与排除

充电系统的故障可分为车载充电机故障和充电设施故障两种。

（1）车载充电机故障

1）正确连接充电枪，充电系统无反应，无法充电。

①检查充电枪车端和枪端各触点是否完好，视情况修正损坏的触点。

②检测充电枪锁止按键电路是否断开，修复锁止按键电路。

③检查电器盒充电熔丝是否熔断，修复或更换充电熔丝。

④检测充电枪输出端有无电压，若充电枪控制盒损坏或供电网络断电，则应进行修理或更换。

2）正确连接充电枪，充电指示灯亮，无法充电。

①检查充电输出的辅助电压是否正常，检测动力电池是否完成高压上电。

②检测充电机是否过热，可将车移至阴凉处，检测冷却系统。

3）正确连接充电枪，充电系统正常反应，但一直无法充满。

①检测通信是否正常，可读取故障码，依据故障码进行维修。

②检测充电机电压输出是否正常，若输出电压值低于动力电池充电电压或充电机至动力电池高压线缆接触不良，都会造成上述故障。

（2）充电桩故障

1）桩体温度过高。检查系统是否过负荷运行，可重新启动，若启动运行便死机且不能恢复，则立即关机停止充电，联系专业技术人员进行检测。

2）桩体无法刷卡或刷卡不灵敏。

①检查主板串口是否可靠连接，重新启动系统。

②检查读卡区域或卡槽，可用卡对齐刷卡器读卡区域，重新刷卡或输入密码。

（3）充电系统常见故障与排除

车载充电机故障信息将通过 CAN 总线报至总线上，通过 CAN 总线可以找出故障信息。

1）根据指示灯的故障诊断方法，见表 7-6。

表 7-6　根据指示灯的故障诊断

故障现象	故障排除方法
不充电，电源交流灯不亮	检查高压充电母线是否与充电机直流输出连接完好，确认电池的接触器已经闭合
不充电，警告灯闪	确认输入电压在 170~263V 交流之间，输入电缆的截面积在 25mm^2 以上
不充电，警告灯闪，且风扇不转	过热警告；清理风扇的灰尘

2）12V 低压供电异常。当充电机 12V 模块异常时，BMS、仪表等由于没有唤醒信号，无法与充电机进行通信。

判断方式：当 12V 未上电，最简单的判断方式就是交流上电的时候，若电池没有发出继电器闭合的声音，表明可能是 12V 未上电。需要检查低压熔断器盒内充电唤醒的熔断器及继电器，以及充电机端子是否出现退针的情况。

3）充电机检测的电池电压不满足要求。此问题是在充电过程中，BMS 可以正常工作，但充电机工作开始前需要检测动力电池电压，当动力电池电压在工作范围内时，车载充电机可以正常工作，否则充电机认为电池不满足充电的要求。

判断方法：此情况常见的故障为高压插接件端子退针或高压熔断器熔断，或者电池电压超过工作范围。

4）充电机检测与充电桩握手不正常。充电机工作过程中会检测与充电桩之间的握手信号，当判断到 CC（充电连接确认）的开关断开，充电机认为此时将要拔掉充电枪，因此会停止工作，防止带电插拔，提升充电枪端子寿命。当充电枪未插到位，可能出现此情况。

5）充电桩电压正常却无法充电。充电桩输入电压正常却无法充电，是由于施工时电源线不符合标准所引起的无法充电故障。车辆在低温环境下，充电桩开始时与充电机连接正常，由于车辆动力电池低温下需将电芯加热至 0~5℃，才能进行正常充电，加热过程时，负载较小，电压下降并不多，进入充电过程时，负载加大，输入电压下降，充电桩为充电机提供的电源电压低于 187V 时，充电机无法正常工作，充电机停止工作后，负载减小，测量时电压又恢复正常，这种情况一定要在充电机进入充电过程时通过测量当时的准确电压，来找到故障所在。

（4）快充系统常见故障与排除常见故障

1）快充桩与车辆无法通信。快充桩与车辆无法通信的主要原因有唤醒线路熔丝损坏，搭铁点搭铁不良，快充枪、快充口、快充线束、低压电器盒、整车控制器、动力电池低压控制插接件等部件的低压辅助电源针脚、连接确认针脚、快充 CAN 针脚等损坏，退针、烧蚀、锈蚀，动力电池和数据采集终端快充 CAN 总线间的电阻不符合。

2）快充桩与车辆通信正常，但无充电电流。快充桩与车辆通信正常，但无充电电流的主要原因有高压控制盒快充继电器线路熔丝损坏、主熔丝损坏、低压电器盒损坏、高压控制盒损坏、快充线束损坏、动力电池 BMS 快充唤醒失常。

故障排除思路：排除"快充桩与车辆无法通信"故障，首先检查线路连接情况，然后检查快充系统各部件低压辅助电源、连接确认信号、快充 CAN 线路等的针脚情况以及电压、电阻等是否符合要求。排除"快充桩与车辆通信正常，但无充电电流"故障时，显然没有了低压通信的问题，但应检查高压供电线路的熔丝、线束、继电器等有无问题，检查动力电池与高压控制盒连接插接件的电压，检查动力电池 BMS 快充唤醒信号是否正常，检查高压控制盒快充连接端子电压是否正常，若有电压则联系动力电池厂家售后对动力电池进行检测，若无电压则更换高压控制盒。

（5）慢充系统常见故障与排除常见故障

1）充电桩显示车辆未连接，主要原因有充电枪安装不到位，车辆与充电桩两端枪反接。

2）动力电池继电器未闭合，主要原因有插接器连接不正常，车载充电机输出唤醒不正常。

3）动力电池继电器正常闭合，但充电机无输出电流，主要原因有车端充电枪连接不到位、高压熔丝熔断、高压插接器及线缆连接不正确。

故障排除思路：

1）检查线路连接情况。检查慢充桩—充电线、慢充口、慢充线束、车载充电机、高压控制盒、动力电池之间的线路连接是否良好。

2）检查低压供电及唤醒信号是否正常。检查车载充电机指示灯状态，如三个灯都不亮，表示没有电源输入，分别检查线路熔丝、充电线、慢充口、慢充线束是否正常，若正常，则更换车载充电机；检查车载充电机的 12V 电源及慢充唤醒信号是否正常，高压控制盒内的车载充电机熔断器是否损坏，动力电池 12V 唤醒信号是否正常，整车控制器、动力电池等部件的新能源 CAN 总线是否正常；动力电池低压控制端搭铁及整车控制器控制端搭铁是否正常。

3）检查高压电路是否正常。如果低压电路正常，充电仍无法完成，应逐步检查充电线、慢充线束、车载充电机、高压控制盒、动力电池之间的高压电是否正常，是线束故障还是部件故障。

4）使用故障诊断仪检查。使用故障诊断仪分别检查动力电池及车载充电机的工作状态，对数据进行分析，找出故障所在。

故障维修：维修车载充电机与充电桩连接故障。

1）检查慢充桩与慢充口连接是否良好。检查车载充电机，发现 3 个指示灯都不亮。分别测量充电线桩端充电枪的 N、L、PE、CP、CC 脚和车辆端的 N、L、PE、CP、PE 脚是否导通，如不导通，则修复或更换充电线总成；测量充电线车辆端充电枪的 CC 脚和 PE 脚的电阻值，16A 充电线电阻值应为 $680 \times (1 \pm 3\%)\ \Omega$，32A 充电线电阻值应为 $220 \times (1 \pm 3\%)\ \Omega$，若电阻值与标准值不符，则修复或更换充电线总成。

2）检查慢充口与车载充电机连接是否良好。排除慢充桩充电线问题后，启动充电，车载充电机指示灯仍旧都不亮，检查慢充线束及车载充电机。

检查插接件端子有无烧蚀、虚接现象；分别测量充电口 L、N、PE、CC、CP 脚与充电线束充电机插接件 1、3、5、6 脚是否导通，如不导通，则修复或更换慢充线束总成；慢充线束检查完毕，恢复好后进行充电测试，如果车载充电机的指示灯还都不亮，则更换车载充电机。

当该车更换车载充电机后，充电正常，故障排除。

6. 高压互锁常见故障诊断与排除

（1）高压互锁原理

高压互锁设计作为电动汽车高压系统的一个监测手段应用在汽车电路设计中，电动汽车高压系统工作过程中，最大的一类风险是车辆突然断电，失去动力。造成车辆动力丢失的原因有很多种，其中之一就是高压回路连接位置松脱断开。高压互锁设计可以监测到回路的连续性，并在高压断电之前给 VCU 发送警告信号，使 VCU 对整车系统采取应对措施。

电动汽车的另外一类风险点，是在系统工作过程中人为误操作，手动断开高压插接器。在断开的瞬间，整个回路电压加在插接器端点两端，而高压插接器自身不具备分断能力，电压击穿空气在两个器件之间产生很强的拉弧，可能对断点周围的人员和设备造成伤害。高压互锁设计的存在，则可以在插接器断开的时候，同时断开动力电池的输出，避免触电。

如图 7-12 所示，BMS 负责发送和接收 PWM 波形。在正常情况下，该波形经过 PTC、电力分配单元（PDU）和电动压缩机（EAC）等模块，最后到达 BMS。BMS 检查接收到的信号参数（如占空比）来判断回路的完整性，间接反映高低压线束连接状况和模块工作状态。如果 BMS 收不到发出的检查波形，则可能出现高压电缆未安装（高压电缆裸露）、高压部件损坏、防护结构失效等直接和潜在危险。此方案因为有 PWM 波形，即使互锁回路破损导致对电或者对地短路、开路，也能检测出故障。这就避免了因为低压线束回路故障导致的高压电暴露不能识别的情况，安全性较高。

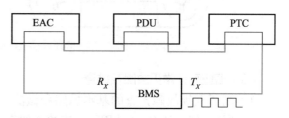

图 7-12　高压互锁回路示意（PWM 波形）

（2）高压互锁的主要结构

整车高压系统主要涉及能量存储输出单元（动力电池）、电力分配单元（PDU）以及用电器（如电机逆变器、电动压缩机、高压 PTC 等）。

纵观各种高压用电器和高压元件的结构，高电压暴露给人身带来伤害的可能性主要有两种：

1）各种盖板或者端盖没有覆盖好高压线束导致电压裸露。

2）高压线束快速接口没有连接，导致高电压裸露。

因此高压互锁的主要设计目标就是避免上述两种可能性的发生。

图 7-13 展示了一种 PDU 盖板互锁示意图。高压线束连接好之后，会将互锁回路连接起来。盖板装配好，开关闭合，最终使得互锁回路闭合。无论是高压线束没有连接，还是盖板不盖，都会使得高压互锁回路开路，不允许高压输出，这样就避免了高压裸露带来的触电风险。互锁开关的形式有多种，可以使用杠杆式，也可以使用按钮式，各有利弊。基本的原理都是盖板或者端

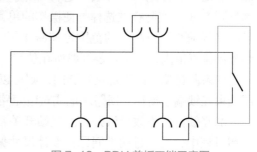

图 7-13　PDU 盖板互锁示意图

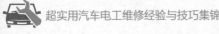

盖上设计有凸台或者筋，盖好之后按压开关将其开关闭合，使互锁回路闭合，具备上高压的必要条件。

图 7-13 的原理，着重于高压线束与低压互锁回路的联动。如图 7-14 所示，公端接口固定于用电器或者 PDU 上，带有互锁回路母端端子，母端端子串联在低压互锁回路中。母端接口即为线束端，集成了互锁的公端端子。公端端子是短接在一起的，只有线束连接良好，才可能使得互锁回路闭合，最终具备高压电输出的必要条件。

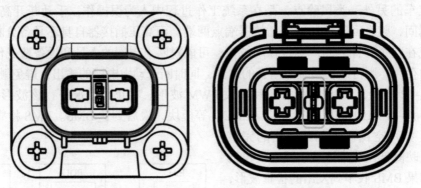

图 7-14　高压线插接件互锁示意（公端和母端）

（3）高压互锁常见故障及排查

1）高压互锁故障排查的基本思路和做法。首先是检查所有的高压部件和高压线束是否都装配到位；然后从 ECU 端用万用表检查线束是否导通，检查对整车地、12V 电的导通情况；以上如果都是正常的，再从 BMS 低压线束端开始，使用"二分法"分段进行排查，迅速锁定故障点。需要特别注意的是，在故障排查的过程中，需要小心保护公母端的端子。在测量过程中，也需要多注意观察公端和母端的端子质量，以期尽快锁定最终故障根源。

2）常见故障排查分析。下面以具体案例为例介绍常见的开路和短路情况。

①线束错误导致开路。在生产制造环节，鉴于线束的生产仍依赖于人工组装，因此出现线束错误是难免的。线束质量检查可以借助于电检台把关，在此不再赘述。但是在工程开发阶段，线束往往是临时改制或者手工制作的，难免出现错误。

由图 7-12 及对其基本原理的描述可知，整个回路中只在 BMS 的两个 PIN 脚处是没有直接连接在一起的。因此，如果其他的用电器和线束连接良好，则从 BMS 线束的 2 个 PIN 脚测量导通应该是通路的。在排查过程中，首先从 ECU 2 个 PIN 脚对应的线束导通确认回路的确不通之后，使用"二分法"进行排查。以图 7-12 为例，从 BMS 对应线束的一个 PIN 脚，测量到 PDU（实际往往选择方便操作的单元或者模块）对应的 PIN 脚，跨过若干个模块，如果不能导通，则将故障的范围迅速减小了一半。接下来继续从 BMS 一端故障所在侧开始继续缩小排查范围，最终锁定开路所在位置。

如果测量低压线束都是导通的，则可以考虑用电器故障，比如 PDU 的互锁开关失效、高压线束互锁端子损坏、回路对地或对电短路等故障。

②互锁开关失效导致开路。互锁开关常见的故障是关闭盖板之后开关不能闭合。在样车试制过程中，发生过两类问题：设计尺寸偏差，导致互锁开关不能闭合；盖板突出的筋结构高度偏低，导致开关不能闭合到位，互锁回路开路。

设计不合理导致安装过程中互锁开关结构失效致使开关不能闭合，该实例产生的原因是互锁开关朝向正好是某些装配技师移动盖板的相反方向，为了安装到位，装配人员用力推动盖板，将互锁弹片压弯。这也间接说明互锁开关的设计需要综合考虑到安装的几种可能、调整开关的朝向等，以避免结构失效。

此外也存在开关本身故障导致开关不能闭合的情况。

③端子退针导致开路。端子退针包括互锁回路的低压线束中部分线束的端子质量问题，也包括高压用电器及 PDU 上高压互锁回路上的端子质量问题。

图 7-15 展示了一例端子退针的案例，端子退针或者其他质量问题导致的公母端子接触不良，同样需要使用"二分法"快速定位故障位置，定位到故障点之后，如果线束导通下来没有问题，则故障原因在高压部件上。

图 7-15　用电器端低压端子退针

退针以及端子接触不良的问题说明在进行问题排查和导通的时候，需要使用合适的探针。如果探针直径较大，会影响到端子的接触质量和寿命。

④对地 / 电源短路。如果高压互锁回路发生了对地短路或者对电源短路，显然 PWM 波无法返回 ECU。这样就会导致 ECU 报高压互锁故障，进而无法上高压。

⑤动力电池内部故障。如图 7-12 所示，动力电池内部发出方波，并检测方波。如果整车报了高压互锁回路的故障，而实际导通下来线束是完好的，并且没有对电、对地短路的情况，则还可以继续排查验证是否是动力电池内部的故障。方法是带电测量互锁回路是否形成通路，即确认低压线束回路相通，高压线束都连接完好。然后将高压互锁回路任何一个地方断开，使用欧姆档测量是否导通，如果不能导通，说明没有电流流过。接下来就可以检查是否有方波的电压，以及接受方波的公端端子是否良好。